经济管理类核心课程系列规划教材

THEORY AND APPLICATIONS OF ELECTRONIC COMMERCE

电子商务理论与应用

梅　燕　蒋雨清　王振宇　◎编著

ZHEJIANG UNIVERSITY PRESS
浙江大学出版社

图书在版编目(CIP)数据

电子商务理论与应用 / 梅燕，蒋雨清，王振宇编著.
—杭州：浙江大学出版社，2019.8
ISBN 978-7-308-18747-3

Ⅰ．①电… Ⅱ．①梅… ②蒋… ③王… Ⅲ．①电子商
务 Ⅳ．①F713.36

中国版本图书馆 CIP 数据核字(2018)第 261177 号

电子商务理论与应用

梅　燕　蒋雨清　王振宇 编著

责任编辑	朱　辉
责任校对	丁沛岚　汪　潇
封面设计	春天书装
出版发行	浙江大学出版社
	（杭州市天目山路 148 号　邮政编码 310007）
	（网址：http://www.zjupress.com）
排　　版	杭州朝曦图文设计有限公司
印　　刷	绍兴市越生彩印有限公司
开　　本	787mm×1092mm　1/16
印　　张	15
字　　数	356 千
版 印 次	2019 年 8 月第 1 版　2019 年 8 月第 1 次印刷
书　　号	ISBN 978-7-308-18747-3
定　　价	45.00 元

浙江大学出版社市场运营中心联系方式：0571—88925591；http://zjdxcbs.tmall.com

本著作为国家社会科学基金青年项目(15CJY061)部分研究成果

作者简介：

梅燕，女，1982 年 6 月生，博士，副教授，硕士研究生导师。2008 年 12 月毕业于浙江大学，获管理学博士学位，随后任职于杭州电子科技大学经济学院国际经济与贸易系，主要研究方向为电子商务理论及应用、在线消费者行为学，浙江省中青年学科带头人，主讲"国际电子商务研究""电子商务概论""网络消费者行为学"等课程。目前主持国家社会科学基金青年项目 1 项，主持并完成教育部人文社会科学研究青年基金项目 1 项、浙江省社会科学界联合会项目 1 项、浙江省信息化与经济社会发展研究中心资助课题项目 1 项、浙江省人文社科重点研究基地资助项目 1 项、校科研项目 1 项；并作为主要成员参与国家自然科学基金、教育部人文社会科学研究项目、浙江省社会科学规划、浙江省自然科学基金等 6 项课题。出版专著 1 本，主编教材 1 本，参编教材 4 本。近年来，在《国际贸易问题》《农业经济问题》《中国人口科学》等一级刊物发表论文 4 篇，CSSCI 收录论文 8 篇，在核心期刊发表论文 10 余篇。

前　言

　　本书的成稿有两个背景。一是电子商务发展的现实背景。自 20 世纪 90 年代开始，以互联网为代表的网络信息技术突破了时间与空间的限制，商业贸易形态发生了翻天覆地的变化，同时也改变了消费者的行为。二是电子商务理论的研究背景。电子商务在现实中的应用与发展远远超过理论研究的步伐，并作为一个新的研究领域逐步成为国内外学术界的研究热点。但由于电子商务研究涉及经济学、管理学、社会学、心理学、计算机等多个学科，且电子商务发展速度较快，理论研究尚缺乏较为系统的方法和理论体系框架，国内市场上鲜见电子商务经济理论研究方面的书籍。可以预见，随着电子商务在理论领域的广泛应用，越来越多的学科体系中会渗透电子商务理论与方法，因此电子商务的理论研究将具有重大意义。

　　本书通过理论与应用两个角度来归纳总结目前国内外电子商务的发展现状与趋势，既强调相关概念、理论体系和系统框架，又通过专题的方式强调相关成果的应用性，力图反映国内外电子商务的研究方法论体系与趋势。本书共分为上、下两篇，分别是电子商务理论篇和电子商务应用篇。上篇分为四章内容，系统地介绍电子商务理论研究方法与体系；下篇分为五章内容，分别介绍了电子商务在 5 个应用经济热点研究领域的研究进展，每章均配有 1 个或 2 个研究专题。本书内容结构较为清晰，所采用的素材均来自国内外本领域核心参考资料，力图形成一个系统完整的电子商务经济理论研究体系框架。本书不仅可以作为高等院校电子商务类、信息管理类、经济贸易类和工商管理类等专业高年级本科生、研究生的教材或学习参考书，也可以作为相关领域教学、科研人员及广大电子商务工作者的参考用书或培训教材。

　　本书由我、蒋雨清、王振宇编著完成，全书的统稿、修订与定稿由我完成。选修我主讲的"电子商务概论""网络消费者行为学""国际电子商务"课程的王誉蒙、凌莹、陈思思、蒋璐闻、王欢、陈潇、熊佳文等学生为本书的编写提供了素材。此外，本书在写作过程中参考了大量文献及网上资料，在此，向我的学生、各位文献资料的作者一并表示感谢。由于时间、精力与研究水平的限制，本书仍有许多不足，也恳请专家和各位读者批评指正。

梅　燕

2018 年 7 月

目　　录

电子商务理论篇

电子商务应用篇

电子商务理论篇

第一章　电子商务概论

　　电子商务并非新兴之物。早在 1939 年电报刚出现的时候,人们就开始了对运用电子手段进行商务活动的讨论。当贸易开始以莫尔斯码点和线的形式在电话中传输的时候,就标志着运用电子手段进行商务活动进入新纪元。

　　而伴随着互联网络技术和信息技术的日臻成熟,网络用户数量迅猛增加,互联网已经进入社会的各行各业,与人们的日常工作和生活紧密地联系在一起。互联网技术在全球的广泛使用,标志着人类社会开始进入信息经济时代。信息经济时代一个最显著的特征就是电子信息技术在传统商业领域的应用,即电子商务。本书所涉及的电子商务均指在网络背景下开展的商务活动。

第一节　电子商务的概念

　　电子商务的定义有许多种,区别主要是涉及电子化和网络支撑的范围,以及商务应用的程度不同。电子商务最常用的英文名称是 E-Commerce 和 E-Business。Commerce 的意思是商务,指商品买卖或者贸易生产,而 Business 的意思是商业商务、工作或交易活动。Business 的概念比 Commerce 更宽泛。但从名称的内涵来看,Commerce 偏重于描述交易双方或多方之间的关系,而 Business 更专注商业贸易业务本身及它的内部流程。所以我们一般将 E-Business 称为电子业务,将 E-Commerce 称为电子商务。然而,迄今为止还没有一个较为全面的、具有权威性的、能够为大多数人所接受的电子商务的定义。各种组织、政府、企业、学术研究机构都在依据自己的理解和需要为电子商务下定义,其中有一些较为系统和全面,本书将选取国内外部分代表性定义。

一、国外对电子商务的定义

　　国际商会(ICC)1997 年从商业角度首次提出了电子商务的概念:电子商务是指对整个贸易活动实现电子化。

　　联合国经济合作和发展组织(OECD)在有关电子商务的报告中对电子商务的定义是:

电子商务是发生在开放网络上的包含企业之间（Business to Business）、企业和消费者之间（Business to Consumer）的商业交易。

世界贸易组织（WTO）电子商务专题报告中将其定义为：电子商务是通过电子信息网络进行的生产、营销、销售和流通等活动。

美国政府在其《全球电子商务纲要》中，比较笼统地指出，电子商务是通过互联网进行的各项商务活动，包括广告、交易、支付、服务等，全球电子商务范围涉及世界各国。

加拿大电子商务协会认为，电子商务是通过数字通信技术进行商品和服务的买卖及资金的转账，它还包括公司间和公司内利用电子邮件、电子数据交换、文件传输、传真、电视会议、远程计算机联网所能实现的全部功能（如市场营销、金融结算、销售及商务谈判等）。

欧洲议会给出的关于电子商务的定义是：电子商务是通过电子方式进行的商务活动。它通过电子方式处理和传递数据，包括文本、声音和图像。它涉及许多方面的活动，包括货物电子贸易和服务、在线数据传递、电子资金划拨、电子证券交易、电子货运单证、商业拍卖、合作设计和工程、在线资料、公共产品获得等。它包括了产品（如消费品、专门设备）和服务（如信息服务、金融和法律服务），传统活动（如健身、教育）和新型活动（如虚拟购物、虚拟训练）。

全球信息基础设施委员会（GHC）电子商务工作委员会报告草案中对电子商务定义如下：电子商务是运用电子通信作为手段的经济活动，通过这种方式人们可以对带有经济价值的产品和服务进行宣传、购买和结算。这种交易的方式不受地理位置、资金多少或零售渠道所有权的影响。公有、私有企业，公司，政府组织，各种社会团体，一般公民，企业家都能自由地参加广泛的经济活动，其中包括农业、林业、渔业、工业、私营和政府的服务业。电子商务能使产品在世界范围内交易并向消费者提供多种多样的选择。

IBM公司的电子业务概念包括三个部分：企业内部网、企业外部网、电子商务，它所强调的是在网络环境下的商业化应用。不仅是硬件和软件的结合，也不仅是我们通常意义下强调交易的狭义电子商务，而是把买方、卖方、厂商及其合作伙伴在互联网（Internet）、企业内部网（Intranet）和企业外部网（Extranet）结合起来的应用。

HP公司也对电子商务、电子业务、电子消费和电子化世界的概念做了定义。它对电子商务的定义是：通过电子化手段来完成商业贸易活动的一种方式；电子商务使我们能够以电子交易为手段完成物品和服务的交换，是商家和客户之间的联系纽带。它包括两种基本形式：商家之间的电子商务及商家与最终消费者之间的电子商务。对电子业务的定义是：一种新型的业务开展手段，通过基于互联网的信息结构，使公司、供应商、合作伙伴和客户之间，利用电子业务共享信息。电子业务不仅能够有效地加强现有业务进程的实施，而且能够对市场等动态因素做出快速响应并及时调整当前业务进程。更重要的是，电子业务本身也为企业创造出了更多、更新的业务操作模式。对电子消费的定义是：人们使用信息技术进行娱乐、学习、工作、购物等一系列活动，使家庭的娱乐方式越来越多的从传统电视向互联网转变。

二、中国对电子商务的定义

下面是我国政府相关部门对电子商务做出的定义。

（1）国家发改委、国务院信息化工作办公室联合发布的我国《电子商务发展"十一五"规划》中首次提出：电子商务是网络化的新型经济活动。

（2）国务院信息化工作办公室在 2007 年 12 月提交的《中国电子商务发展指标体系研究》中，将电子商务定义为：通过以互联网为主的各种计算机网络所进行的，以签订电子合同（订单）为前提的各种类型的商业交易。

（3）商务部在 2009 年 4 月发布的《电子商务模式规范》中对电子商务的定义是：依托网络进行货物贸易和服务交易，并提供相关服务的商业形态。

其他的定义还有以下几种。

（1）电子商务是指一种广泛的关于产品和服务的在线商业活动，或者指任意一种各方通过电子化形式而非物质交换或直接物质接触而达到相互影响的商业交易模式。

（2）电子商务是指以数字化电子手段实现整个商业活动的各个环节。它包括商业信息的发布与检索、电子广告、电子合同签署、电子货币支付和售前售后服务等一系列过程。其显著的特点是用来完成商务活动的联结，尽可能减少面对面的接触和手工处理环节。

第二节　电子商务的模式研究

电子商务模式，就是指在网络环境和大数据环境中基于一定技术基础的商务运作方式和盈利模式。研究和分析电子商务模式的分类体系，有助于挖掘新的电子商务模式，为电子商务模式创新提供途径，也有助于企业制定特定的电子商务策略和实施步骤。电子商务模式可以从多个角度建立不同的分类框架。

一、主要电子商务模式

1. 基于价值链的分类

Paul Timmers 提出的分类体系是基于价值链的整合，同时也考虑到了商务模式创新程度的高低和功能整合能力的多寡。按照这种体系，电子商务模式可以分为电子商店、电子采购、电子商城、电子拍卖、虚拟社区、协作平台、第三方市场、价值链整合商、价值链服务供应商、信息中介、信用服务、其他服务。

2. 混合分类

Michael Rappa 将电子商务模式分为经纪商、广告商、信息中介商、销售商、制造商、合作附属商、社区服务提供商、内容订阅服务提供商、效用服务提供商。其中经纪商又可以分为买/卖配送、市场交易、商业贸易社区、购买者集合、经销商、虚拟商城、后中介商、拍卖经纪人、反向拍卖经纪商、分类广告、搜索代理；广告商又可以分为个性化门户网站、专门化门户网站、注意力/刺激性营销、免费模式、廉价商店。中国学者吕本富和张鹏将电子商务模式分为 B2B(企业与企业之间的电子商务)、网上金融、网上销售、网上拍卖/买、网络软服务、网络硬服务、数字商品提供者、技术创新、内容服务、网络门户、网上社区、旁观者。其中 B2B 模式根据职能又划分为采购、销售、物流、售后服务等类型;网上金融模式根据金融领域又划分为网络证券、网络银行、网上保险、个人理财、风险资本等类型。

3. 基于原模式的分类

Peter Weill 认为,电子商务的模式从本质上来说都是属于原模式的一种或者是这些原模式的组合。而他所认为的原模式为:内容提供者、直接与顾客交易、全面服务提供者、中间商、共享基础设施、价值网整合商、虚拟社区、企业/政府一体化。

4. 基于新旧模式差异的分类

Paul Bambury 从新商务模式与旧商务模式的差异出发,将电子商务模式分为两大类:移植模式和禀赋模式。移植模式是指那些在真实世界当中存在的、并被移植到网络环境中的商务模式;禀赋模式则是在网络环境中特有的、与生俱来的商务模式。

5. 基于控制方的分类

麦肯锡管理咨询公司认为存在三种新兴的电子商务模式,即卖方控制模式、买方控制模式和第三方控制模式。这种分类在一定程度上反映了卖方、买方和第三方中介在市场交易过程中的相对主导地位,体现了各方对交易的控制程度。

6. 基于 Internet 商务功用的分类

Crystal Dreisbach 和 Staff Writer 按照 Internet 的商务功用,将电子商务模式划分为三类:基于产品销售的商务模式、基于服务销售的商务模式和基于信息交付的商务模式。

7. 基于 B2B 和 B2C(企业与消费者之间的电子商务)的分类

中国社科院财贸所课题组基于 B2B 和 B2C 模式进行了进一步的分类。按照为消费者提供的服务内容不同,将 B2C 模式分为电子经纪、电子直销、电子零售、远程教育、网上预订、网上发行、网上金融。将 B2B 模式分为名录模式、B2B 和 B2C 兼营模式、政府采购和公司采购、供应链模式、中介服务模式、拍卖模式、交换模式。其中中介服务模式又可以细分为信息中介模式、CA 中介服务、网络服务模式、银行中介服务。

8. 基于应用领域的分类

随着电子商务应用领域的不断扩大和信息服务方式的不断创新,电子商务的类型层出不穷,又可以分为以下四种典型模式:

(1)企业与消费者之间的电子商务(Business to Consumer,即 B2C)。

B2C 就是企业通过网络销售产品或服务给个人消费者。这是消费者利用互联网直接参与经济活动的形式,类同于商业电子化的零售商务。企业厂商直接将产品或服务推上网络,并提供充足资讯与便利的接口吸引消费者选购,这也是目前最常见的网络零售方式。可分成以下四种经营模式。

①虚拟社群(Virtual Communities):虚拟社群的着眼点都在顾客的需求上,有三个特质——专注于买方消费者而非卖方、良好的信任关系、创新与风险承担。

②交易聚合(Transaction Aggregators):电子商务即买卖。

③广告网络(Advertising Network)。

④线上与线下结合的模式(O2O模式)。线下服务也可以用线上服务来揽客,消费者可以用线上服务来筛选服务,还有成交可以在线结算,很快达到规模。该模式最重要的特点是:推广效果可查,每笔交易可跟踪。O2O通过网购导购,把互联网与地面店完美对接,实现互联网落地。让消费者在享受线上优惠价格的同时,又可享受线下贴心的服务。

(2)企业与企业之间的电子商务(Business to Business,即B2B)。

B2B主要是针对企业内部及企业(B)与上下游厂商(B)之间的信息整合,并在互联网上进行的企业与企业间的交易。借由企业内部网(Intranet)建构信息流通的基础,及外部网络(Extranet)结合产业的上中下游厂商,达到供应链(SCM)的整合。因此通过采用B2B商业模式,不仅可以简化企业内部信息流通的成本,更可使企业与企业之间的交易流程更快速,减少成本的耗损。B2B方式是电子商务应用最多和最受企业重视的形式,企业可以使用互联网或其他网络对每笔交易寻找最佳合作伙伴,完成从订购到结算的全部交易行为。B2B电子商务是企业面临激烈的市场竞争改善竞争条件、建立竞争优势的主要方法,可以为企业带来更低的价格、更高的生产率、更低的劳动成本和更多的商业机会。

(3)消费者与消费者之间的电子商务(Consumer to Consumer,即C2C)。

C2C商务平台就是通过为买卖双方提供一个在线交易平台,使卖方可以主动提供商品上网拍卖,而买方可以自行选择商品进行竞价。C2C是指消费者与消费者之间的互动交易行为,这种交易方式具有多样性。例如消费者可同在某一竞标网站或拍卖网站中,共同在线上出价而由价高者得标;或由消费者自行在网络新闻论坛或BBS上张贴布告以出售二手货品,甚至是新品,诸如此类因消费者间的互动而完成的交易,就是C2C的交易。

竞标拍卖已经成为决定稀有物价格最有效率的方法之一,例如古董、名人物品、稀有邮票等只要需求面大于供给面的物品,就可以使用拍卖的模式决定最佳市场价格。拍卖商品的价格因为欲购者的彼此相较而逐渐升高,最后由出价最高的买家买到商品,而卖家则以市场所能接受的最高价格卖掉商品,这就是传统的C2C竞标模式。在C2C竞标网站上,竞标物品多样化,商品提供者可能是普通用户,也可能是顶尖跨国大企业;货品可能是自制的糕饼,也可能是毕加索的真迹名画。且C2C并不局限于物品与货币的交易,在虚拟的网站中,买卖双方可选择以物易物,或以人力资源交换商品。例如一位家庭主妇以准备一桌筵席的服务,换取心理医生一节心灵澄静之旅,这就是参加网络竞标交易的魅力,网站经营者不负责物流,而是汇集市场信息,建立信用评级制度。买卖两方消费者自行商量交货和付款方式,每个人都有可能创造一笔交易。

(4)消费者与企业之间的电子商务(Consumer to Business,即C2B)。

通常情况为消费者根据自身需求定制产品和价格,或主动参与产品设计、生产和定价,产品、价格等彰显消费者的个性化需求,由生产企业进行定制化生产。这一模式改变了原有生产者(企业和机构)和消费者的关系,是一种消费者贡献价值(Create Value)、企业和机构消费价值(Consume Value)的全新关系。C2B 模式先产生消费者需求而后由企业生产,即先有消费者提出需求,后有生产企业按需求组织生产。

C2B 的核心是以消费者为中心,消费者当家做主。C2B 产品具有以下特征:第一,相同生产厂家的相同型号的产品通过任何终端渠道购买的价格都一样,也就是渠道不掌握定价权(消费者平等);第二,C2B 产品价格组成结构合理(拒绝暴利);第三,渠道透明(尊重版权,拒绝山寨);第四,供应链透明(品牌共享)。

二、电子商务模式研究的概念模型

商务模式(Business Model,又译为商业模式)这个术语最早出现于 20 世纪 50 年代,当时并没有引起人们的注意,后又于 20 世纪 70 年代出现在计算机科学方面的杂志上,用于为企业建设与信息系统有关的过程、任务、数据和信息交互建模。自 20 世纪 90 年代以来,商业模式逐渐受到广泛关注,国内外学术界对商业模式的诠释可谓百花齐放。

Stewart 等认为商务模式是企业能够获得并且保持其收益流的逻辑陈述。Rappa 认为商业模式最根本的内涵是企业为了自我维持,也就是赚取利润而经营商业的方法,从而清楚地说明企业如何在价值链(价值系统)上进行定位并获取利润。Mahadevan 认为商业模式是企业与商业伙伴及买方之间价值流(Value Stream)、收入流(Revenue Stream)、物流(Logistic Stream)的特定组合。Afuah 等把商业模式定义为企业获取并使用资源,为顾客创造比竞争对手更多的价值以赚取利润的方法。归纳起来,这一阶段学者的共识是商业模式的核心是价值创造,即企业如何赚钱。

目前,最为学术界接受的是 Osterwalder 等在对众多概念进行比较研究基础上提出的定义,即商务模式是一种建立在许多构成要素及其关系之上,用来说明特定企业商业逻辑的概念性工具,商业模式可用来说明企业如何通过创造顾客价值、建立内部结构及与伙伴形成网络关系来开拓市场,传递价值,创造关系资本,获得利润并维持现金流。2011 年,Osterwalder 与 Pigneur 合著的《商业模式新生代》(*Business Model Generation*)一书将商业模式定义为:"商业模式描述了企业如何创造价值、传递价值和获取价值的基本原理。"该书指出了商业模式的框架,包含覆盖商业的九个基本构造块(见表 1.1)。

表 1.1 Osterwalder 商业模式九要素模型

基本要素	要素描述
客户细分(Customer Segments,CS)	企业或机构所服务的一个或多个客户分类群体
价值主张(Value Proposition,VP)	通过价值主张来解决客户难题和满足客户需求
渠道通路(Channels,CH)	通过沟通、分销和销售渠道向客户传递价值主张
客户关系(Customer Relationships,CR)	在每一个客户细分市场建立和维护客户关系
收入来源(Revenue Streams,RS)	收入来源产生于成功提供给客户的价值主张

续表

基本要素	要素描述
核心资源(Key Resources,KR)	核心资源是提供和交付先前要素所必备的重要资产
关键业务(Key Activities,KA)	通过执行一些关键业务活动运转商业模式
重要合作(Key Partnerships,KP)	有些业务要外包,而另外一些资源要从企业外部获得
成本结构(Cost Structure,CS)	商业模式上述要素所引发的成本构成

自从 20 世纪 90 年代初期电子商务在全球范围开始应用以来,电子商务理论研究日益增多,各时期研究重点也不断变化。近年来,理论研究领域专家提出了几种主要的电子商务模式研究模型。

(1)Nagi & Wat 模型,由香港理工大学的 Ngai 和 Wat 两名学者共同提出。该模型将电子商务研究分为技术问题研究、应用问题研究、保障和支持问题研究三大领域。技术层面有安全、技术、支持系统等;应用层面包括网上支付系统、网上金融、零售、拍卖、教育和培训、市场营销和广告等;保障和支持层面包括税收、法律、隐私等公共政策和企业战略等。

(2)Kaufman & Walden 模型,由明尼苏达大学 Carlson 管理学院的 Kaufman 及 Walden 两名学者从经济学角度提出。该模型由存在互动关系的技术、市场、产品、商务流程及微观经济等五大模块组成。技术层面是最基本层面,是企业改造和创造产品、消费者享受便捷服务的基础;随着产品的更新和商务流程的改造,网络环境下的市场更趋灵活,竞争力也更大,会推动企业、劳动力、政府等微观经济层面的变革。

(3)Urbaczewski 模型,由 Urbaczewski、Jessup 和 Wheeler 三人提出。该模型将电子商务研究分为组织层面、经济层面、技术层面和其他研究等四个层面。组织层面包括电子商务概况、扩散、接受程度及应用等问题;经济层面包括产业结构、市场监管、电子市场中介、信息成本等问题;技术层面主要包括智能代理技术、数据整合技术、安全技术、交易结算技术等;社会问题研究、行为研究及法律问题归为其他一类。

(4)Turban 模型,由 Turban、King、Lee 和 Viehland 四人提出。该模型由一个中心、一个铺垫和三个层面组成。其中中心是电子商务战略、应用战略和评价等内容;铺垫是指电子商务概况,由电子商务影响、扩散及区域性发展组成;三个层面包括技术层面、社会与环境层面、市场与经济层面,其中技术层面相对比较简单,由移动商务、电子商务安全、电子商务支付、内容管理及网站开发等组成,社会与环境层面涵盖电子政务、网上教育、法律、道德及社会影响等,市场与经济层面包括电子市场概况、B2C 市场、B2B 市场及以网上拍卖为代表的 C2C 等四类。

(5)Choi 三维模型,由美国得克萨斯大学奥斯汀分校电子商务研究中心常务主任 Choi 等人从经济学的角度联合提出。该模型主要对市场主体、产品形式、交易过程三方面的虚拟程度进行了分类。电子商务的核心由虚拟产品、虚拟主体、虚拟过程构成。

第三节　电子商务运行体系分析

一、电子商务的基本框架结构

电子商务的框架结构是指电子商务环境中所涉及的各个领域,以及实现电子商务应具备的技术保证。从总体上来看,电子商务框架结构由三个层次和两大支柱构成。其中,三个层次是网络层、信息发布与传输层、电子商务服务和应用层,两大支柱是社会人文性的公共政策和法律规范,以及自然科技性的技术标准和网络协议。

1.网络层

网络层指网络基础设施,是实现电子商务的底层基础设施,它是信息的传输系统,也是实现电子商务的基本保证。它包括远程通信网、有线电视网、无线通信网和互联网。因为电子商务的主要业务都基于互联网,所以互联网是网络基础设施中最重要的部分。

2.信息发布与传输层

网络层决定了电子商务信息传输使用的线路,而信息发布与传输层则解决如何在网络上传输信息和传输何种信息。目前互联网上最常用的信息发布方式是在 WWW 上用 HTML 语言的形式发布网页,并将 Web 服务器中发布传输的文本、数据、声音、图像和视频等多媒体信息发送到接收者手中。从技术角度而言,电子商务系统的整个过程就是围绕信息的发布和传输进行的。

3.电子商务服务和应用层

电子商务服务层实现标准的网上商务活动服务,如网上广告、网上零售、商品目录服务、电子支付、客户服务、电子认证(CA 认证)、商业信息安全传送等。其真正的核心是 CA 认证。因为电子商务是在网上进行的商务活动,参与交易的商务活动各方互不见面,所以身份的确认与安全通信非常重要。CA 认证中心担当着网上"公安局"和"工商局"的角色,而它给参与交易者签发的数字证书,就类似于"网上的身份证",用来确认电子商务活动中各自的身份,并通过加密和解密的方法实现网上安全的信息交换与交易。

在基础通信设施、多媒体信息发布、信息传输及各种相关服务的基础上,人们就可以进行各种实际应用。比如供应链管理、企业资源计划、客户关系管理等各种实际的信息系统,以及在此基础上开展企业的知识管理、竞争情报活动。而企业的供应商、经销商、合作伙伴、消费者、政府部门等参与电子互动的主体也是在这个层面上和企业产生各种互动的。

4.公共政策和法律规范

法律维系着商务活动的正常运作,对市场的稳定发展起到了很好的制约和规范作用。

进行商务活动,必须遵守国家的法律、法规和相应的政策,同时还要有道德和伦理规范的自我约束和管理,二者相互融合,才能使商务活动有序进行。

随着电子商务的产生,由此引发的问题和纠纷不断增加,原有的法律法规已经不能适应新的发展环境,制定新的法律法规并形成一个成熟、统一的法律体系,成为世界各国发展电子商务的必然趋势。

5.技术标准和网络协议

技术标准定义了用户接口、传输协议、信息发布标准等技术细节。它是信息发布、传递的基础,是网络信息一致性的保证。就整个网络环境来说,标准对于保证兼容性和通用性是十分重要的。

网络协议是计算机网络通信的技术标准,对于处在计算机网络中的两个不同地理位置上的企业来说,要进行通信,必须按照通信双方预先共同约定好的规程进行,这些共同约定好的规程就是网络协议。

二、电子商务中的核心要素

电子商务包括三大流——信息流、资金流和物流,三者是统一的整体。首先,任何一笔电子商务交易都必不可少地包含这"三流"。它们时刻同在,互为因果。其次,信息技术的不断进步、物流系统效率的不断提高为这"三流"的一体化整合创造了条件,三者在这个大环境下有效互动,构成了一个完整的电子商务模型。

1.电子商务系统的基础——信息流

信息流是指电子商务交易活动中买家和卖家为促成利于己方的交易而进行的所有信息获取、辨别、处理与应用活动,是一切电子商务活动的核心。现代电子商务环境下的企业管理的本质和核心就是对企业信息流实施有效控制,从而增进企业效益。

(1)企业内部信息流。

在传统企业还没有建立 Intranet 的时候,企业内部分别存在着横向和纵向的信息流动。横向流动是在企业各平级部门之间传递的信息流,而纵向信息包括非平级部门之间自上而下和自下而上的信息流。自上而下的信息流主要是指导性和决策性的信息,包括企业战略、经营计划等;自下而上的信息流则是企业一些日常运营的反馈信息由基层向高层的汇总。

企业建立 Intranet 以后情况就不同了,原来中规中矩的纵横格局被网状格局所取代。共享数据库成为不同部门和不同级别之间信息交流的中心,成为整个企业内部信息流的枢纽和反应炉。信息传递的效率更高,量更大,科学性也更强,更易应用于决策当中。

(2)企业与企业之间的信息流。

企业与企业间的信息流主要包括企业与供应商之间和生产企业与商业企业之间的信息流。在电子商务环境下,早期的企业与企业之间主要是借助 EDI(电子数据交换)实现快速准确的信息交流。EDI 软件将用户数据库系统中的信息,译成 EDI 的标准格式,以供传输交换。每个公司都有自己规定的数据格式,需要 EDI 翻译软件将数据翻译成 EDI 标准的交换格式然后再发出。接收者也要使用必要的转换软件将接收到的 EDI 标准数据格式转换成内部格式以备使用。

(3)企业与客户之间的信息流。

客户资源已经成为所有现代企业的最重要资源。如何与客户进行有效的交流、获得客户对产品的第一手信息已成为几乎所有企业的第一要务。借助 CRM(客户关系管理)系统,企业可以方便地建立客户档案并与其有效沟通,形成和分析各种客户大数据并做出市场导向的决策。

2. 电子商务的实现手段——资金流

资金流作为电子商务的三个构成要素之一,是实现电子商务交易活动不可或缺的手段。作为电子商务中连接生产企业、商业企业和消费者的纽带,银行是否能有效地实现电子支付已成为电子商务成败的关键。在常见的 B2C 交易中,持卡顾客向商家发出购物请求,商家将持卡人的支付指令通过支付网关发给银行的电子支付系统;银行接着通过银行卡网络从发卡行获得批准,并将确认信息再从支付网关返回商家;商家取得支付确认后,向持卡人发出购物完成信息。剩下的工作就是银行系统内部的资金拨付和行间结算。

从以上过程不难看出,任何网上交易的资金流都可分为交易环节和支付结算环节两大部分。其中支付结算环节是由包括支付网关、银行和发卡行在内的金融专用网络完成的。因此,银行可以说是所有电子商务资金流的核心机构。

3. 电子商务的保障——物流

物流是指商品在空间和时间上的位移,包括这个过程中的采购配送、物流性加工、仓储和包装等环节中的流通情况。其宗旨在于满足企业与顾客的物流需求,尽量消除物流过程中各种形式的浪费,追求物流过程的持续改进和创新,降低物流成本,提高物流效率。一个成功的物流系统至少应该做到 5R,即在正确的时间(Right Time)、正确的地点(Right Location)和正确的条件(Right Condition)下,将正确的商品(Right Goods)送到正确的顾客(Right Customer)手中。物流只是交易的一个组成部分,但却是商品和服务价值的最终体现,"以顾客为中心"的价值实现最终体现在物流上。

第四节 电子商务发展历程与现状

一、电子商务发展历程

从传统商务到电子商务大约经历了三个阶段。

第一阶段:20 世纪 50 年代中期,美国出现了"商务电子化"的概念,当时是指利用电子数据处理设备使簿记工作自动化。1964 年,美国 IBM 公司研制出了用磁带存储数据的打印机,第一次在办公室中引入商业文书处理的概念,1969 年又研制出磁卡打印机。至 20 世纪 70 年中期,工业化国家已经普遍采用文字处理机、复印机、传真机、专用交换机等商业电子化设备,实现了单项商业业务电子化。

第二阶段:20 世纪 70 年代微电子技术的发展,特别是个人计算机的出现,使商业电子化进入了以应用微型计算机、文字处理和局域网络为特征的新阶段。此阶段,以计算机、网络通信和数据标准为框架的电子商业系统应运而生。电子商业系统把分散在各商业领域的计算机系统连接成计算机局域网络。在此阶段通常采用电子报表、电子文档、电子邮件等新技术和功能强大的商业电子化设备。

第三阶段:从 20 世纪 80 年代后期开始,商业电子化向建立商业综合业务等数字网的方向发展。在此阶段出现了功能强大的电子商业软件包、多功能的电子商业工作站和各种联机电子商业设备,如电子白板、智能复印机、智能传真机、电子照排及印刷设备、复合电子文件系统等。电子通信标准的确立、电子数据系统的开发,以及计算机开始运用于商业数据的收集和处理,标志着电子商务时代真正来临。

二、全球电子商务发展现状与趋势[①]

借助互联网络技术,经济全球化进程大大加快了,国际经济结构进一步调整,原有的时空间隔被打破,产品市场逐步形成全球化趋势,同时使生产和消费更为贴近,大大降低了产品的成本,企业同时也获得了更为广泛、公平的竞争市场,消费者亦从中获得更多的选择和更为个性化的服务。电子商务的实施使信息经济时代具有市场全球化、商业平民化和消费个性化的显著特征,对世界经济的发展产生了前所未有的影响。1995 年,亚马逊(Amazon)和易贝(eBay)在美国成立。此后,这种以互联网为依托进行商品和服务交易的新兴经济活动,迅速普及全球。新一轮科技革命和产业变革交汇孕育的电子商务,极大提高了经济运行的质量和效率,改变了人类的生产生活方式。有人甚至把电子商务与 200 年前的工业革命相提并论,把它看成知识经济时代中信息通信技术(简称信通技术,英文缩写 ICT)对传统产业变革的重要环节。各发达国家都把发展电子商务作为拓展全球市场、加快本国经济发展的重要手段,积极参与全球电子商务应用的协同与合作,大力推进全球电子商务的发展。2016 年,全球电子商务市场规模超过 25 万亿美元,成为世界经济的亮点和新增长点。当前,全球电子商务呈现以下几个特点。

一是市场规模不断扩大。根据国际知名调查公司 E-marketer 的数据,2011 年到 2017 年,全球网络零售交易额从 0.86 万亿美元增长至 2.26 万亿美元,年平均增长率达 17.4%。之后五年,随着全球智能手机保有量不断提升、互联网使用率持续提高、新兴市场快速崛起,全球网络零售仍将保持两位数增长。预计到 2020 年,全球网络零售交易额将超过 4 万亿美

---

① 本章节数据与文字主要根据中国国际电子商务中心研究院《2017 年世界电子商务报告》和商务部《中国电子商务报告(2017)》整理得到。

元,占全球零售总额的比例从 2016 年的 7.4% 增长至 14.6%。跨境电子商务尤其是跨境 B2C(企业对个人)日益活跃。根据埃森哲的研究报告,2015—2020 年全球跨境 B2C 预计年均增速约 27%,2020 年市场规模将达到 9940 亿美元。

二是地区差距逐渐缩小。欧美地区电子商务起步早、应用广。2016 年,美国网络零售交易额达到 3710 亿美元,比 2015 年增长 8.5%,约占美国零售总额的 8%;80% 的美国制造商拥有自己的网站,60% 的小企业、80% 的中型企业和 90% 的大型企业已经开展电子商务应用。2015 年,欧盟 28 国电子商务 B2C 交易额为 4074 亿欧元,与上年相比增幅为 13.4%。英国、法国、德国、西班牙、意大利五国的市场份额最大,占欧盟电子商务市场总量的 77.5%;英国、丹麦、卢森堡、德国和荷兰五国的网购用户渗透率最高,均超过了 70%。

亚洲地区电子商务体量大、发展快。电子商务起源于欧美,但兴盛于亚洲。亚洲地区网络零售交易额已占全球市场的 46%。中国、印度、马来西亚的网络零售年均增速都超过 20%。中国网络零售交易额自 2013 年起已稳居世界第一。全球十大电商企业中,中国占 4 席、日本占 1 席。其中,阿里巴巴以 26.6% 的市场份额排名全球第一,京东名列亚马逊、易贝之后,位居第四,小米和苏宁也入围前十。印度电子商务市场过去几年也高速增长,年均增幅约 35%。中印两国网民人数占到全球网民人数的 28%,每年还将新增 1 亿人,巨大的网民红利将继续支持亚洲电子商务市场发展。

拉丁美洲、中东及北非地区电子商务规模小、潜力大。拉丁美洲是全球 B2C 电子商务发展最快的区域之一,近些年交易额均保持两位数增长。网民增长红利、互联网普及度提升、本土技术创新等是拉美电子商务市场被看好的主要原因。非洲地域广阔,人口分布不均,实体店数量少,居民购物不便,电子商务发展存在刚性需求。近年来,非洲各国重视电子商务发展,加大了电子商务基础设施建设力度。研究机构预算,2025 年非洲主要国家的电子商务交易额将占其零售总额的 10%。

三是企业并购趋于频繁。互联网经济具有天然的规模效应,随着竞争加剧及投资人的撮合,竞争对手有动力、有条件进行合并,市场集中度不断提高。2012—2016 年,全球私营电子商务企业共获得 467 亿美元投资,其中,美团大众点评获得 33 亿美元投资,位列首位。获得 1 亿美元以上投资的企业主要分布在中国、美国和印度,分别有 25 家、20 家和 10 家。2016 年,中国电子商务领域的重大并购达 15 起,涉及资金超过 1000 亿元人民币。其中包括腾讯以 86 亿美元收购芬兰移动游戏开发商 84.3% 的股权,京东以 98 亿元人民币并购沃尔玛控股的一号店,阿里巴巴以 10 亿美元收购东南亚知名电商企业来赞达(Lazada)等,每项市场并购都对行业发展产生了重要影响。

目前,全球领军互联网企业都已构建以平台为核心的生态体系。亚马逊、阿里巴巴等以电商交易平台为核心,向上下游产业延伸,构建云服务体系。谷歌、百度等以搜索平台为核心,做强互联网广告业务,发展人工智能。脸书、腾讯等以社交平台为核心,推广数字产品,发展在线生活服务。苹果、小米等以智能手机为核心,开拓手机应用软件市场,开展移动支付业务。以平台为核心的生态体系不断完善,将吸引更多用户,积累更多数据,为平台企业跨界融合、不断扩张创造条件。互联网领域"强者恒强"的趋势更加明显。

四是共享经济异军突起。共享经济伴随着移动互联网的发展而迅速崛起,共享领域也不断拓展。从最初的汽车、房屋共享发展到金融、餐饮、空间、物流、教育、医疗、基础设施等多个领域，并向农业、能源、生产甚至城市建设扩张。共享经济让全球数十亿人既是消费者，也是经营者，最大限度地提升了资源利用效率，带来了就业方式的变革，但同时也带来一些新问题，对监管提出了挑战。

全球估值超过 100 亿美元的共享经济企业有四家，分别是优步（Uber）、爱彼迎（Airbnb）、滴滴和联合办公（WeWork）。中国是全球规模最大的共享汽车和共享单车市场，2016 年，共享出行次数超过百亿次，占全球市场的 67%。

全球电子商务市场在过去十多年中快速增长，并且这种势头仍在持续。《2017 年世界电子商务报告》显示，全球网民人数已达 41.57 亿人，互联网普及率达 54.4%，亚洲网民数占全球网民数的比重最高，达 48.7%；全球已有七个国家网购用户数量过亿，中国是全球最大的互联网用户市场，网民规模达 7.72 亿人，普及率达到 55.8%；从网购人数增长区域来看，未来几年增长最快的地区仍将是中东和非洲。在这样一个变化当中，全球电子商务主要朝着从粗放式扩张到精细化发展、从泾渭分明到边界模糊、从发达地区到新兴市场、从资源驱动到技术驱动的四个方向发展，具体如下。

第一，全球电子商务市场的增长速度自 2016 年后呈逐年下滑趋势。增长放缓的情况同时出现在欧美等发达国家和中国等新兴市场中。增速趋缓的主要原因是电子商务发展的环境出现了新的变化，互联网用户增长乏力、产业增长空间和潜力受到限制，电子商务领域的发展将从粗放式的增长进入精细化和集约式增长阶段。

第二，电子商务无界化态势明显，传统的企业边界、产业边界、地域界限甚至线上和线下的界限正在被逐渐颠覆。

第三，以亚太、中东欧、拉丁美洲、中东和非洲地区为主的新兴电子商务市场开始跃进。2016 年，新兴地区占全球 B2C 市场中的比重超过北美和西欧等发达地区，全球电子商务的重心正在转向新兴市场。

第四，云计算、虚拟技术、无人机等新兴技术在电子商务各环节广泛应用，大数据驱动电子商务领域进一步创新，智能无人商店、社交电子商务等电商新业态和新模式不断涌现，技术应用、数据革命赋能电子商务，成为其发展的新动力。

三、中国电子商务发展现状与趋势

1997 年，阿里巴巴、中国制造网等 B2B 电子商务企业成立；2003 年，淘宝网、京东商城等 B2C 电子商务平台崛起，中国电子商务开启了快速发展的历程。2016 年，我国电子商务交易额已相当于国民生产总值的 35%，对推动供给侧结构性改革的作用日益突出。当前，我国电子商务呈现以下几个特点。

一是市场规模持续增长。从 2012 年到 2016 年，网络购物用户人数从 2.42 亿人增长至 4.67 亿人，增长近一倍；电子商务交易额从 8.1 万亿元增长至 26.1 万亿元，年均增长 34%；网络零售交易额从约 1.3 万亿元增长至近 5.2 万亿元，年均增长 40%，对社会消费品零售总额增加值的贡献率从 17% 增长至 30%；直接和间接带动的就业人数从 1500 万人增长至 3700 万人。2016 年,电子商务产生消费增量带动生产制造、批发、物流增量创造税收超过 2000 亿元。

二是产业支撑行业不断发展。网络基础条件逐步改善,企业入网率不断提升。2016年,企业在线销售、在线采购的开展比例增长超过 10 个百分点,分别达到 45.3% 和 45.6%。电子商务服务业快速发展,市场规模达到 2.45 万亿元,同比增长 23.7%,其中电子商务平台服务业营收规模达到 4000 亿元;电子支付、物流快递、电子认证等支撑服务业市场规模达9500 亿元,全国快递业务量的 70% 来自电子商务;网店建设、代运营、信息处理、数据分析、人员培养等各类衍生服务业快速发展,市场规模达 1.1 万亿元。

三是服务业电商快速发展。从消费群体看,2016 年,我国在线教育用户规模达 1.38 亿人,年增长率为 25%;互联网医疗用户规模达 1.95 亿人,年增长率为 28%;网上外卖用户规模达到 2.09 亿人,年增长率 83.7%;网络约车用户规模达 2.25 亿人,年增长率为 41.7%;在线旅游预订网民规模 2.99 亿人,年增长率 15.3%。从市场规模看,2016 年,我国本地生活服务 O2O 交易额达到 7291 亿元,同比增长 64.2%。

四是线上线下融合步伐加快。国务院办公厅关于深入实施"互联网+流通"行动计划的意见进一步提振了流通企业线上线下融合发展的信心。一方面,线上企业加速布局线下。阿里巴巴收购银泰、三江购物,和苏宁交叉持股,与上海百联开展战略合作。京东、当当、聚美优品等纷纷开设实体店。另一方面,线下企业主动拥抱互联网。永辉超市、徐工集团、宝钢等通过与线上企业合作或自身发展电子商务,探索商业模式转型升级。线上线下正从渠道、供应链、数据、场景等多方面逐步打通,为消费者提供全方位、不间断、跨时空的服务,打造零售新生态。

五是新业态新模式层出不穷。租车、租房、租设备等分享经济新业态,众创、众包、第四方物流等协同经济新业态,团购点评、体验购物、主题酒店等体验经济新业态百花齐放、争奇斗艳。分享经济使得消费者之间通过互联网直接建立联系,提升闲置资源的利用效率。滴滴快车分享了闲置的汽车运力,人人快递分享了闲置的人力资源,小猪短租分享了闲置的住房空间。体验经济促使线下企业通过互联网与消费者开展互动,打破了信息壁垒,畅通了消费渠道。

六是农村电商蒸蒸日上。2016 年,我国农村网络零售市场交易规模达到 8945.4 亿元,占全国网络零售总额的 17.4%。在农产品上行方面,从 2012 年到 2016 年,农产品网络零售交易额从 200 亿元增长至 1589 亿元,增长近 7 倍。2014 年以来,商务部会同财政部、国务院扶贫办,安排中央财政资金 84 亿元,以中西部地区为主,在 27 个省区市的 496 个县一级单位开展电子商务进农村综合示范。重点加强农村物流体系建设、乡村网点信息化改造、农村产品网络销售和人才培养等,建设完善农村电子商务运营网络。电子商务进农村综合示范引导带动邮政、供销等传统渠道,以及京东、苏宁等电商企业加快布局农村电商市场,在 1000多个县建设了 40 万个电商村级服务点。发展农村电商已经成为推进城乡协同发展,加快城乡市场一体化步伐,促进农业特别是县域经济转型升级,助力精准扶贫、精准脱贫的重要途径。

七是跨境电商发展得如火如荼。2015 年 3 月和 2016 年 1 月,国务院先后批准设立杭州、天津等 13 个跨境电子商务综合试验区。2016 年,13 个综试区跨境电商进出口超 1600

亿元人民币,比前一年增长 1 倍以上,其中,跨境电商出口拉动杭州出口增长 10％以上,占全市出口的 13％。跨境电商综试区 B2B 出口约占综试区进出口总额的 7 成。郑州带动周边地区服装产业集群发展,大连推动东北老工业基地 2000 多家中小微企业触网。跨境电商已成为加快外贸转型升级、推进内外贸协同发展,实现国际国内市场一体化的重要举措,为促进外贸回稳向好做出了重要贡献。

八是 B2B 电商迎来新机遇。国家推动供给侧结构性改革给 B2B 电商发展提供了重要发展契机。近年来国内钢铁、石油化工、煤炭、有色金属等 B2B 电商发展迅速,相关平台总数超过 1100 家。一呼百应等综合 B2B 电商,将原材料的供应商与采购商通过平台直接对接,提高了交易效率,降低了下游采购商的成本。找钢网将传统的钢铁交易环节缩短,大幅提升了供应链效率。B2B 电商发挥互联网高效连接的功能,实现了上下游供需的高效对接,帮助企业化解产能过剩、流通成本高、有效供给不足等问题。发展 B2B 电子商务已成为传统工业企业转型的重要途径之一。

展望未来,随着"互联网＋"和数字经济的深入推进,中国电子商务还将迎来新机遇。新一轮科技革命为电子商务创造了新场景,新一轮全球化为电子商务发展创造了新需求,经济与社会结构变革为电子商务拓展了新空间,我国电子商务将步入规模持续增长、结构不断优化、活力持续增强的新发展阶段。总体来看,我国电子商务将呈现服务化、多元化、国际化、规范化的发展趋势。

一是线上线下深度融合,电子商务转变为新型服务资源。未来围绕消费升级和民生服务,电子商务的服务属性将更加明显。电商数据、电商信用、电商物流、电商金融、电商人才等电子商务领域的资源将在服务传统产业发展中发挥越来越重要的作用,成为新经济的生产要素和基础设施。以信息技术为支撑、以数据资源为驱动、以精准化服务为特征的新农业、新工业、新服务业将加快形成。

二是网络零售提质升级,电子商务发展呈现多元化趋势。随着人民生活水平的提升和新一代消费群体成长为社会主要消费人群,消费者将从追求价格低廉向追求产品安全、品质保障、满足个性需求及良好的购物体验转变。社交电商、内容电商、品质电商、C2B 电商将成为市场热点,新技术应用更快,电子商务模式、业态、产品、服务将更加丰富多元。

三是"丝路电商"蓄势待发,电子商务加快了国际化步伐。"一带一路"高峰论坛的成功召开进一步促进了沿线国家的政策沟通、设施联通、贸易畅通、资金融通、民心相通,为电子商务企业拓展海外业务创造了良好的环境和发展空间。商务部会同发展改革委、外交部等围绕"一带一路"倡议,加强与沿线国家合作,深入推进多层次合作和规则制定,推动"丝路电商"发展,服务跨境电商企业开拓新市场。

四是治理环境不断优化,电子商务加快规范化发展步伐。电子商务相关政策法律陆续出台,"通过创新监管方式规范发展,加快建立开放公平诚信的电子商务市场秩序"形成共识和政策合力。发展改革委、中央网信办、商务部等 32 个部门建立了电子商务发展部际综合协调工作组,为加强电子商务治理提供了组织保障。电子商务企业则成立"反炒信联盟"等自律组织,不断强化内部管理,促进电商生态可持续发展。

第二章　电子商务研究概述

20 世纪以来,随着电子信息技术的迅猛发展,电子商务已成为一种普遍的社会经济现象,也吸引了国内外相关领域的研究学者,电子商务市场规模的迅猛增长对理论和实践的研究提出了更高的要求。电子商务研究涉及计算机、管理、生产制造、物流交通、包装设计、营销、环境学等多个学科,其发展对经济增长具有很强的促进作用,因此是一个具有重要研究价值的领域。从全球范围来看,国际电子商务研究启动较早,国内电子商务研究晚于欧美等发达国家,因此,国际与国内电子商务研究的政策背景在时间跨度上有较大区别,本章将分别进行综述。

第一节　电子商务研究的政策背景

一、国际电子商务研究的政策背景

1. 联合国国际贸易法委员会(UNCITRAL)

联合国国际贸易法委员会(United Nations Commission on International Trade Law,简称 UNCITRAL,贸易法委员会),成立于 1966 年,是联合国大会的一个附属机构,基本任务是促进国际贸易法的逐步协调和统一。1984 年,联合国国际贸易法委员会向联合国秘书长提交了《自动数据处理的法律问题》的报告,建议审视有关计算机记录和系统的法律要求,从而揭开了电子商务国际立法的序幕。

第一阶段:孕育期(1984—1996)。1985 年,贸易法委员会通过了一项向各国政府和国际组织提出的有关拟订贸易方面法律条文的建议,建议它们在各自权限范围内审查与自动数据处理有关的规则,以便消除在国际贸易中使用自动数据处理方法的不必要障碍。[①]

1990 年 3 月,联合国正式推出了 UN/EDIFACT 标准,并被国际标准化组织正式接受为国际标准 ISO9735。UN/EDIFACT 标准的推出统一了世界贸易数据交换中的标准,使得利

---

① 该建议现已为《电子商务示范法》和《电子签名示范法》所取代。

用电子技术在全球范围内开展商务活动有了可能。此后,又先后制定了《联合国行政商业运输电子数据交换规则》《电子数据交换处理统一规则(UNCID)》等文件。1992年贸易法委员会颁布了《国际贷记划拨示范法》。1993年10月,贸易法委员会电子交换工作组26届会议全面审议了《电子数据交换及贸易数据通信有关手段法律方面的统一规则草案》,形成了国际EDI法律基础。

第二阶段:启动期(1996—2000)。1996年贸易法委员会通过了《贸易法委员会电子商务示范法》,并于1997年正式发布。这是世界上第一部关于电子商务的法律框架。该示范法共17条,分两部分。第一部分为电子商务总则,即一般条款;对资料电文的适用法律要求;资料电文的传送。第二部分为电子商务的特定领域,主要涉及货物运输中的运输合同、运输单据、电子提单的效力和证据等问题。该法对电子商务的一些基本法律问题做出了规定,有助于填补国际上电子商务的法律空白。2000年,第33届联合国国际贸易法委员会讨论了委员会将来在电子商务领域进行的工作,包括三个方面内容:第一是电子订约,从联合国销售公约角度着手;第二是在线争议问题的解决;第三是产权文书的非物质化,尤其是在运输行业。

第三阶段:发展期(2001年至今)。2001年7月5日,贸易法委员会通过了《贸易法委员会电子签名示范法及立法指南》(简称《示范法》),《示范法》旨在提高电子签名使用的法律确定性。利用《贸易法委员会电子商务示范法》第7条所载的灵活原则,确定了电子签名和手写签名等同的技术可靠性标准。《示范法》采用技术中立态度,避免偏袒任何一种特定技术产品。《示范法》进一步确定了基本行为规则,这些规则可作为评估签名方、援用方和干预签字过程的受信任第三方可能的责任和赔偿责任的准则。

在2001年举行的第38届会议上,委员会讨论和审议了三项议题:制定一项可能的公约以消除现有国际公约对电子商务的障碍;所有权利凭证的非物质化;电子订约。2002年3月11—15日举行的第39届会议,发表了一份报告——《与国际贸易有关国际法律文件中存在的与发展国际电子商务有关的法律障碍》,建议修改与国际贸易有关的条约或公约。该报告对1956年到1972年的《集装箱海关公约》等共34份法律文件在电子商务环境下的缺陷及其改进提出了参考意见。在该会议上,电子商务工作组还提交了《电子订约:一项公约草案的条文秘书处说明》,并附上《由数据电文订立或证明的国际合同公约草案的初稿》和《承认电子电文和签字具有同等法律效力的国内法或区域法在其适用范围内所共同排除的一些不适用情况》。

2005年11月,大会通过《联合国国际合同使用电子通信公约》,宗旨是在对国际合同使用电子通信的情形增强法律确定性和商业可预见性。公约处理的问题包括如何确定一方当事人在电子环境中的所在地;电子通信的收发时间和地点;使用自动信息系统订立合同;确立电子通信和纸面文件(包括原始纸面文件)、电子认证方法和手写签名功能上等同及其所使用的标准。2005年12月9日,联合国第60届会议通过了《联合国国际合同使用电子通信公约》,对营业地位于不同国家的当事人之间订立或履行合同时使用的电子通信做出了具体规定。截至2006年7月底,已经有中非共和国、黎巴嫩、塞内加尔、中国、新加坡和斯里兰卡

6 个国家签署了这个公约。① 2005 年 12 月 22 日,联合国统计委员会第 37 届会议将"电子商务"列入"国际经济和社会分类"考虑的范畴。

综上所述,联合国国际贸易法委员会以它全球化和超前思维的视角在推动电子商务国际立法方面做出了极其重要的贡献。一方面是它具有协调性,从概念上说,它推动修改各国法律以提高跨国界商业交易的可预测性;另一方面是它具有统一性,从实际效果上看,它为各国采用国际商业交易制定了共同的法律标准。

2. 联合国贸易和发展会议(UNCTAD)

联合国贸易和发展会议(简称贸发会议,United Nations Conference on Trade and Development,简称 UNCTAD)成立于 1964 年,是联合国系统内唯一综合处理发展和贸易、资金、技术、投资和可持续发展领域相关问题的政府间机构,总部设在瑞士日内瓦。该组织推动电子商务发展的进程可以分为两个阶段。第一阶段为准备期(2000 年以前),该时期以专家的专题讨论为主,尚未形成关于电子商务的综合性报告。第二阶段为全面发展时期,以自成体系的年度综合报告为主要特征。2001 年 11 月,该组织公布了由联合国秘书长安南亲自作序的《2001 年电子商务和发展报告》。这一长达 40 万字的报告,在充分考察电子商务发展过程的基础上,深入分析了电子商务对发展中国家的影响,构造了电子商务发展环境的模式和实践方法;并对电子商务在发展中国家的应用进行了经验总结。应当说,在电子商务发展的关键时刻,这一报告对于坚持电子商务的发展方向起到了极为重要的作用。之后,在 2002、2003 和 2004 年,联合国都发布了《电子商务和发展报告》。2005 年,这一报告改名为《2005 年信息经济报告——电子商务和发展》。这些报告对推动世界电子商务的发展起到了很好的宣传和引导作用。

《2005 年信息经济报告——电子商务与发展》分六个章节评述了电子商务现状与发展情况。该报告显示,互联网用户在所有地区继续增长,尤其是在非洲和亚洲。尽管许多发展中国家的增长率很高,但互联网渗透率仍然很低。例如,当时的中国作为世界第二大互联网市场(仅次于美国),其渗透率仅为 7.2/100 名居民。虽然发展中国家的计算机数量,尤其是在某些新兴市场中,正在大幅度攀升,但计算机渗透率仍然很低。例如,中国为 4%,巴西为 10.7%,印度为 1.2%。宽带对于企业充分享用信通技术起到了关键的作用,它正在发达国家和少数发展中国家迅速扩展,而绝大多数其他发展中国家的介入率仍旧很低。因此,该报告指出,要使真正的全球信息社会的诺言兑现并促进可持续的社会和经济发展,如果没有各国政府、工商业界和民间团体的持续参与,以及国际社会的切实援助,是难以实现的。

综上所述,联合国贸易和发展会议以其专业的视角和丰富的实践经验为各国制定电子商务发展策略提供了有益指导,尤其以主题鲜明为特征的有关电子商务发展的综合报告成为该领域内的权威(见表 2.1)。

---

① 2006 年 7 月 6 日,在美国纽约召开的联合国国际贸易法委员会第 39 届年会上,商务部条约法律司副司长吴振国受权代表中国政府签署了该公约。

表 2.1 联合国贸易和发展会议推动电子商务的主要活动(1998—2006 年)

时 间	地 点	主题(会议/报告)	概 要
1998 年 6 月	日内瓦	专家会议:关于电子商务领域的能力建设——人力资源开发方面	
1999 年 7 月	日内瓦	专家会议:关于电子商务领域的能力建设——法律和管理方面	
2000 年 9 月	日内瓦	电子商务与旅游(背景报告)	发展中国家面临的挑战与新展望
2001 年 1 月	日内瓦	第五届会议:建设电子商务的能力	新经济在传统经济部门的发展影响:电子商务、旅游
2001 年 5 月	布鲁塞尔	第三届联合国最不发达国家问题会议	讨论了新的机遇,电子商务是促使经济多样化发展的典范
2001 年 11 月	日内瓦	《2001 年电子商务与发展报告》	中国加入世界贸易组织后,电子商务发展前景光明
2002 年 7 月	日内瓦	专家会议:电子商务的发展战略	会议介绍和讨论了发达国家和发展中国家双方的经验,并确定了参与式、全面的国家电子商务战略由哪些关键要素构成,如何实施这些战略及其对发展中国家的影响和含义
2002 年 11 月	日内瓦	《2002 年电子商务与发展报告》	该报告指出电子商务对经济和社会发展贡献最大,并提出切实可行的建议
2003 年 2 月	日内瓦	第七届会议:测量电子商务;开放来源或免费软件	概述发展中国家的互联网使用、电子商务贸易和促进电子商务发展的近期动态
2003 年 6 月	突尼斯	区域高级别会议:电子商务战略的发展——促进国际对话	会议确定国家和区域发展战略的主要内容,为促进电子商务发展和减少数字鸿沟制定了相关政策、规范、法律,以及解决了电子商务与经济、技术和贸易有关的问题
2003 年 9 月	日内瓦	专家会议:测量电子商务	会议要处理的问题是企业获得和使用信通技术(包括电子商务)方面的统计数据问题
2003 年 11 月	纽约和日内瓦	《2003 年电子商务和发展报告》	指明数字经济的增长可能对发展中国家产生的一些影响。开放源码和共享软件是发展中国家弥合数字鸿沟的一种手段。该报告旨在使从业人员和决策者能够更好地了解发展中国家的主要部门可以采用的办法
2004 年 9 月	日内瓦	专家会议:自由和开放源码软件所涉政策和发展问题,专家会议的报告	就自由和开放源码引起的贸易、电子交易和发展机会,提出一套核心政策议题
2004 年 12 月	纽约和日内瓦	《2004 年电子商务与发展报告》	对全球电子商务、互联网及信息通信技术的发展进行全面分析。本报告是第四次电子商务与发展报告,讨论了信通技术对发展中国家经济及其企业的影响,讨论了投资信通技术的成本和效益问题,也讨论了社会如何从这些投资中获得更高回报率的问题

续表

时　间	地　点	主题（会议/报告）	概　要
2005 年 7 月	日内瓦	信息经济培训班——政策问题	重点将放在信息和通信技术对生产率的影响上，研究包括电子商务、电子支付内部和企业间的沟通和交易等
2005 年 11 月	日内瓦	《2005 年信息经济报告——电子商务与发展》	该报告分六个章节评述了电子商务的现状与发展情况。报告中国际关注的焦点是 ICT 对发展中国家经济绩效和贸易竞争力的作用。报告提出迫切需要研究促使企业，特别是中小企业通过使用 ICT 增加劳动生产率及竞争力的政策和实践问题。例如政府帮助中小企业通过使用信通技术融入国家层次和国际层次的供给链，以及研究企业结构变化对本地、国家及国际劳动市场的效果
2006 年 3 月 21 日—4 月 11 日	毛里求斯	远程教育研讨会：电子商务的法律问题	研讨会旨在促进政策的制定、共享和鼓励企业界进入电子商务
2006 年 11 月	日内瓦	《2006 年信息经济报告——从发展的角度》	虽然发展中国家的互联网用户数量持续增长，但互联网在企业中的普及率仍然远低于发达国家，这种局面严重限制了发展中国家企业的竞争力。因此，发展中国家政府在改善宽带接入方面可以发挥重要作用

3. 国际电信联盟（ITU）

　　国际电信联盟（International Telecommunication Union，简称 ITU）是世界各国政府的电信主管部门之间协调电信方面事务的一个国际组织，成立于 1865 年 5 月 17 日。1969 年 5 月 17 日，国际电信联盟第 24 届行政理事会正式通过决议，决定把国际电信联盟的成立日——5 月 17 日定为"世界电信日"，并要求各会员方从 1969 年起，在每年 5 月 17 日开展纪念活动。从历年的主题活动可以看出，国际电信联盟已从最初的协调各国电信事务、注重信通技术在特殊领域的应用转向大力发展电子商务上面来。1999 年 5 月 17 日，国际电信联盟成员庆祝世界电信日，主题定为电子商务，认为这个主题涵盖了步入 21 世纪之际国际电信联盟将要面临的最重要的挑战。至此，人类信息社会的建设步入崭新的阶段。为充分利用电子商务带来的机遇，国际电信联盟建议必须做好以下准备：第一，必须准备好能提供信息网络和服务的广泛接入，这是信息经济基本的基础设施。第二，必须准备好向外国投资者和供应商提供开放的经济环境，这是加入全球市场的必要步骤。第三，也是最重要的一点，必须准备好教育国民，培养他们具备信息经济所要求的技能。因为没有教育就没有创新，也就没有发展。这些要求对发达国家和发展中国家都适用，所有国家都存在"信息富有"和"信息贫困"的差别，不管这些国家的发展水平如何，电子商务的兴起意味着世界将要发生巨大的变革。现在，世界所面临的基本挑战既是全球性的，也是本地性的、国家性的或区域性的。

　　因此，国际电信联盟认为其在促进信息时代的全球和人类发展方面负有特殊的责任。

例如，由国际电信联盟倡导的信息社会世界峰会（World Summit on the Information Society，WSIS）就得到联大及其他联合国相关机构和国际组织的大力支持与密切配合。根据电联理事会 2001 年决议，峰会分为两个阶段举行。第一阶段会议于 2003 年 12 月 10 日至 12 日在瑞士日内瓦举行，共有 176 个国家、联合国相关机构及其他国际组织、私营机构派员参加，其中包括 54 名国家元首和 259 名部级官员。会议广泛讨论了与信息社会建设有关的各类议题，并通过了《原则宣言》和《行动计划》，分别为未来信息社会的发展设定了若干基准指标和具体行动计划。本次峰会认为，建设包容性信息社会的重要原则是：改善信息通信基础设施的接入和技术的获取，加大信息和知识的获取范围；开展能力建设；增强信息通信技术使用方面的信心与安全性；在各个层面创建有利环境；开发和拓宽信息通信技术的应用领域；促进和尊重文化的多样性；承认媒体的作用；解决信息社会中的道德问题；鼓励国际合作。第二阶段会议于 2005 年 11 月 16 日至 18 日在突尼斯召开。会议的重点是互联网管理和融资机制等发展问题，对第一阶段取得的进展进行评估，制定并通过下一步行动计划。

4. 世界贸易组织（WTO）

世界贸易组织（World Trade Organization，简称 WTO）是一个独立于联合国的永久性国际组织，总部设在日内瓦莱蒙湖畔的关贸总协定总部大楼内。该组织的基本原则和宗旨是通过实施市场开放、非歧视和公平贸易等原则，来达到推动实现世界贸易自由化的目标。1995 年 1 月 1 日正式开始运作，负责管理世界经济和贸易秩序。1996 年 1 月 1 日，它正式取代关贸总协定临时机构。

第一阶段：奠定法律基础（1986—1997）。1986 年开始的关贸总协定"乌拉圭回合"谈判最终制定了《服务贸易总协定》。《服务贸易总协定》的谈判产生了一个"电信业附录"。这一附录的制定标志着全球范围内电信市场的开放。WTO 建立后，立即开展了信息技术的谈判，并先后达成了三大突破性协议：一为《全球基础电信协议》，该协议于 1997 年 2 月 15 日达成，主要内容是要求各成员方向外国公司开放其电信市场并结束垄断行为；二为《信息技术协议（Information Technology Agreement，简称 ITA）》[①]，该协议于 1997 年 3 月 26 日达成，协议要求所有参加方自 1997 年 7 月 1 日起至 2000 年 1 月 1 日将主要的信息技术产品的关税降为零；三为《开放全球金融服务市场协议》，该协议于 1997 年 12 月 31 日达成，协议要

---

① ITA 对电子商务的发展具有重要的意义。协议的 50 个参加国几乎覆盖了全球信息技术产品贸易的 95%。而且 ITA 对各参加国所做的关税减让承诺是必须服从于最惠国待遇原则的，也就是说非 ITA 的参加国也可享受到 ITA 参加国信息技术产品的关税减让所带来的利益。另一方面，ITA 的谈判程序对 WTO 重新启动电子商务的工作也有着重要的借鉴意义。在一个重要的技术领域，要想启动一个新的贸易回合来进行谈判，操作的难度较大。而 ITA 在参加国有限的情况下，由参加国在贸易回合之外进行谈判，做出自行进行关税减让的承诺，将这种承诺置于最惠国待遇原则的控制之下，这样，不但 ITA 的参加国而且非参加国都可以享受到关税减让带来的贸易福利。因此，相应的贸易政策能够更快地在全球范围内得到实施，而没必要经过冗长的贸易回合谈判。这种 ITA 的模式无疑对以后的电子商务协议指明了切实可行的方向。

求成员方对外开放银行、保险、证券和金融信息市场。在 WTO 历史上，一年内制定三项重要协议的做法是史无前例的，这三项协议为电子商务和信息技术的稳步有序发展确立了新的法律基础。

第二阶段：启动电子商务战略。1998 年 5 月 20 日，世界贸易组织有 132 个成员通过了《世界贸易组织关于全球电子商务的宣言》，规定至少 1 年内免征互联网上所有贸易活动的关税，从而形成电子商务"全球自由贸易区"，其永久免税的问题也成为新一轮贸易谈判的重要议题。1998 年 9 月 25 日通过了《世界贸易组织电子商务工作规划》。然而，由于西雅图会议的失败及其他原因，这个工作计划的成果未能进入正式的谈判议程，而只停留在有关的会议记录和咨询报告中。因此，从整体看，自 WTO 提出关于电子商务的共同宣言以来，直接针对电子商务所采取的动议未能取得实际的成果。但即便如此，"乌拉圭回合"的最后文件，以及以后达成的其他协议中已经包含了大量调整和促进全球电子商务的规则。在这里需要强调两点：第一，利用 WTO 来发展电子商务，并不是让 WTO 包办电子商务中的所有事项。WTO 要解决的问题限于在非歧视的基础上，各国对与电子商务相关的关税减让和市场开放，电子合同、隐私权保护等问题不属于 WTO 调整范围。第二，WTO 对电子商务的进一步工作不仅是为了贸易自由化，而且是为 WTO 所有成员方创造条件，使之能平等地获得电子商务所带来的机遇和利益。因此，WTO 的工作必须与其他国际组织（世界银行、联合国国际贸易发展大会）的工作紧密配合，才能达到预定的目标。

未来完善 WTO 中电子商务规则的具体途径，切实可行的方法是采取类似于《信息技术协议（ITA）》的程序，进行单独针对电子商务的贸易回合之外的谈判，这样才能稳妥及时地推进与电子商务有关的贸易自由化，满足电子商务迅速发展的需求。因为，想在新的贸易回合中将电子商务列为正式谈判议题的风险很大。大部分发达国家都承受着来自国内的巨大压力，纷纷盼望能在新的回合中列入环境、竞争、劳工标准等议题。这种情况下，电子商务并不具有优先的地位。

5. 欧洲联盟（EU）

欧洲联盟（European Union，简称 EU）电子商务的发展进程是与其从"工业社会"到"信息社会"的战略转变紧密相连的。20 世纪 80 年代初，日本雄心勃勃的第五代计算机研制计划和美国的星球大战计划给欧共体国家带来了巨大的冲击，使它们感到在信息技术领域欧洲已经落后于美国和日本，数字鸿沟现象已显现，必须奋起直追。为此，1984 年起，欧共体相继提出多项合作计划，如《欧洲信息技术研究与发展战略计划》（ESPRIT，1984 年）、《尤里卡计划》（Eureka，1985 年）、《欧共体环境信息协调计划》（CORINE，1985 年）、《欧洲联合半导体芯片计划》（GESSI，1988 年）。同时，欧共体制定的研究与技术发展的几个五年计划都把信息技术列为优先发展的领域。

20 世纪 90 年代以来，欧盟的信息政策和立法重点放在知识产权、个人数据保护和信息服务法律责任等方面。1993 年 12 月，欧共体委员会公布了委员会主席德洛尔的欧洲信息高速公路计划——题为《发展，竞争，就业：今天的挑战和通向 21 世纪之路》的白皮书。1996 年 5 月，欧盟正式发布了《信息 2000 年计划》，为期 4 年（1996—1999），经费预算为 6500 万欧洲货币单位,旨在促进多媒体产业的发展,特别注重面向小型、新兴的公司企业,强调跨国界、跨部门的合作和开发适合于欧洲多语言市场的信息产品。接着,欧盟又公布了它的信息市场政策行动计划和 17 个获得批准的新项目,主要是为贸易、金融、旅游、纺织、建筑、能源、鞋袜、出版、货运等行业和中小企业提供各种信息产品和网络通信服务。该时期,欧盟电子商务立法的序幕也相继拉开,代表性的法律和相关文件主要有:1997 年欧盟制定了《欧洲电子商务行动动议》,为规范欧洲电子商务活动制定了框架。同年,还颁布了《远程销售指令》。1999 年颁布了《欧盟电子签名法律框架指南》,明确规定了在某一成员国签订的电子商务合同,其效力在其他任何一个成员国都应被承认等重要问题。

2000 年 3 月,里斯本欧盟首脑会议提出了未来十年发展的"里斯本战略",要求通过普及互联网知识、发展电子商务、加快高技术特别是信息技术的开发与应用,创建"电子欧洲"。2000 年 5 月 4 日,欧盟议会通过了《电子商务指令》,该指令试图对电子商务做出综合性的规范。[①] 该指令的主要内容包括:(1)成员国开放电子服务的市场;(2)成员国不对电子合同的使用加以限制;(3)为仅作为第三方的信息传输管道的网络中介创设了责任豁免;(4)要求标明属于电子形式的广告信息;(5)允许律师、会计师在线提供服务;(6)要求将国籍法和来源国法作为适用于电子服务的法律;(7)允许成员国为了保护未成年人,防止煽动种族仇恨,保卫国民的健康和安全,对来自他国的电子服务加以识别;(8)确定提供电子服务的公司所在地为其实际开展营业的固定场所,不论其网站设在何处。

2000 年 6 月,欧盟发布了面向 2002 年的数字欧洲计划,把"消除数字鸿沟,构建信息社会"作为优先目标,主张消除发展互联网的各种障碍,加速欧洲网络建设,努力降低互联网的上网费用,并使上网速度更快,上网更安全,使欧洲充分享受互联网和数字化技术带来的经济和社会利益。行动计划特别强调,加速通过一系列有关"电子欧洲"的法律,保证普及互联网的基础设施和服务,使欧盟成员国之间做到网络畅通。2005 年 6 月 1 日,欧盟执委会正式公布了未来五年欧盟信息通信政策框架"i 2010:欧洲信息社会 2010"。该框架把促进经济增长及提升就业人口作为政策架构的基本原则,指出为迎接数字融合(Digital Convergence)时代的来临,必须整合不同的通信网络、内容服务、终端设备,以提供更具一致性的管理架构应对全球化的数字经济,发展更具市场导向、弹性及经得住未来考验的信息技术,并把建立统一的信息空间、强化 ICT 创新与投资、提供优质的公共服务改善生活品质作为优先目标。

根据 2005 年电子商务调查的结果,欧盟电子商务市场具有如下特点。[②]

第一,各行业电子商务的应用水平存在差异。欧盟不同部门之间,特别是制造业和服务业之间在电子商务成熟度、采用比例及影响力等方面存在着明显的差别。在参与调研的制造业行业当中,汽车制造、医药和航空工业采用电子商务的比重最高。这些行业的电子商务之所以能够快速发展,很大程度是受到行业中大型跨国公司的推动。整合供应链,降低采购流程成本成为相关行业电子商务的共同目标,线上采购成为企业日常业务工作的重要内容和应用最广泛的电子商务形式。在医药行业中,信息通信技术和电子商务在新药开发和医

---

① 欧盟的指令对欧盟各成员国具有约束力。

② The European e-Business Report 2005 edition,www. ebusiness-watch. org.

疗诊断过程当中发挥着重要的作用,可以提高研发的效率,降低企业竞争压力。在旅游行业,在线预订已经被越来越多的消费者和商业客户所接受,电子旅游业务获得了快速发展。建筑业与其他行业相比,在电子商务应用方面存在明显的差距。一个原因是行业中有许多小的公司,另一个原因是建筑行业是一个标准不统一、技术不规范、证书多样化的行业,电子商务很难在这样一个环境中发挥最大作用。

第二,各成员国内部电子商务应用水平存在差异。尽管相对于国际市场来说,欧盟电子商务呈现快速发展的态势。不过在欧盟内部不同国家之间的电子商务应用水平却存在明显的差异。英国与德国公司的电子商务发展水平最高,法国和西班牙公司紧随其后,捷克、波兰、意大利则相对落后。各国电子商务应用水平的差距在一定程度上反映了各国工业结构的不同。例如,意大利的电子商务发展水平比较落后,部分原因在于意大利中小企业在各行业的比重相对比较高,而基于成本等因素,中小企业采用电子商务的积极性相对较低。东欧国家在 2004 年电子商务发展迅速,电子商务应用水平与早先的欧盟国家之间的差距明显缩小。

综上所述,欧盟作为一个重要的区域性国际组织在发展电子商务方面起到积极的示范效应,但是,区域内的数字鸿沟依然存在,这是未来欧盟在建立信息社会过程中面临的最大挑战。

6. 经济合作与发展组织(OECD)

经济合作与发展组织(Organization for Economic Cooperation and Development,简称 OECD)基于资金、技术、人才和制度的优势较早地开展了电子商务的探索过程,并逐步形成较为成熟的政策体系。1998 年 10 月 7 日至 9 日,来自 OECD 成员国部长、非 OECD 成员国的消费者和社会利益团体的代表聚集加拿大渥太华,共同商讨促进全球电子商务发展的策略。会议推出了《全球电子商务行动计划》《全球网络个人隐私权保护宣言》《电子商务:税务政策框架条件》等规则合约,在实现全球电子商务的共同行动方面迈出了重要的一步。会议经过认真讨论,提出了六个重要观点。(1)电子商务提供了一种进行商业交易的崭新的途径。它是未来推动经济增长的关键动力,促进了全世界经济的发展。(2)所有参与者(政府、消费者、工商界、劳工界和公众团体)之间的合作和社会对话在制定政策时必须得到鼓励,以便推动所有国家在国际舞台上全球电子商务的发展。在可能的条件下,它们的行动应当争取国际上的公认。(3)各国政府应当促进建立有利于竞争的环境,以便使电子商务迅速发展。各国政府应当设法减少和消除不必要的贸易障碍。在必要时,确保对关键的公众利益目标给予恰当的保护。(4)政府的干预(如有此必要)应当在技术上是中性的,而且是有节制的、透明的、前后一致的和可预测的。(5)各国政府应当承认工商界在制定标准、加强可互操作性方面合作的重要性,合作环境应当是国际性的、自愿的和协调一致的。(6)工商界应当继续在开发和实施对电子商务发展至关重要的一系列问题的解决方案方面发挥关键作用,应当承认并考虑基本的公众利益、经济和社会目标,并与各国政府和其他参与者紧密合作。

此后,该组织还通过了《OECD 电子商务消费者保护准则》(1999 年 12 月 9 日)、《OECD 信息系统与网络安全准则:文化安全》(2002 年 7 月 25 日)及《OECD 在跨国界特别是互联网商务欺诈行为中保护消费者准则》(2003 年 6 月 11 日)。这些准则为建立比较完善的政策体系奠定了基础。2003 年，OECD 对 30 个国家信息与通信技术政策的实践与认识进行了调查，调查分析表明，这些国家的政府政策主要关注如下方面，如表 2.2 所示。

表 2.2　ICT 与公共政策

公共政策	具体措施
改善信息与通信技术总体政策环境	(1)通过教育系统、职业培训和终身学习计划等安排，提高信息与通信技术使用者的必要技能。(2)持续发展信息与通信技术基础设施和技术，推动宽带服务、发展公共操作平台和数字化内容。(3)持续发展电子政务，改进行政程序，推动政府各部门的合作，促进政府与公众和商业群体之间的沟通。(4)创造有利于信息和通信技术投资、促进电子交易增长和电子商务发展的经济、法律和安全设施环境
促进信息与通信技术创新	(1)通过政府的研究开发计划，支持对信息与通信技术的研发工作。(2)鼓励和促进创新网络和创新集群的发展。(3)在推进电子政务的过程中，建立电子采购平台，给新企业以市场机会，鼓励创新。(4)对风险投资者实行税收优惠政策，政府为企业家和风险投资者建立多种沟通渠道和机会
深化和扩展信息技术的扩散与应用	(1)深化电子政务的信息化示范效应。(2)促进中小企业的电子交易，发展电子商务，加快信息与通信技术的商业化扩散。(3)加强信息化基础设施建设，鼓励或发展公共接入端口，向低收入家庭提供接入设备支持，改进信息化的基础设施和接入条件。(4)开发公共部的数字内容，支持数字内容产业的商业化。制定数字内容产业与知识产权领域相结合的政策法规，鼓励企业和非营利组织发展数字内容产业
改善信息与通信技术的商业环境	(1)改善中小企业的融资条件，实施信息与通信技术产品和服务的发展计划或项目，通过政策措施鼓励对中小企业进行风险投资，帮助新企业降低进入信息与通信技术市场的门槛。(2)打击数字盗版、提高公众知识产权保护意识。(3)创造有利于电子交易发展的商业环境，促进电子交易规则透明化，减免电子交易的关税
加强基础设施建设	(1)鼓励私人部门投资和参与竞争，增加宽带服务的供给。发展无线宽带的公共端口，向中小企业扩展无线宽带服务；实施面向农村的宽带发展计划，集中人口稀少地区的需求；采用税收优惠和特惠财政待遇等政策刺激需求，扩大宽带的使用范围。(2)推广政府采购的示范效应，发展电子支付系统，加强相关法规、标准和技术工具的开发。(3)发展信息与通信技术相关标准
提高在线服务的信任度	(1)加强计算机和网络安全管理。成立计算机紧急响应小组及计算机问题和病毒报告支持系统。实施在线证明管理，对商务单位和个人进行在线鉴定，制定数字签名协议。政府组织协调相关机构，保护公共密钥基础设施。采取立法、行政指导和专项计划等措施，提高公众的网络安全意识，打击网络犯罪。(2)保护隐私权利。发展个人隐私保护和个人数据传输与共享方面的政策法规。发展加密技术为个人信息提供保护

资料来源：经济合作与发展组织《信息技术展望 2004》。

7. 亚太经合组织（APEC）

虽然亚太经合组织（Asia-Pacific Economic Cooperation，简称 APEC）有关电子商务工作的起步相对晚于上述国际组织（APEC 电子商务指导组——ECSG 成立于 1999 年），但是,该组织一直以多种方式致力于区域内电子商务的推动工作。

2001年,中国在APEC无纸贸易高级别研讨会上倡议成立APEC电子商务工商联盟,并于同年10月获APEC第13届部长会议的批准:"鉴于公共与工商部门在推动电子商务方面所起的不同作用,以及加强公共与工商部门之间在此领域合作的必要性,部长们批准了成立电子商务工商联盟的倡议。部长们还对在电子商务领域加强经济技术合作的倡议表示欢迎,认为这将有助于缩小成员在电子商务应用水平方面的差距。"(《部长联合声明》第46条)联盟的宗旨是服务于亚太地区工商企业,构建亚太地区企业与政府、企业与企业之间的交流合作平台,发挥区域联盟的整体影响力,全面促进亚太地区各成员经济体企业在电子商务领域的交流与合作,促进政府优化电子商务发展环境,推动亚太地区电子商务整体发展进程。APEC电子商务工商联盟自2001年成立以来,组织、策划了不同主题的研讨会和培训等活动,建立了APEC电子商务工商联盟电子商务专家资源库。同时为了构建亚太地区政府与企业、企业与企业之间畅通、高效、便捷的交流合作平台,发挥区域联盟的整体影响力,建立电子商务应用与推广的良好环境,APEC电子商务工商联盟每两年组织召开一次"APEC电子商务工商联盟论坛",就当前电子商务热点和重点问题进行深入探讨,以促进亚太地区电子商务整体发展进程。

通过比较上述国际组织推动电子商务发展的不同历程(见图2.1和表2.3),我们可以得出以下两点结论:第一,从时间上看,国际组织关于电子商务的立法和标准的制定先于各个国家,而且国际组织立法或者启动电子商务战略的时间大多集中在20世纪90年代中期。第二,从立法及从事的主要活动看,不同国际组织的职能和政策定位不同。联合国的贸发会和贸法委、国际电联、WTO等一定程度上反映了众多国家的普遍利益,而欧盟、APEC则一定程度上代表了区域经济体的共同利益,在制定政策、方针、法律规范时,不免有倾向上的差异。

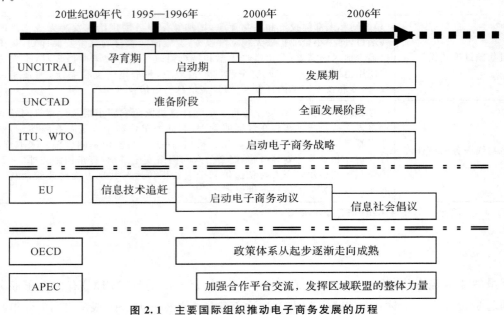

图2.1 主要国际组织推动电子商务发展的历程

未来,信息与通信技术会以几何速度发展,由制度创新或产品创新而引起的相关立法有可能在某个国家或国际组织内部首先出现,但是,政策法规的完善与协调仍需经历在多边体制下的博弈过程。

在经济全球化的今天,我国只有融入世界经济的大潮中,主动参与国际组织的电子商务行动纲领和政策、方针、标准规范等的制定活动,争取我国在国际活动中的话语权。与此同时,积极开展相关的研究,及时制定出我国推动电子商务发展的规划、标准和法律规范,不断提高我国电子商务的整体水平以推进我国电子商务的健康发展。

表 2.3　主要国际组织推动电子商务发展的主要政策及活动

国际组织	时 间	重要事件及文件	目的及意义
UNCITRAL	1984 年	《自动数据处理的法律问题》	揭开了电子商务国际立法的序幕
	1990 年 3 月	推出 UN/EDIFACT 标准	统一了世界贸易数据交换中的标准,使得利用电子技术在全球范围内开展商务活动有了可能
	1990—1993 年	《联合国行政商业运输电子数据交换规则》《电子数据交换处理统一规则(UN-CID)》《国际贷记划拨示范法》《电子数据交换及贸易数据通信有关手段法律方面的统一规则草案》	形成国际 EDI 法律基础
	1996 年	《电子商务示范法》	世界上第一部关于电子商务的法律框架
	2001 年	《贸易法委员会电子签名示范法及立法指南》	提高电子签名的使用的法律确定性
	2002 年	电子商务工作组对现行与贸易有关的公约中与电子商务相冲突的部分进行审查	修改与国际贸易有关的条约或公约
	2005 年	《联合国国际合同使用电子通信公约》	在对国际合同使用电子通信的情形中增强法律确定性和商业可预见性
UNCTAD	2001—2004 年	连续四年发布《电子商务和发展报告》	对于推动世界电子商务的发展起到了很好的宣传和引导作用
	2005—2006 年	《信息经济报告》	提升了信息经济在整个世界经济中的地位
ITU	1998 年	发起"电子商务为发展中国家服务"项目	为发展中国家企业进入全球市场提供模式
	1999 年	世界电信日主题定为"电子商务"	涵盖了步入 21 世纪之际国际电联将要面临的最重要的挑战
	2003、2005 年	由其倡导举办信息社会世界峰会	人类信息社会的建设步入崭新的阶段
WTO	1997 年	《全球基础电信协议》《信息技术协议(ITA)》《开放全球金融服务市场协议》	一年内制定三项突破性协议是史无前例的,这三项协议为电子商务和信息技术的稳步有序发展确立了新的法律基础
	1998 年	《世界贸易组织关于全球电子商务的宣言》《世界贸易组织电子商务工作规划》	启动电子商务战略

国际组织	时　间	重要事件及文件	目的及意义
EU	1997 年	《欧洲电子商务行动动议》	为规范欧洲电子商务活动制定了框架
	2000 年	《电子商务指令》	对电子商务做出综合性的规范
	2005 年	"i2010：欧洲信息社会 2010"	统领未来五年欧盟信息通讯政策
OECD	1998 年	《全球电子商务行动计划》《全球网络个人隐私权保护宣言》《电子商务：税务政策框架条件》	向实现全球电子商务的共同行动迈出了重要一步
	1999—2003 年	《OECD 电子商务消费者保护准则》《OECD 信息系统与网络安全准则：文化安全》《OECD 在跨国界特别是互联网商务欺诈行为中保护消费者准则》	为建立比较完善的政策体系奠定了基础
APEC	1999 年	成立 APEC 电子商务执行工作组	致力于区域内电子商务的推动工作
	2001 年	成立 APEC 电子商务工商联盟	构建了亚太地区政府与企业、企业与企业之间畅通、高效、便捷的交流合作平台，发挥区域联盟的整体影响力

二、国内电子商务研究的政策背景

自 2005 年国务院办公厅发布《加快电子商务发展的若干意见》文件后，中国电子商务进入快速发展时期，十多年来，围绕电子商务各个领域，大量政策支持文件出台，是中国电子商务研究得以迅猛发展的背景之一。表 2.4 总结了 2005—2017 年电子商务各领域的政策文件。

表 2.4　中国关于电子商务的相关政策文件(2005—2017 年)

发布部门	相关政策文件	发布时间
国务院	《关于加快电子商务发展的若干意见》	2005 年 1 月 8 日
国家发改委	《电子商务发展"十一五"规划》	2007 年 6 月 1 日
商务部	《关于加快流通领域电子商务发展的意见》	2009 年 11 月 30 日
商务部	《关于促进网络购物健康发展的指导意见》	2010 年 6 月 24 日
国家发改委、商务部等	《关于开展国家电子商务示范城市创建工作的指导意见》	2011 年 12 月 19 日
商务部	《关于开展国家电商示范基地创建工作的指导意见》	2011 年 12 月 30 日
国家发改委、商务部等	《关于促进电子商务健康快速发展有关工作的通知》	2012 年 2 月 6 日
工信部	《电子商务"十二五"发展规划》	2012 年 3 月 27 日
国家发改委、财政部等	《关于进一步促进电子商务健康快速发展有关工作的通知》	2013 年 9 月 17 日
商务部	《关于促进电子商务应用的实施意见》	2013 年 10 月 31 日

续表

发布部门	相关政策文件	发布时间
国家发改委、中国人民银行	《关于组织开展移动电子商务金融科技服务创新试点工作》	2015 年 1 月 4 日
工商总局、工信部等	《关于加强境内网络交易网站监管工作》	2016 年 3 月 24 日
国务院	《关于大力发展电子商务加快培育经济新动力的意见》	2015 年 5 月 7 日
商务部、财政部	《关于加快发展农村电子商务的意见》	2015 年 8 月 21 日
农业部、商务部等	《推进农业电子商务发展行动计划》	2015 年 9 月 6 日
农业部	《关于组织开展农业电商"平台对接"专项行动的通知》	2015 年 10 月 10 日
国务院	《关于促进农村电子商务加快发展的指导意见》	2015 年 10 月 31 日
农业部	《关于推挤农业农村大数据发展的实施意见》	2015 年 12 月 31 日
工商总局	《关于促进网络服务交易健康发展规范网络服务交易行为的指导意见》	2016 年 1 月 16 日
商务部	《2016 年电子商务和信息化工作要点》	2016 年 3 月 23 日
商务部、税务总局等	《关于推动电子商务发展有关工作的通知》	2016 年 5 月 20 日
国务院	《关于深化制造业与互联网融合发展的指导意见》	2016 年 5 月 20 日
国务院扶贫办等	《关于促进电商精准扶贫的指导意见》	2016 年 11 月 4 日
国家发改委等	《关于全面加强电子商务领域诚信建设的指导意见》	2016 年 12 月 30 日
国家发改委等	《关于同意大连市等 17 个城市创建国家电子商务示范城市的通知》	2017 年 1 月 7 日
商务部	《关于进一步推进国家电商示范基地建设工作的指导意见》	2017 年 1 月 17 日
财政部等	《关于开展 2017 年电子商务进农村综合示范工作的通知》	2017 年 5 月 3 日
工信部	《工业电子商务发展三年行动计划》	2017 年 9 月 11 日
商务部、农业部	《关于深化农商协作大力发展农产品电子商务的通知》	2017 年 8 月 22 日

第二节 电子商务研究的一般过程

任何学科研究均具有一般的研究范式,电子商务研究也不例外。按照一般的研究范式,电子商务研究的一般过程具体如下:

(1)提出电子商务研究的具体问题;

(2)提出电子商务研究的具体目标,阐明研究意义;

(3)通过文献回顾,对研究现状进行回顾与总结;

(4)提出电子商务研究设计方案,包括概念模型的提出与假设的提出;

(5)数据采集说明;

（6）假设验证与分析；

（7）形成研究结论，提出研究建议。

第三节　电子商务研究的主要方法

一、归纳、演绎研究方法

归纳法和演绎法是各研究领域的专家学者经常采用的研究方法。其中，归纳研究是指一种由一系列特殊前提概括出一般性结论的研究方法。其作用是对人们在实践中认识了的一个个具体事例或个别判断加以总结、概括，以得出一般性的结论，从而获取知识，发现真理。科学研究中运用归纳研究方法时，首先要收集资料，对个别事例加以观察、测量和记录，然后分析收集到的资料，寻找事例间的共同特征或特征间的相互关系，最后在对特征或关系的分析概括中得出普遍性的结论。归纳研究与演绎研究的根本区别是，前者是由特殊事例得出一般结论，而后者则是由一般结论推断特殊事例。因此，由归纳研究得出的结论可作为演绎研究的前提。科学研究正是在不断的"归纳演绎再归纳再演绎……"的过程中向前发展的，逐步向事物本质的正确认识逼近。归纳研究又分为完全归纳研究与不完全归纳研究，后者又分为简单枚举法和科学归纳法。在进行具体归纳时可采用求同法、求异法、求同求异法、共变法和剩余法等方法。

在电子商务研究的初期，国内外大部分研究集中在对电子商务概念的界定，以及企业开展电子商务的意义探讨上面。例如，在电子商务发展初期，部分学者就从信息经济学的角度对电子商务当中搜寻市场信息所花费的代价和收益进行比较（Salop 和 Stiglitz，1972），1977年，Porat 首次从宏观经济角度采用投入产出方法对电子商务信息在美国和其他发达国家的经济生产价值中所占的份额进行测算。随着互联网技术和基础设施的发展及其在商务活动中的大规模应用，在 20 世纪 90 年代初期至中期，国外学者开始关注网络经济学（Internet Economics），着重研究互联网技术设施建设中资源分配与定价、网络和标准的兼容，以及网络的外部性（Macki-Mason 和 Varian，1995；McKnight 和 Bailey，1996；Economides，1996）。在 1996 年之后，电子商务的应用被国外学者作为主要的研究主体，主要侧重研究电子商务及其相关的社会、经济、技术、政治和法律问题。如有学者采用交易成本经济学理论，重点研究电子商务对消费者和企业成本的影响，并考察企业开展电子商务和消费者参与电子商务的经济动因：电子商务给消费者和企业带来的收益大于成本，降低了消费者的搜寻成本，削减了服务提供商、交易代理商碰到的市场摩擦和生产成本，扩大了市场接触的范围，创造了新的收入（Strader，1996）；也有学者通过对相关企业的网络管理人员问卷调查来确定影响网络市场营销的因素和消费者对网站的反应，调查结果表明信息和服务质量、使用的便捷程度、趣味性、系统设计质量是电子商务网站设计的关键要素（Liu，1997）；同时个性化的信息广告也能取得良好效果（Andrew 等，1999）；也有学者通过归纳演绎的方法重点考察了与电子商务相关的组织因素、技术角色、组织战略及其他关键因素（Sharon，1998）。国外学者还采用归纳演绎方法来研究电子商务模式创新对企业的影响。如有学者认为在电子商务不断发展的20多年里,大多数企业立足于优化电子商务模式即提高现有商务模式的效率,在网络经济条件下,企业面临的巨大挑战是成为商务模式革命性变革的创造者和获益者(Hamel,1999)。电子商务创造出新市场和新经济活动,它们又引发了信息的瞬间流动、价值链的层次缩减、新型中介的出现,以及经济规则和市场动态性的变迁(Choi等,1997)。这些新的变化导致了对新策略和电子商务模式的需求,企业电子商务模式的创新所创造出的价值超出了通过价值链配置所实现的价值,超出了通过对公司特定核心能力的利用所实现的价值(Amit和Zott,2000)。同时值得说明的是,在理论研究方面,国外对企业电子商务应用系统评价的研究比较多。如Fan等(2000)曾经指出,测量企业价值、分析由信息系统的互动和组织环境的不同导致的在组织绩效方面的差异,不仅对实践者,而且对信息系统理论来说都是非常重要的贡献。Devaraj和Kohli(2003)、Dedrick等(2003)也把"抓住信息技术的实际应用,即信息技术投资是如何转化成资产、资源和企业绩效的"作为对信息技术贡献方面研究的重要方向之一。Mahmood等(2004)认为对信息技术投资是否会在新的网络技术环境下产生商业价值的问题给出一个适当的答案是必要而且复杂的。

相比而言,我国学者在初期主要集中在对电子商务概念的描述、电子商务模式的特点和创新等方面的定性研究上(梅方权,2001;方孜等,2002;陈翔等,2003);也有部分学者尝试对特定行业(产品)的电子商务模式进行研究,如邱斌(2003)针对外贸企业电子商务整体绩效进行评价,并提出了部分适合外贸企业发展的电子商务模式;也有部分学者从整体的角度对中国农产品电子商务模式发展现状和问题进行了总结和分析(胡天石等,2005;赵俊杰,2005;姜华等,2006;郑亚琴等,2006;陈小梅,2007)。

二、统计调查研究方法

统计调查法是指通过考察了解客观情况,直接或间接获取有关材料,并对这些材料进行统计分析的研究方法。统计调查法可以不受时间和空间的限制。统计调查研究是科学研究中一个常用的方法,在描述性、解释性和探索性的统计研究中都可以运用。它一般通过抽样的基本步骤,多以个体为分析单位,通过问卷、访谈等方法了解调查对象的有关咨询,加以分析来开展研究。我们也可以采用利用他人收集的调查数据进行分析的方法,即所谓的二手资料分析的方法。

在电子商务领域的研究,统计调查研究方法非常常见。如电子商务系统应用的成功因素分析已成为近几年电子商务理论研究领域的前沿问题之一,主要体现在以下几个方面的研究。

1. 侧重探讨电子商务系统对企业绩效影响的理论研究方法

国内外学术界对此论题普遍关注,有关电子商务系统绩效评价指标方面的研究随着互联网和电子商务的发展而得到重视,探讨电子商务应用与企业绩效之间关系的研究方法主要采用评价指标研究,利用统计调查的研究方法来构建评价指标体系。电子商务系统绩效评价指标涉及的范围很广，如果评价目的和评价对象不同，那么评价指标体系也不一样。国内外有关电子商务系统绩效评价指标的研究主要可以分为如下三类。

（1）电子商务网站的评价指标。

从国外的研究来看，Liu 和 Amett（2000）研究了《财富》1000 强的企业网站（其中 762 家企业拥有企业网站）的质量，提出了企业网站的评价指标体系，包括六个指标：信息质量、学习能力、趣味性、系统质量、系统易用性和服务质量。Dragulanescu（2002）提出了一套评估网站质量的基本指标，包括八个维度：准确性、权威性、覆盖面、及时性、信息密度、交互性、客观性和敏捷性。美国的 Gomez 是一个为电子商务用户及电子商务企业提供互联网服务质量评测的机构，Gomez 提出了五个一级指标：易用性、用户信心、站点资源、客户关系服务和总成本。

从国内的研究来看，CNNIC 主要从技术的角度来制定网站的评价内容和指标。CNNIC 制定了三个一级类指标：网站、网页、在线数据库。周述文（2000）等从网站销售总额、成本利润率、服务热情度、客户满意度、连线及相应速度、安全性等角度来评价企业电子商务网站网。冯英健（2005）提出了 B2B 电子商务网站评价指标体系，包括网站综合策划、网站结构设计、网站技术功能、网站内容策略、网站顾客服务、网站营销功能、网站可信度、网站搜索引擎优化状况、网站特色功能与服务 9 个类别 80 多项评价指标。

（2）电子商务系统的价值评价指标。

从国外的研究来看，美国得克萨斯奥斯汀大学的电子商务研究中心从财务绩效和经营贡献率两个方面来测量电子商务的价值，财务绩效包括四个指标：人均收益、毛利、资产回报率、投资回报率；经营贡献率包括四个指标：每月意外订单数量、要求在线服务率、新客户在线获得率、客户网上购买率。

（3）电子商务系统的成功评价指标。

研究电子商务系统的成功评价指标，主要是在过去研究信息系统成功的基础上，根据电子商务新的特征，定义了电子商务成功的指标。从国内研究来看，有关电子商务系统成功评价指标体系方面的研究很少。周蓉（2005）提出了包括技术支撑、管理能力、业务水平三个类别 20 项指标的零售企业电子商务系统应用效果评价指标体系。黄京华等（2006）等提出了一个电子商务系统成功评价指标体系，他们认为在评价电子商务系统是否成功时应该考虑电子商务系统是否对企业有所贡献，并且根据我国企业绩效评价指标体系，以及波特价值链理论，从定性和定量两大类六个指标进行评价，包括营销服务定性指标、采购协同定性指标、企业综合定性指标、营销服务定量指标、采购协同定量指标、企业综合定量指标六个指标。赵晶等（2010）提出了企业电子商务绩效评价是基于价值创造过程的动态评价，依据企业资源观，从战略构建、资源分析、能力评估和绩效测量四个维度之间的因果作用关系构建了企业电子商务绩效评价指标体系。

2. 侧重进行电子商务应用对企业绩效影响的实证研究

国内外对该主题的实证研究中，定性研究的文献居多，但也有一定数量的定量实证分析，对应的研究方法一般采用大样本数据调研和统计分析的方法，也有采用系统仿真的方法。就研究的角度而言,定量实证研究可以分为以下三类。

(1)分析电子商务活动对企业绩效的影响。

如 Wu、Vijay 和 Sridhar(2001,2003)应用似乎不相关回归分析的方法分析了电子商务应用对美国企业绩效的影响;Apigian 等(2005)认为企业在应用互联网技术的时候,一定要根据战略需要,并和企业当前的业务流程紧密结合起来才能提升其市场地位,增加其收益;George 等(1999)在现实案例研究结果的基础上,利用仿真的方法评价了 EDI 对企业绩效有利和不利的影响;邵兵家、蔡志刚(2005)采用回归分析的方法研究了电子商务活动对企业绩效的影响作用;George 和 Despina(2000),任峰、李垣和孙爱英(2003)分别分析了电子商务企业的营销活动与营销绩效之间的关系。

(2)分析电子商务资源和能力对企业绩效的影响。

如 Zhu 和 Kenneth(2002)构建了电子商务能力和信息技术基础设施与企业绩效关系的概念模型,并开发了一组模型来测量电子商务转型企业的电子商务能力。这组模型包括四个维度:信息,交易,互动和定制,以及与供应商的连接。他们认为电子商务能力与 IT 基础设施结合起来能产生互补性,从而为企业绩效做出贡献,在此假定前提下,构建了电子商务能力和信息技术基础设施与企业绩效关系的概念模型。随后他们通过对 260 家制造业企业的调查,在对行业和企业规模变量进行控制后,应用回归分析方法对数据进行了处理,结果显示电子商务能力与企业绩效的某些变量(如库存周转效率提高)显著相关,因此,该研究认为此结果表明传统企业需要将电子商务能力和现有的信息技术基础设施进行整合。Zhuang 和 Lederer(2006)也从企业资源观的角度出发分析了企业现有资源,包括电子商务技术资源、人力资源和业务资源对电子商务绩效、进而对企业绩效的影响。Schlemmer 和 Webb(2006)则分析了中小企业电子商务关键绩效驱动机制,检验了资源和能力对财务绩效和互联网绩效的影响。他们通过对 106 家企业调查数据的回归分析发现资源和能力对财务和互联网绩效影响是有差异的,业务资源对于两者都有重要影响,而动态能力只影响财务绩效(对互联网绩效没有影响),信息技术资源只影响互联网绩效(对财务绩效没有影响)。Saini 和 Johnson(2005)界定了对电子商务企业获得较高企业绩效非常关键的三种企业能力,包括信息技术能力、战略灵活性及信任建立能力,并将市场导向的程度和性质界定为影响电子商务能力的平台。在此前提下,他们使用来自 122 个电子中介服务提供商的数据检验了电子商务能力对企业绩效(如相关利润、销售、投资回报率)的影响,结果显示信息技术能力和战略灵活性在正确的市场导向下会影响到企业的绩效。

(3)分析电子商务应用驱动因素对电子商务应用企业绩效的影响。

一般来说,电子商务应用驱动因素分析主要用于分析企业是否会采用电子商务,哪些因素会对企业的这种行为产生影响,但也有一些文献分析了影响企业采用电子商务的因素在企业应用电子商务后与企业绩效之间的关系,如 Barua 等人、Iacovou 等人、Ramamurthy 等人、Zhu 等人的研究。

Barua 等(2002)认为驱动企业电子商务应用的因素与企业运营绩效(Operation Performance)和财务绩效存在显著的相关关系。他们在信息技术业务价值(IT Business Value)研究的基础上,构建了将绩效驱动机制(如互联网应用、流程及客户和供应商的电子商务准备度)和运营、财务评价指标连接起来的电子商务价值框架,认为企业进行电子商务应用的三个主要驱动因素与企业运营绩效之间存在显著的相关关系,这三个因素为 IT 应用(包含顾客导向、供应商导向和企业内部导向的 IT 应用)、流程的变革(包括面向顾客、面向供应商和企业内部的流程变革)、就绪程度(指的是顾客和供应商电子商务的就绪程度)。因此,他们认为进行电子商务转型的企业必须进行增效投资,不仅在信息技术方面分配资源,同时必须规范业务流程,分析客户和供应商的准备度,从而实现利润的最大化。Iacovou 等(1995)应用 TOE 框架发现 EDI 对企业绩效的影响直接受其与其他信息系统和流程的集成水平影响。Ramamurthy 等(1999)认为 EDI 对企业绩效的影响受到技术、组织和环境因素的制约。Zhu 等(2004)利用 TOE 框架分析了电子商务企业价值形成的影响因素,研究结果发现,技术准备度是对电子商务价值影响最大的因素,财务资源、全球范围和监管环境同样对电子商务价值有重要贡献;虽然竞争压力会驱使企业采用电子商务,但是电子商务的价值更多的是与技术集成和组织资源相关而非外部竞争。

三、经济模型研究方法

经济模型(Economic Model)是指描述与所研究的经济现象有关的经济变量之间的依存关系的理论结构。简单地说,把经济理论用变量的函数关系来表示就叫作经济模型。一个经济模型是指论述某一经济问题的一个理论,如前已指出,它可用文字说明表达(叙述法),也可用数学方程式表达(代数法),还可用几何图形式表达(几何法、画图法)。由于经济现象不仅错综复杂,而且变化多端,在研究中把所有的变量都考虑进去是不现实的。所以任何理论结构或模型,必须运用科学的抽象法,舍弃一些影响较小的因素或变量,把可以计量的复杂现象简化和抽象为为数不多的主要变量,然后按照一定函数关系把这些变量编成单一方程或联立方程组,构成模型。由于建立模型时选取的变量不同,及其对变量的特点假定不同,因此,即使对于同一个问题也会建立起多个不同的模型。

电子商务具体应用中,常用的模型有计量经济学模型、结构方程模型等数量经济模型。以电子商务对经济增长的贡献为例,国外学者侧重研究电子商务对国民经济的影响程度,部分经济学家借助计量经济学模型和可计算的一般均衡模型来评估和预测电子商务对发展中国家的影响,认为电子商务可能对发展中国家 GDP 的增长和其他宏观经济变量具有显著的正面影响。我国近些年也有少量学者开始运用计量经济学模型来评价电子商务对经济增长的贡献。黄睿君(2010)将电子商务因素引入道格拉斯生产函数中并加以分析,得出电子商务是经济发展和增长的转折点。但他仅仅通过电子商务交易额与国内生产总值的关系进行分析,得出电子商务确实与国内生产总值有一定的相关性,但选取的因子并不能完全代表电子商务的发展,也不能从中分析出电子商务的发展趋势及发展中存在的问题。范玉贞等(2010)根据电子商务和经济增长理论,利用一般回归模型分析了电子商务发展对国民经济增长的作用机制,但他们使用的是非常微观的数据,如域名数、上网用户人数、电子商务企业数、网上购物人数、电子商务交易额等,这些数据难以展现影响程度。杨坚争等(2011)运用道格拉斯函数对电子商务与经济增长进行了实证研究,分析结果显示电子商务的弹性系数为正值,表明电子商务对经济增长具有明显的促进作用。陈小红(2011)通过层次分析法与模糊数学方法结合的方法研究电子商务对经济增长贡献的评价方法,并通过新古典经济学模型方法与新兴古典经济学优化模型结合的方法进行电子商务对经济增长贡献的评价。但新兴古典经济学理论和模型方法由于其参数的计算比较困难,很难应用到实际问题的评价分析之中。

除此之外,也有一些学者会采用建模的方法来开展电子商务研究。例如,以早期中小企业采纳电子商务研究为例,国内外多数学者均以技术接受模型为基础开展具体应用研究。TAM 模型由美国著名学者 Fred Davis 在 1989 年提出,即技术接受模型(Technology Acceptance Model,简称 TAM)。该模型是 Davis 运用理性行为理论研究用户对信息系统接受时所提出的,包含两个主要的决定因素:感知的易用性,即用户认为计算机程序在使用上的容易程度;感知的有用性,即用户认为计算机程序对其任务的帮助程度。在该模型中,外部变量主要是指个体之间的个性差异、观点、理念、工作目标、具体的外部条件等,也就是说,该模型认为影响人们对于计算机系统的使用的因素主要包括外部变量、感知易用性及感知有用性(见图 2.2)。

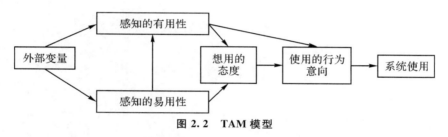

图 2.2　TAM 模型

同时在电子商务应用研究领域,电子商务信任模型也是国内外学者重点关注的热点之一。以电子商务网站信任为例,可以采用的模型有:基于动态博弈理论的 ESS 均衡信任模型;基于模糊理论的信任模型;基于云模型的信任模型;基于身份的信任模型;基于角色的信任模型;种群共存模型;基于名誉的信任模型。

由于电子商务实践发展迅猛,与传统的商务理论研究存在一定的区别,因此也产生了很多交叉学科的研究方法,在数学建模与优化理论方法方面必然会产生新的模型,这需要针对具体的电子商务应用与环境进行具体研究。

四、案例研究法

案例分析法(Case Analysis Method),又称个案研究法,由哈佛大学于 1880 年开发完成,后被哈佛商学院用于培养高级经理和管理精英的教育实践,逐渐发展成今天的案例分析法,是指结合文献资料对单一对象进行分析,得出事物一般性、普遍性的规律的方法。电子商务的应用性决定了其研究的实践性,且现实中的电子商务发展远远快于理论研究,因此案例研究分析方法在研究电子商务个案的过程中较为适用,可以通过已有的典型案例来探索一般规律。

以近年来中国迅猛发展的农村电子商务应用中的"淘宝村"为例,国内众多学者利用案例研究的方法对这种现象进行分析研究。汪向东(2013)通过对"沙集模式"的实地调研认为,中国农村电子商务正在步入新的发展阶段,电子商务给农村人口带来了发展理念和基本素质的改变,堪称农村经济社会的"转基因工程",在助推农村经济社会转型上发挥着越来越大的作用。他同时认为涉农电子商务能够解决农民"卖难"与大市场对接的问题,能够促进农村经济的转型升级。崔丽丽(2014)以浙江丽水为例,提出邻里示范、社交示范、电子商务协会等社会创新机制对淘宝村销售业绩增长产生了显著的促进作用。郭红东等(2016)以广东揭阳村为例,提出了四个电子商务协会对淘宝村的集体效益的提升机制。曾亿武(2016)通过多个淘宝村案例研究,总结了淘宝村形成因素的理论框架,其基本要素包括:产业基础、淘宝平台、基础设施、物流和新农人。刘亚军(2016)发现"互联网+农户+公司"的模式改变了农民在利益链中的角色,从而大大激发了农民的创业积极性,进而形成了淘宝村。梁强(2016)以广东揭阳村、军埔村为案例研究对象,深入剖析发现创业者的亲朋好友能为其提供创业资源,并与其形成合作共享关系,从而推动了集聚效应。

第三章　电子商务研究的理论基础

第一节　交易成本理论

一、交易成本分类

交易成本理论是由 1991 年诺贝尔经济学奖得主 Coase 提出的,其根本论点在于对企业的本质加以解释。经济体系中企业的专业分工与市场价格机能的运作产生了专业分工,但是使用市场的价格机能的成本相对偏高,于是形成了企业机制,它是人类追求经济效率所形成的组织体。

交易成本泛指所有为促成交易发生而形成的成本,因此很难对其进行明确的界定与列举,不同的交易往往涉及不同种类的交易成本。总体而言,可将交易成本简单地区分为以下几项:

搜寻成本:商品信息与交易对象信息的搜集。

信息成本:取得交易对象信息与和交易对象进行信息交换所需的成本。

议价成本:针对契约、价格、品质讨价还价的成本。

决策成本:进行相关决策与签订契约所需的内部成本。

监督成本:监督交易对象是否依照契约内容进行交易的成本,例如追踪产品、监督、验货等。

违约成本:违约时所需付出的事后成本。

经济学家 Williamson(1985)进一步将交易成本加以整理区分为事前与事后交易成本两大类。

事前交易成本:签约、谈判、保障契约等成本。

事后交易成本:契约不能实现所导致的成本;讨价还价的成本,即两方调整适应的谈判成本;建构及营运的成本;为解决双方的纠纷与争执而必须设置的相关成本;约束成本,即为取信于对方所需之成本。

Dahlman(1979)则将交易活动的内容加以类别化处理,认为交易成本包含搜寻信息的成本、协商与决策成本、契约成本、监督成本、执行成本与转换成本,说明了交易成本的形态及基本内涵。简言之,所谓交易成本就是指交易行为发生时,所随同产生的信息搜寻、条件谈判与交易实施等的各项成本。

二、交易成本产生的原因

交易成本是人性因素与交易环境因素交互影响下所产生的市场失灵现象造成的交易困难(Williamson,1975)。Williamson指出了六项交易成本来源:

(1)有限理性(Bounded Rationality):指参与交易的人,因为身心、智能、情绪等限制,在追求效益极大化时所产生的限制约束。

(2)投机主义(Opportunism):指参与交易进行的各方,为寻求自我利益而采取的欺诈手法,同时增加了彼此的不信任与怀疑,导致交易过程中监督成本的增加而降低了经济效率。

(3)不确定性与复杂性(Uncertainty and Complexity):由于环境因素中充满不可预期性和各种变化,交易双方均将未来的不确定性及复杂性纳入契约中,使得交易过程增加了不少订定契约时的议价成本,并使交易困难度上升。

(4)专用性投资(Specific Investment):某些交易过于专属性(Proprietary)或因为异质性(Heterogeneity)信息与资源无法流通,使得交易对象减少及造成市场被少数人把持,从而导致市场运作失灵。

(5)信息不对称(Information Asymmetric):因为环境的不确定性和自利行为产生的机会主义,交易双方往往握有不同程度的信息,市场的先占者(First Mover)拥有较多的有利信息而获益,并形成少数交易。

(6)气氛(Atmosphere):指交易双方互不信任,且又处于对立立场,无法营造一个令人满意的交易关系,将使得交易过程过于重视形式,徒增不必要的交易困难及成本。

三、交易成本特征

上述交易成本的发生原因,源自于交易本身的三项特征,这三项特征形成三个构面影响交易成本的高低。

一是交易商品或资产的专属性(Asset Specificity)特征:交易所投资的资产本身不具市场流通性,或者契约一旦终止,投资于资产上的成本难以回收或转换用途。

二是交易不确定性(Uncertainty)特征:指交易过程中各种风险的发生概率。由于人类有限理性的限制使得面对未来的情况时,人们无法完全事先预测,加上交易过程买卖双方常发生交易信息不对称的情形,交易双方继而透过契约来保障自身的利益。因此,交易不确定性的升高会伴随着监督成本、议价成本的提升,使交易成本增加。

三是交易的频率(Frequency of Transaction)特征:交易的频率越高,相对的管理成本与议价成本也升高。交易频率的升高使得企业会将该交易的经济活动内部化以节省企业的交易成本。

电子商务利用信息基础设施帮助人们以较低的成本获取需要的市场信息,降低了信息不对称性,通过网络进行交易谈判减少了谈判成本,利用信用机制的调节降低了交易保障成本并约束成本,总之,电子商务在交易的各环节中有效减少了产品的交易成本。

四、电子商务交易成本内涵

电子商务环境下,交易成本仍然要包括传统意义上的交易成本,即发现交易对象和交易价格的成本、讨价还价的成本、订立契约成本、监管违约行为并对之制裁的成本、维护交易秩序的成本等;但电子商务基于网络虚拟的交易特点和网络效应特性,又赋予了交易成本新的内涵。电子商务的交易成本与传统交易成本最大的差异在于,它和网络规模、网络风险及与之匹配的制度有关,而传统交易成本主要关注两两之间的协同和制度问题。本书从广义和狭义两方面界定电子商务交易成本的内涵。广义上,电子商务交易成本指整个电子商务制度运转的成本;狭义上,指实施电子商务交易过程中发生的成本,本章节以狭义交易成本为分析对象,采用新兴古典理论关于交易成本的界定,认为电子商务交易成本为:$TC = TC_1 + TC_2$。其中,TC_1 为外生交易成本,TC_2 为内生交易成本。

外生交易成本指在电子商务交易过程中直接或间接发生的成本,包括电子商务进入成本、信息成本、执行交易成本和实施监督成本。内生交易成本指电子商务交易过程中的道德风险、逆向选择和其他一些机会主义行为产生的交易成本。电子商务交易成本的新特点主要表现在内生交易成本上。

五、电子商务对交易成本的影响

根据电子商务交易成本公式可知,电子商务交易成本影响因素分为外生交易成本影响因素和内生交易成本影响因素:

(1)外生交易成本影响因素。电子商务的外生交易成本受客观条件,如网络基础设施、支付设施、安全设施等限制,它的大小依赖于技术因素,可以通过分工内生演进,促进技术进步的途径得以改进。

(2)内生交易成本影响因素。电子商务基于网络虚拟交易和网络效应的特性,衍生出新的内生交易成本,特别是网络协调风险,它随着网络规模的扩大而上升。网络协调风险主要来自于网络成员的有限理性和信息不对称、电子商务实施的专用性资产投资、正反馈产生的锁定效应可能产生的机会主义行为,以及电子商务交易的动态与不确定性加强产生的网络风险的传递性。其中,信息不对称既是分工专业化利益的来源,也是内生交易成本产生的根源。电子商务交易中信息量庞大,信息发布与获取成本降低,对降低信息不对称无疑有积极作用。但是,以下原因的存在使得电子商务也增加了新的不对称信息。首先,电子商务是利用因特网,组织分工和专业化经济活动的一种交易组织方式,它的发展使得生产迂回程度增加,分工链条加长,增加了信息不对称程度;第二,电子商务虚拟交易的特点,不能确保信息的真实性。因此,信息不对称现象依然存在,特别是商品质量信息的不对称情况甚至会更严重。而且,电子商务交易同样面临人为机会主义行为带来的不确定性和相关风险,风险大小由产品的标准化和复杂性程度,以及产品质量评估所决定。并且,在虚拟环境中,购买者失去了同交易对象直接接触的机会,一定程度上,商品与服务的质量不确定性以及由此引起的逆向选择较传统市场更为严重。

同时,基于对交易成本内涵的不同界定,现有研究使用不同方法、从不同角度对电子商务降低上述交易成本的作用机理进行了分析,普遍认为:电子商务由于其技术和经济特性,节约了交易成本。具体地说:第一,电子商务降低了企业内部的交易成本。通过信息网络化,企业的研发、设计、生产、制造、经营和管理等各个环节的信息成本大幅降低,内部工作效能和效率提高,节约了企业内部交易成本。第二,电子商务形成了电子虚拟交易市场,信息成本减少,交易执行成本减少,节约了市场交易成本。第三,电子商务有助于新型经济组织——企业网络组织形式和虚拟企业的形成,网络组织和虚拟企业的长期合作关系有助于企业内部交易成本和市场交易成本的节约,提高了供应链管理的效能和效率。

六、电子商务中的交易成本

电子商务一方面使传统意义上的交易成本,特别是信息成本大幅减少;但是另一方面,由于电子商务基于数字化和网络化,进行虚拟交易的技术特点及电子商务负网络效应的产生,也带来了新的交易成本。

(1)有效降低交易成本是电子商务的核心基本价值,由于采用电子商务运营方式所带来的效率提高、客户满意度增强以及企业竞争力上升是电子商务的延伸价值,它们反过来又进一步地降低了交易成本。电子商务是对企业供应链的优化与再造,它涉及供应链上的所有经济组织和个体。因此,电子商务的实施不是单个经济组织的行为,它需要整个产业链的配合,只有这样才能实现降低交易成本的目的。同时,电子商务的发展受制于整个制度环境,需要政府在安全管理、标准实施等方面的政策上的配合,也只有这样,才能确保电子商务真正有效地、实质性地降低交易成本。

(2)交易成本领先战略是企业从事电子商务运营的必然选择。交易成本领先战略由电子化调研、电子化营销、电子化交易、电子化服务、电子化协作等五项实施策略构成。不同的电子商务商业模式,其实施策略的侧重点又不同,但其终极目标是寻求交易成本的系统性降低。

(3)电子商务在降低传统商务交易成本的同时也导致了一些新的交易成本(如安全认证成本)的产生。企业经营电子商务时需要对这种情况进行必要的评估,确保电子商务能够从总体上降低交易成本。

第二节　扩散理论

一、扩散效应

1974年诺贝尔经济学奖得主 Myrdal 提出了著名的回波效应和扩散效应。所谓的回波效应是指经济活动正在扩张的地点和地区将会从其他地区吸引净人口流入、资本流入和贸易活动,从而加快自身发展,并使其周边地区发展速度减慢。

在物理学中,扩散效应是在极化效应后产生的,在经济学中,指将人、财、物、信息等自然、社会、精神的因素在城市高度凝聚激发出更高的能量后强烈地扩散出去,发生了能量辐射效益,并使自己在空间上不断扩大为大城市、特大城市、城市群乃至城市带。

Myrdal 和 Hirschman 对增长极的运行机制作了补充。Myrdal 在其著作《进退维谷的美国:黑人问题和现代民主》中提出"循环的或积累的因果关系"原理,即"累积的地区增长和下降"理论,并在《经济理论和不发达地区》(1957 年)和《亚洲各国贫困问题考察》(1968 年)等著述中,使用"回波"和"扩散"概念,说明经济发达地区(增长极)对其他落后地区的双重作用和影响,因此而形成的"地理上的二元经济结构"论及相应的政策主张,丰富和发展了区域经济和增长极理论。

Myrdal 认为,社会经济发展过程是动态的各种因素(其中包括产出与收入、生产和生活水平、制度和政策等六大因素)相互作用、互为因果、循环积累的非均衡发展过程。任何一个因素"起始的变化"会引致其他因素相应变化,并促成初始因素的"第二级强化运动"。如此循环往复的累积,导致经济过程沿初始因素的方向发展,他进而提出两种循环积累因果运动及其正负效应:

一种是发达地区(增长极)对周围落后地区的阻碍作用或不利影响,即回波效应,促进各种生产要素向增长极回流和聚集,产生一种扩大地区间经济发展差距的运动趋势;

另一种是对周围落后地区的推动作用或有利影响,即扩散效应,促成各种生产要素在一定发展阶段上从增长极向周围不发达地区扩散,从而产生一种缩小地区间经济发展差距的运动趋势。

同时,由于市场机制的作用,回波效应总是先于和大于扩散效应,因为一个区域的发展速度一旦超过了平均发展速度,这一地区就获得了连续积累的竞争优势,市场的力量通常倾向于增加而不是减少区域经济差异,即在市场机制作用下,发达地区在发展过程中不断积累对自己有利的因素而落后地区则不断积累对自己不利的因素。这就是循环积累因果的作用使经济在空间上出现的"地理二元经济"结构:即经济发达地区和经济不发达地区同时存在。

Myrdal 寄希望于政府采取积极的干预政策(不应消极等待发达地区或增长极的扩散效应)来刺激增长极周围的落后地区发展,填补累积性因果循环所造成的经济差距。后来的学者把这种情况归结为国家干预主义占上风的"诱导的增长极"现象,这是 Myrdal 增长极理论的精髓。

二、电子商务扩散模型

电子商务扩散模型就是应用扩散理论来描述和预测网上交易平台中电子商务交易金额的扩散而建立的一系列假设的数学分析模型。电子商务的扩散速度主要受到两种传播途径的影响:一是大众传播媒介,如广告等外部影响,它传播的产品性能中容易得到验证的部分如价格、尺寸、色彩及功能等;二是口头交流,即已采纳者的宣传等内部影响,它传播产品中某些一时难以验证的性能如可靠性、使用方便性以及耐用程度等。前者只受大众媒体的影响（外部影响），称为创用者；后者只受口头传播的影响（内部影响），称为模仿者。

同时，对网上购物用户的扩散影响因素主要集中在两个层面，一是创新特点，二是创新环境。从影响因素来看，消费者受创新特点的影响大于创新环境。只有不断加强对消费者创新特点的研究，特别是尽可能满足消费者期望值和降低消费者感知风险，才能快速地推动网购行为在消费者群体中扩散，使电子商务获得发展原动力。这需要进一步提高网上交易产品的质量、产品性价比和售后服务的质量，以及加强对产品图片的处理，减少图片与实物的差距，降低消费者的感知风险。同时，仅仅满足消费者期望和降低感知风险还不够，若要使电子商务快速发展，客观环境也很重要，这是有效扩散网购用户的助推剂。特别是要发展物流产业、大力促进网络安全，以及通过一些文化产业促进和引导潮流，这需要政府的相关部门制定政策和引导，只有加强这方面的建设，电子商务发展才能走上高速路。

第三节　网络外部性理论

一、网络外部性理论

外部性（Externality）是现代经济学的一个重要概念，它一般是指某个经济个体的生产或消费对其他人产生的附带成本或收益。或者说，外部性是一个经济个体的行为对其他人产生的效果（正效果或负效果），而这种效果没有从货币或市场交易中反映出来，这种效果是在市场之外的。外部性一般可以分为正外部性和负外部性。正外部性是指当经济个体为了自己的利益进行经济活动时，其行为使他人利益得到增加；负外部性是指当经济个体为了自己的利益进行经济活动时，其行为导致了他人利益的减少。

网络外部性（Network Externality）是外部性的一个派生概念，最早由 Jeffrey 和 Rohlfs 在 1974 年对通信产业电信服务的研究中揭示出来，他们分析了网络中用户数量对厂商发展、产品价格以及市场均衡的影响，指出一个用户从通信服务所获得的效用随着加入这一系统的消费规模的增大而增加。1985 年，Katz 和 Shapiro 正式提出了网络外部性的概念，指出不论是物理网络还是虚拟网络，都存在着网络外部性。所谓网络外部性，是指一个使用者从产品消费中得到的效用随着消费同一产品的消费者数量的增加而增加的现象。

网络外部性改变了传统产品"物以稀为贵"的价值定理，在网络中，越多用户使用的产品就越有价值。以购买操作系统软件为例，随着使用 Windows 系统的用户增多，该产品对原有用户的价值也随之增大，因为用户可以与更多使用 Windows 产品的用户实现信息兼容与共享，而其他计算机相关产品也都会与 Windows 系统兼容，从而提高了用户的使用效率。

二、网络外部性分析双边市场

在电子商务平台中，以网络外部性理论为基础分析双边市场，就必须分析买方和卖方组成的两类用户的网络外部性作用,也就是研究三类网络之间影响效用,即卖方与卖方之间的网络外部性、买方和买方之间的网络外部性、买方与卖方之间的网络外部性。

1. 卖方与卖方之间的网络外部性

卖方之间的竞争性和合作性的双重关系,导致卖方对卖方的网络外部性相对复杂。许多案例表明卖方网络对卖方的网络外部性,主要取决于在网络平台中的卖方之间的竞争强度和合作的密切性,其表现形式为同类待销售商品的差异性(比如商品的质量和其实现的功能)及相同产品的价格定位。对于某一产品而言,同一商品可替代性较强会使得卖方降低对该类产品的定价能力,从而导致卖方所获得的利润下降。例如,同一网络销售平台上出售同款手机的卖方数量越多,必然会影响到同等品质的其他手机的定价水平。因此,对于卖方而言,同类商品的差异化强度较弱,导致直接外部性呈现负值,相同商品的价格竞争影响卖方的定价水平和利润表现得更加直接。例如,某同一电子产品在同一网络销售平台中存在大量卖方,商品价格的竞争会更加激烈。因此,在同一网络销售平台中,卖方间的竞争导致卖方网络对卖方产生负的网络外部性。

同一网络销售平台中的卖方之间的互补性合作会让卖方赢得更多的客户,卖方间的互补性合作促使卖方网络对卖方带来正相关的网络外部性,这种正相关的网络外部性通常表现为互补产品或者相关市场的联合推广。例如,卖方出售某款手机与出售该款手机配件的卖方建立链接互补性产品的联合推广,会给卖方带来更多的利润。

从总体上来说,卖方之间的竞争和合作强度与卖方网络的规模大小有关。卖方之间的合作产生的外部性保持为正值,卖方规模逐步扩大,平台中商品品类空白逐步给予填补,导致卖方间合作产生的外部性增加速度减慢。同时,由于商品品类逐步填补,替代性商品的数量也会逐步增加,这使得卖方间竞争带来的负外部性也会增长。当卖方网络规模较小时,新卖方的入驻对填补平台上的空缺点效用越大,从而与原有的卖方形成合作关系相对比较容易,由于卖方网络平台规模较小,相同产品的竞争者数量相对较小,竞争强度较低。但随着卖方网络规模逐步强大,同类商品卖方越多,卖方间的竞争带来的负外部性绝对值超过卖方由于合作带来的正外部性,这使得卖方网络带给卖方网络的外部性为负值。

2. 买方和买方之间的网络外部性

由于买方之间在网络平台中缺少必要的交流方式和手段,因此买方网络只能通过网络平台和卖方产生的影响力给予间接性的影响,即间接外部性影响;产生的明显影响是买方网络数量的增加会使得卖方平台总体成本降低,虽然降低不明显,但也表明其之间存在正向关系。在实际操作中,买方网络平台为买方之间沟通交流提供渠道,买方之间可以直接交流沟通并产生直接效果:买方网络平台实现买方了解卖方商品的质量和服务水平、卖方的信誉度,以及商品的优惠力度、售后服务保障水平和买方之间相互转卖各自所需商品的直接外部性影响。买方可以随时从买方网络获得直接外部性,买方网络规模逐步扩大化,买方势必能够获得更多的直接外部性。买方网络对买方的直接和间接外部性都为正的情况下,买方的外部性在买方网络中应为正。

对于买方对买方的网络外部性来说,扩大买方的数量规模会提升网络的外部性效用。提高买方的网络外部性效用,在传统消费条件下,许多环境因素都会影响到消费者的购买决策。比如消费者的生活方式、教育背景、家庭成员、风俗习惯及社会群体。但是,电子商务方式下的购物属于较新的购物方式和渠道,个人购买决策的产生受自我心理因素影响和曾经购买过产品的消费者评价结果的影响会更大。

3. 买方与卖方市场之间的网络外部性

买方用户网络的规模数量直接影响卖方用户成交的可行性大小,买方数量越大直接促成对卖方用户实现成交的可能性越大;反之,买方数量越小对直接促成卖方用户实现成效的可能性越小。同样,卖方用户网络规模性大小对买方用户产生直接影响,卖方用户规模越大,买方用户对商品和服务的选择更多,两者呈正态方向发展。在目前已有研究中,人们也一致认为买方网络平台与卖方网络平台的网络外部性特征成正比。

因此,在电子商务平台的运行中,如果买卖双方的市场都已经形成了规模化,它们会共同作用使得 B2C 商务平台的整体效用提高。最终会都促进卖方市场中各参与方产品质量和服务品质的提升,从而有助于平台质量的提升。

第四节 媒体丰富度理论

一、媒体丰富度含义

媒体丰富度理论认为每个信息沟通渠道都有一些客观性的特征,这些特征决定了这些渠道拥有丰富信息的能力,信息丰富度高的渠道比信息丰富度低的渠道更有能力减少信息接受者的不确定性。这一理论是 Daft 和 Lengel(1984)在对企业信息管理问题进行研究时发现的,Galbraith(1973)和 Weick(1979)认为信息在传递过程中一般会存在信息接收者对信息的具体指令把握不准确或者信息的理解上存在偏差等问题,Daft 和 Lengel(1984)在研究中发现企业信息处理就是为了使信息传递准确无误,使信息接受者准备理解信息含义,企业为了这一目的对所有信息进行整体协调和管控,并采取措施推动对丰富信息的处理,进而提出了信息丰富度理论。信息丰富度顾名思义就是信息接受者对信息含义理解和把握的程度,另外信息丰富度也可以叫作媒体丰富度,这是由于信息都要通过媒体渠道的传递和处理才能到达接受者。所有的沟通渠道,比如电视、电话、网络等,都有一些特质可以使之拥有独特的、客观的丰富度能力,媒体丰富度即渠道传递丰富信息的相对能力。根据这一理论,信息的传递要通过有足够和恰当丰富度能力的媒体,如果选择媒体不得当,信息传递就会出现模糊性或者不确定性,信息接受者就会对信息产生误解,信息传递就达不到预期的理想效果。很多研究消费者渠道选择的研究者认为消费者选择某个渠道的一个重要影响因素是尽最大可能获得信息或最大可能获得产品的信息。Tse 和 Yim(2010)在研究消费者购买图书渠道选择时也指出,消费者选择渠道的一个重要原因是为最大限度获取信息。Daft 等(1987)认为管理者只有擅长选择那些合适的沟通渠道才能更有效地传递他们的管理理念。那么同理,企业只有恰当选择合适的销售渠道才能更有效地向消费者传递他们所需要的各种信息。

我们可以认为媒体丰富度高是指这个媒体或渠道能够将所传达的信息表达清楚,使得沟通双方对该信息的理解一致,不存在不确定性或模糊性。相反,媒体丰富度低主要是指信息沟通双方对信息的理解难以达成一致,或者存在不确定性和模糊性,由于丰富度低的媒体提供的线索有限,无法处理复杂的沟通信息,但可以处理已经达成共识的信息或者标准化信息,可以减低信息的不确定性。消费者购物的过程其实就是企业通过某种媒体把大量信息传递给消费者的过程,或者也可以理解为消费者收集产品信息,然后对这些信息进行比较分析和反馈信息的过程,所以可以说"信息渠道也就是购买渠道,二者可以归一"。

媒体丰富度也体现了一种媒体传递某种信息的能力,这种能力包括媒体的及时反馈能力、传递多种线索和判断的能力、提供多种语言的能力和提供个人关注的能力,所以媒体丰富度的衡量标准就包括反馈的及时性、传递多种线索的能力(声音、表情等)、语言多样性、个人关注度等,这些因素决定着渠道传递丰富信息的能力,渠道包括的这些因素越多,说明渠道的丰富度越高,不同的渠道代表不同的渠道媒体丰富度。McGrath 和 Hollingshead(1994)认为可以对媒体进行分类,根据媒体可以提供的潜在的信息丰富度,研究者们主要把媒体分为四类:文本信息、音频信息、视频信息和面对面沟通。他们认为可以面对面进行沟通的媒体是最丰富的媒体,例如在实体店购物,消费者和销售人员就可以面对面沟通产品和服务信息,销售人员对消费者的问题可以给予及时解答或者能够提供大量的信息线索,相反,仅有文本信息的沟通是丰富度最低的媒体。对媒体丰富度利用的研究主要运用在组织内的沟通上,可以分为好几个方面,如员工使用媒体进行沟通、管理者之间使用媒体进行沟通、使用电子邮件进行沟通和谈判完成团队任务等。媒体丰富度理论在传统媒体上得到了验证,如面对面、电话或信件的沟通等,然而已有研究成果缺少来自新媒体的实证验证,比如网络渠道等。另外,以前的研究者主要是对媒体丰富度理论在企业内部沟通的应用进行了大量的研究,针对不同的场景对媒体丰富度理论进行了实证研究,例如在信息传达的全过程,以及信息传达之前和之后的各个阶段研究信息传递的效果等问题。例如,Otondo 等(2007)利用结构方程模型研究了媒体丰富度与沟通效果的关系,结果表明沟通的媒体不同,媒体丰富度也不同。但是早期很少有研究者在商业领域验证媒体丰富度理论。以往对消费者行为的研究表明消费者渠道选择的不同会使他们表现出不同的行为,所以根据媒体丰富度理论,可以认为消费者对媒体丰富度的感知会影响他们的选择行为,而且对网络媒体的感知还会受到消费者网络使用经验的影响。

二、媒体丰富度理论在商业中的应用

随着互联网技术的发展及新媒体的大量出现,逐渐有研究者把媒体丰富度理论运用到商业市场领域,Bruelle 和 Lapierre(2008)就用这一理论解释了消费者的网上购买意愿,他们通过对 749 名消费者的网上调研,验证了媒体丰富度理论可以解释消费者的在线购买意愿,消费者以往的网络使用经验对感知网店渠道的丰富度有正向的影响,感知风险对消费者信任和网购态度有负向的影响。Bruelle(2009)又建立了一个更加完整的消费者网购意愿模型并加以验证,其中就使用了媒体丰富度这一变量来解释消费者的网购意愿。Maity 和 Dass(2014)更是拓展了媒体丰富度理论的运用,研究媒体丰富度对消费者的三种购物渠道选择决策的影响,他们认为媒体丰富度是使营销渠道传递信息给消费者的一个重要特征,可以帮助消费者对不同的渠道做出不同的决策,不同的渠道可以有不同的媒体丰富度,相同的渠道因为传递信息的方式不同,媒体丰富度也不同。他们基于媒体丰富度理论、任务媒体匹配理论和行为决策理论研究了媒体丰富度对消费者决定和渠道选择的影响程度。研究结果也发现消费者做出复杂决定时更喜欢中等媒体丰富度的渠道如电子商务渠道和高媒体丰富度的渠道如实体渠道;做简单决定时更喜欢选择低媒体丰富度的渠道如移动商务渠道。而且产品类型作为调节变量会影响媒体丰富度对感知渠道任务匹配度、售后评价和渠道选择的影响。

消费者在实体店中通过与销售人员面对面的互动交流做出决定,由于有销售人员在场,消费者可以得到及时的反馈,语言也会更丰富,个人关注度和传递多种线索的能力(声音,表情等)都可以得到体现,所以说实体渠道的媒体丰富度最高。消费者通过电子商务渠道做出购买决定要通过电脑终端,大多数网站通过文本和图像的方式(也包括一些声频和视频等多媒体影像)来为消费者提供产品或服务的信息,这样的网站不像实体渠道那样能够提供及时的反馈及有较高的个人关注度,只是因为支持语言多样化,所以电子商务渠道的媒体丰富度为中等。

第五节 技术接受模型

一、技术接受模型

技术接受模型(Technology Acceptance Model,简称 TAM)是 Davis 等学者(1989)运用理性行为理论研究用户对信息系统接受时所提出的一个模型,提出技术接受模型最初的目的是对计算机广泛接受的决定因素做一个解释说明。技术接受模型提出了两个主要的决定因素:(1)感知的有用性(Perceived Usefulness),反映一个人认为使用一个具体的系统对他工作业绩提高的程度;(2)感知的易用性(Perceived Ease of Use),反映一个人认为容易使用某个具体系统的程度。

技术接受模型认为系统使用是由行为意愿(Behavioral Intention,简称 BI)决定的,而行为意向由想用的态度(Attitude toward Using)和感知的有用性共同决定,想用的态度由感知的有用性和易用性共同决定,感知的有用性由感知的易用性和外部变量共同决定,感知的易用性是由外部变量决定的。外部变量包括系统设计特征、用户特征(包括感知形式和其他个性特征)、任务特征、开发或执行过程的本质、政策影响、组织结构等等,为技术接受模型中存在的内部信念、态度、意向和不同的个人之间的差异、环境约束、可控制的干扰因素之间建立起一种联系。

使用的态度是指个体用户在使用系统时主观上积极的或消极的感受。使用的行为意愿是个体意愿去完成特定行为的可测量程度。该模型认为目标系统的使用主要是由个体用户的使用行为意愿所决定的,使用行为意愿则是由使用态度和感知有用性决定的(BI＝A＋U),使用的态度是由感知有用性和感知易用性决定的(A＝U＋EOU),感知有用性则是由外部变量和感知易用性决定的(U＝EOU＋External Variables),感知易用性则是由外部变量决定的(EOU＝External Variables)。外部变量是一些可测的因素,如系统培训时间、系统用户手册等以及系统本身的设计特征。

二、技术接受模型在电子商务中的应用

自从技术接受模型由 Davis 等人于 1989 年提出以来,由于该模型能够通过研究外部因素对于使用者的信念、态度及意向的影响,从而获知用户对系统的实际使用行为,被广泛应用于电子商务、电子政务、远程教育等领域。其中,在电子商务方面的研究工作主要是分析消费者网络购物行为意图和衡量消费者的信任度(本书第八章中有专题研究)。目前个体网络购物模式主要有两种类型,分别为基于 B2C 的电子商务购物模式和基于 C2C 的电子商务购物模式。针对基于 B2C 的电子商务的网站平台,学者们利用技术接受模型,不仅分析了消费者使用该网站的行为,而且探讨了外部因素、感知有用性、感知易用性和网站信任间的关系,但技术接受模型在基于 C2C 模式的电子商务平台的研究工作却远远不够。虽然基于 B2C 和基于 C2C 的网络购物模式均跨越了时间和地点的局限,便于人们选择称心的产品,但由于参与网络购物的交易双方性质的差异及交易过程的不同,二者的购物特点和信用评价机制有一定的差距。Qiu LingYun 等(2008)考虑到消费者信用和感知娱乐性等因素,对原模型加以改进,并将其应用于 B2C 电子商务网站的评价过程。其次,鉴于技术接受模型是解释和预测客户行为的一个有效的工具,该模型首先被用于衡量消费者进行网络购物的行为。如 Modahl(2000)提出,对网络技术的态度、消费者的收入水平与购买产品的动机是影响消费者上网购物主要因素。Koufaris(2002)在分析网上书店的消费者购买行为时,将感知有用性和感知易用性作为衡量消费者购买行为的影响因素。此外,为了保障网络交易的安全性,部分学者将技术接受模型和网站或交易双方的信用度加以结合,提出了相应的信用评价模型。如 Genfen(2003)的研究表明消费者对网站的感知易用性能够提高卖方的信任度,而卖方的信任度的提高也会增强消费者对网站的感知有用性;Marios(2004)根据消费者所感知到的 B2C 电子商务网站和供应商特征的分析,建立了客户初始信任模型。

第六节　资源依赖理论

一、资源依赖理论含义

所谓资源依赖理论,是指一个组织最重要的存活目标,就是要想办法减低对外部关键资源供应组织的依赖程度,并且寻求一个可以让这些供应组织稳定掌握关键资源的方法。

资源依赖理论强调组织体的生存需要从周围环境中吸取资源,需要与周围环境相互依存、相互作用才能达到目的。它包括三层含义:组织与周围环境处于相互依存之中;除了服从环境之外,组织可以通过其他选择来调整对环境的依赖程度;环境不应被视为客观现实,对环境的认识通常是一个行为过程。

资源依赖理论属于组织理论的重要理论,是研究组织变迁活动的一个重要理论,萌芽于20世纪40年代,在70年代以后被广泛应用到组织关系的研究,它与新制度主义理论被并列为组织研究中两个重要的流派。其主要代表著作是杰弗里·普费弗(Jeffrey Pfeffer)与萨兰奇克(Gerald Salancik)于1978年出版的《组织的外部控制》。

资源依赖理论提出了四个重要假设:组织最重要的是关心生存;为了生存,组织需要资源,而组织自己通常不能生产这些资源;组织必须与它所依赖的环境因素互动,这些因素通常包含其他组织;组织生存建立在一个控制它与其他组织关系的能力基础之上。资源依赖理论的核心假设是组织需要通过获取环境中的资源来维持生存,没有组织是自给的,都要与环境进行交换。普费弗(1978)提出应当把组织视为政治行动者而不仅仅是完成任务的工作组织。

资源依赖理论强调组织权力,把组织视为一个政治行动者,认为组织的策略无不与组织试图获取资源,试图控制其他组织的权力行为有关。资源依赖理论也考虑组织内部因素。普费弗等也分析了组织内部的权力问题,认为能够提供资源的组织成员显然比其他成员更加重要。后来的研究者又对资源依赖理论进行了大量的经验研究,使其成为一个系统的理论。这个理论通过阐明政府对资源的依赖,直接阐释了政府与资源的相互关系。

资源依赖理论认为,各企业之间的资源具有极大的差异性,而且不能完全自由流动,很多资源无法在市场上通过定价进行交易。比如组织才能,它们以惯例为衡量尺度,可能比机器设备等有形资源在市场上带来更长期的竞争优势。但是,它却不可能从市场上购买。与此同时,相对于企业不断提升的发展目标来讲,任何企业都不可能完全拥有所需要的一切资源,在资源与目标之间总存在着某种战略差距。因此,为了获得这些资源,企业就会同它所处的环境内的控制这些资源的其他组织实体之间进行互动,从而使组织对资源产生依赖性。因为这种依赖性,组织会试图支配它们的环境,并控制它们对偶发事件的反应;努力追求与环境的亲密关系;避免对市场和技术的依赖。

二、电子商务中企业资源依赖的类型

计算机和互联网的普及和发展刺激了电子商务的全面应用与发展,其技术创新已领先于管理创新,更领先于治理创新。为适应电子商务这一技术创新不仅要坚守治理思维,还要不断推动治理创新。在电子商务环境对公司治理结构的影响下,资源依赖理论强调外部环境对组织生存和发展的重要性。因此,将公司治理结构的发展分为资金依赖型、管理依赖型和网络依赖型三个阶段来分析:

(1)资金依赖型:公司以董事会为公司核心成员,董事会兼任公司高管或高管听命于董事会,认为董事会可以为公司提供资金、声誉及必要的获取外部信息的途径等资源,公司的重要决策、企业战略均需董事会批准并予以明确指示。这个时期公司获得所需重要信息的主要方式是部门上报数据、行业报刊、会议及电话或口头传播,企业与上下游企业、企业与消费者之间的沟通渠道过长,信息获得速度缓慢。

(2)管理依赖型:公司以高管和董事会为核心成员,公司治理结构包括股东会、董事会、监事会、公司高管等,公司高管掌握丰富的管理经验、外部关系和专业技术,充分参与公司的决策制定和大的方向转变等重大问题,董事会逐渐退出公司日常管理活动,同股东会、监事会、独立董事等参与公司重大事件的决策,实现公司内部治理的权力制衡。

(3)网络依赖型:公司以客户为中心,加大客户参与产品设计的密切度,围绕客户的不同特征和需求,制定产品战略、选择营销媒体。更多的小股东通过网络参与公司治理,成为公司治理结构的新生主体。商品或服务的快速更新使得技术持有者越来越得到公司的重视,通过技术投资或股权转让成为公司治理主体之一。公司治理主体之间没有明显的层级,主要表现为以客户为中心的网络化治理结构。公司所需的专业技术、客户信息、信息披露、投资、声誉、管理经验、外部关系等资源的来源通过多方群体和渠道涌入公司,呈现出网络化的形态,企业的社会责任得到公众监督。

第七节　社会交换理论

一、社会交换理论含义

社会交换理论是20世纪60年代兴起于美国进而在全球范围内广泛传播的一种社会学理论。由于它对人类行为中的心理因素的强调,也被称为一种行为主义社会心理学理论。这一理论主张人类的一切行为都受到某种能够带来奖励和报酬的交换活动的支配,因此,人类一切社会活动都可以归结为一种交换,人们在社会交换中所结成的社会关系也是一种交换关系。社会交换理论由霍曼斯创立,主要代表人物有布劳、埃默森等。

布劳的社会交换理论对社会交换的定义、条件、特征、原则、过程、社会交换与权力、社会交换与宏观结构及社会交换中出现的不平等与异质性进行了系统的分析,实现了社会交换理论从微观向宏观的过渡。布劳的理论明显受到霍曼斯和马克思的影响:一方面,布劳在结构交换论中吸收了霍曼斯社会交换理论基本原理和基本命题中的合理内核;另一方面,布劳又通过汲取马克思辩证法思想的精髓,运用集体主义方法论与整体结构论,对社会交换中的宏观结构进行了研究,并用不对等交换的原则揭示了权力产生、反抗及变迁的基本规律。

布劳接受了由行为主义心理学家斯金纳提出而由霍曼斯进一步讨论的社会交换的基本心理原则。他认为虽然大部分人类行为是以对于社会交换的考虑为指导的,但并不是所有的人类行为都是这样受到交换考虑的指导,社会交换只是人类行为的一部分。他提出了使行为变为交换行为必须具备的两个条件:"一是该行为的最终目标只有通过与他人互动才能达到;二是该行为必须采取有助于实现这些目的的手段。"布劳把社会交换界定为"当别人做出报答性反应就发生、当别人不再做出报答性反应就停止的行动"。他认为社会交换是个体之间的关系与群体之间的关系、权力分化与伙伴群体关系、对抗力量之间的冲突与合作、社区成员之间间接的联系与亲密依恋关系等的基础。社会的微观结构起源于个体期待社会报酬而发生的交换。个体之所以相互交往,是因为在相互交往中通过交换得到了某些需要的东西。

在讨论社会交换的形式之前,他又区分了两种社会报酬:内在性报酬和外在性报酬。"内在性报酬,即从社会交往关系本身中取得的报酬,如乐趣、社会赞同、爱、感激等;外在性报酬,即在社会交往关系之外取得的报酬,如金钱、商品、邀请、帮助、服从等。"他把社会交换分为三种形式:第一是内在性报酬的社会交换。参加这种交换的行动者把交往过程本身作为目的。第二是外在性报酬的社会交换。这种交换的行动者把交往过程看作是实现更远目标的手段。外在性报酬对一个人合理选择伙伴,提供了客观的独立的标准。第三是混合性的社会交换。这种交换既具有内在报酬性,也具有外在报酬性。此外,他讨论了影响社会交换过程的条件,列举了三种类型:第一,交换发展时期与交换伙伴间关系的特点和性质;第二,社会报酬的性质和提供它们时付出的成本;第三,发生交换的社会背景。

二、社会交换理论在电子商务研究中的应用

社会交换理论认为,分析、理解人际间大多数行为的最佳方法是将行为当成一种有形或无形的商品和服务来交换。周文凯(2012)通过霍曼斯的行为主义交换论,阐述社会交换理论下的网络购物行为。他认为社会交换理论将个体互动行为看成是一种有形或者无形的社会交换行为。对于网购而言,买家在权衡行动过程的利弊得失后,通过不断比较最终选择心仪的商品。根据商品经济学的等价原则,买家比较商品时总是理性计算,对卖家既存信息进行全盘评估,对商品价格与可能出现的风险加以权衡,如果价格过高,买家可能会因为潜在风险过高而放弃在网上购买。另外,网络购物者的行为并不总是根据过去的刺激与经验来决定行动的,还会根据现时的情景变化而改变行动,也可能根据自己对于将来的某种心理预期而调整行动,这种范式作为分析个体形成特定心理态势具有重要的影响。从个体特质看,网络购物者暗含对物美价廉的价值认可。刘人境等(2013)以社会交换理论为基础,提出了社会化电子商务网站内用户信息共享的理论研究模型,采用结构方程模型对模型和假设进行了实证研究。研究结果表明,指责恐惧、时间成本、外部报酬、形象的提升(外部收益)、乐于助人(内部收益)是影响用户信息共享意愿的关键因素,而自我展示和互惠对用户信息共享并无显著影响。

第八节　任务—技术适配模型

一、任务—技术适配模型理论

任务—技术适配模型(Task-Technology Fit,简称 TTF)来源于感知合适理论,由 Goodhue 和 Thompson 于 1995 年提出,用于解释信息技术对工作任务的支持能力,通过描

述认知心理和认知行为来揭示信息技术如何作用于个人的任务绩效,反映了信息技术和任务需求之间存在的逻辑关系。

在 TTF 模型中,一种信息技术工具到底能不能支持某项任务是用任务技术适配这种概念来描述的,其核心就是任务技术适配理论,这项理论研究的是技术能力和任务要求之间的适配,也就是信息技术支持一项任务的能力。TTF 模型有四个关键的要素:前两个分别是任务特征和技术特征,它们共同影响第三个要素——任务—技术适配,任务技术适配又会影响最后的要素——行为或者使用。在 TTF 模型中,当且仅当信息技术的功能可以支持使用者的行为时,信息技术才会被采用。采用任务—技术适配模型来评价、预测网络信息资源的利用效率,能比较现实地考虑到信息系统功能和用户的任务需求这两个因素。信息系统只有被用户使用,其资源才能产生利用效率;而任务—技术适配模型主要是说明两者适配的结果会影响使用效果,并解释适配度对技术(信息系统)使用存有某种程度的影响。

后来有许多学者对这个模型进行了扩展。其中最主要的是三方面:用户自我效能对适配的影响;组织环境对适配的影响;与技术接受模型(简称 TAM)的整合研究等。Goodhue 与 Thompson 在 TTF 模型的基础上考虑了用户态度与行为对技术使用的影响,并将个人特性对于技术和任务适配的影响加入到模型中提出了 TPC 模型。个人特性,是指影响个人使用技术的好坏与难易程度的因素,如个人所受过的训练、计算机的使用经验和各种促动因素。从技术使用者的角度看,这些因素反应在个人心理层面,实际上就形成了个人对自己执行某项特定任务的能力的一种信念,学者们把这些统称为自我效能。

TTF 模型的提出是对 TAM 模型缺陷的补充,但是最早的 TTF 模型只是针对个人对技术使用与其任务需求之间的适配问题。然而在很多具体任务的完成过程中,用户更多的是以团体、组织中的一员作为技术的使用者和任务的完成者,因此组织—技术适配会对任务—技术的适配产生影响。组织—技术适配是指组织支持的特性要与技术功能的需求相符。

此外,越来越多的技术采纳行为研究将 TTF 与 TAM 进行整合研究,广泛应用于各个研究领域。人们接受、使用技术的行为、心理及最后的结果,其中各个因素间的关系并不是哪一个模型就可以穷尽的。在后续研究中,新的理论和影响因子不断地融入进来,使 TTF 模型与具体事件的契合越来越贴切。

二、任务—技术适配模型在电子商务中的应用

任务—技术适配模型是另一个具有重要影响的研究信息技术使用的模型,这个模型首先由 Goodhue 等人提出,用于解释信息技术对任务的支持能力,通过描述认知心理和认知行为来揭示信息技术如何作用于个人的绩效,反映了信息技术和任务需求之间的关系。“当一项技术能很好地适配所支持的技术时,这项技术就会被采纳。”从 TTF 的内涵来看,它对于解释用户对一项技术或一个信息系统的使用情况具有较好的适用性,而电子商务可以看成是由网络技术驱动的,用户的在线交易也可理解为一项任务,因而,应用 TTF 模型来分析电子商务的使用是理所当然。但是,文献调研发现,TTF 在电子商务中的应用不如 TAM 普遍,许多研究还主要集中预测个人对组织中信息系统的接受。这说明原始 TTF 模型中某些

变量不适应特定的电子商务环境,需要根据电子商务活动的特点作相应的修正,部分学者正是这样开展工作。

Well 等人以 TTF 模型为基础研究电子商务的应用。他们提出从三个概念来评价电子商务活动中任务—技术适配性:内容(指信息相关性、信息准确性、信息完整性和信息的可理解性),导航机制(处理效率、信息组织、逻辑界面和物理界面)以及交互能力(个性化、安全性、系统性能、合适的交互),这三个概念是以可用性评估原则为依据的。Well 等人实证研究了任务技术适配模型中的三组关系:用户任务和适配性、系统性能和适配性及个人绩效和适配性,其中在任务特性、技术特性和个人绩效之间彼此存在相互影响关系。Well 等人的研究也证实了将 TTF 模型用于电子商务接受研究中的可行性。

在移动电子商务研究中,Chu 和 Huang 也应用了 TTF 模型,两人根据移动电子商务的特殊性修正了原模型中的任务、技术特性,并且考虑到个人特性的影响。两人采用实证方法论证了四个假设:第一,任务特性和技术特性之间存在一个适配性问题;第二,用户对于任务—技术适配性的评价影响用户实际是否会使用移动电子商务的关键;第三,技术特性和移动电子商务的实际使用之间有影响关系;第四,移动电子商务的实际使用与组织中的应用有正相关性。

第九节　社会认知理论

一、社会认知理论

20 世纪 70 年代末,美国心理学家班杜拉在传统的行为主义人格理论中加入了认知成分,提出了社会认知理论,该理论在 90 年代教育理论与应用领域得到迅猛发展。

1. 三元交互决定论

行为到底是由外部力量决定的还是由内部力量决定的,长期以来存在两种决定论:个人决定论和环境决定论。

个人决定论强调人的内部心理因素对行为的调节和控制,环境决定论强调外部环境因素对行为的控制,班杜拉在批判前人的基础上提出他自己的理论,他的理论在于探讨环境、人及其行为之间的动态的相互决定关系,将三者看成是相互独立又相互作用从而相互决定的理论实体。其中,个人的主体因素包括行为主体的生理反应能力、认知能力等身心机能。所谓交互决定,是环境、行为、人三者之间互为因果,每二者之间都具有双向的互动和决定关系。在三元交互决定论中,一方面,人的主体信念、动机等往往强有力地支配并引导其行为,行为及其结果反过来又影响并最终决定思维的内容与形式以及行为主体的情绪反应;另一方面,个体可以通过自己的主体特征如性格、社会角色等引起或激活不同的环境反应;再者,行为作为人与环境之间的中介,是人用以改变环境,使之适合人的需要而达到生存的目的并改善人与环境之间的适应关系的手段,而它不仅受人的需要支配,同时也受环境的现实条件的制约。

2.观察学习

班杜拉认为,观察学习,亦称替代学习,是指一个人通过观察他人的行为及其强化结果习得某些新的反应,或使他已经具有的某种行为反应特征得到矫正。他按信息加工的模式对观察学习进行了分析,认为观察学习是由四个相互关联的子过程组成的即注意过程、保持过程、产出过程、动机过程。注意过程指的是在观察时将心理资源开通的过程,它决定着观察者选择什么样的示范原型。保持过程是对示范活动的保持,要对示范活动进行保持就必须以符号的形式把它表象化,从而保留在记忆中,观察学习主要依存于两个表象系统,即视觉表象和言语编码,其中,言语编码较之视觉表象在观察学习时更具有确定性。产出过程,也就是把符号表象转换成物理形式的外显行为的过程。动机过程是指观察者在特定的情境条件下由于某种诱因的作用而表现示范行为的过程。总之,观察学习只有在这四个过程都完成的基础上才能实现。

3.自我效能

自我效能感是个体对自己与环境发生相互作用效验性的一种自我判断,自我效能感强的人能对新的问题产生兴趣并全力投入其中,能不断努力去战胜困难,而且在这个过程中自我效能也将会不断得到强化与提高,相反,自我效能感差的人总是怀疑自己什么都做不好,遇到困难时一味地畏缩和逃避。

班杜拉认为,个体在活动中是通过四个方面的信息来获得或形成自我效能感的。一是实践的成功经验,即个体对自己的实际活动过程中所取得的成就水平的感知,成功经验增强其自我效能感,失败经验则降低自我效能感。二是替代性经验,指看到能力等人格特征和自己相似的他人在活动中取得了成功,能够使观察者相信当自己处于类似活动情境时也能获得同样的成功,从而提高观察者的自我效能感。三是言语的劝导,指接受别人认为自己具有执行某一任务的能力的语言鼓励而相信自己的效能。值得注意的是说服性的言语必须实事求是,才能调动个体的积极性。那些虚幻的、华而不实的劝导只会适得其反。四是身心状态,身心状态会影响自我效能的水平,个体在追求目标时,自我效能通过生理唤起来影响行为改变。乐观积极的自我肯定信念能创造积极情感,消极情绪会产生挫败感,所以要变消极情感为乐观心态。由此可以看到,自我效能是可以通过个体在社会环境中的锻炼来培养。

二、基于社会认知理论下的电子商务采纳

电子商务采纳行为可以从组织行为和战略整合的视角进行观察。从行为视角看,该行为是以决策群体为主体的组织战略决策过程,强调参与决策主体的行为特征。因此,社会认知理论有助于理解该过程中群体内个体间态度和认知之间的复杂关系。从战略视角看,电子商务采纳是组织在衡量资源有效性的前提下,电子商务被认知并得到执行和实施的过程。

组织e就绪条件构成了组织企业电子商务决策的约束机制,成为战略决策需要考虑的

重要环境因素。

组织 e 就绪是指组织成功实施电子商务战略而对应各方面优化的信息系统（Information Systems）资源就绪水平。电子商务执行需要各种组织资源和制度的支撑，并且决策过程本身也受到这些因素的影响。根据社会认知理论，组织 e 就绪将在战略决策过程中体现两种不同的影响机制。首先，电子商务认知行为受到组织 e 就绪的影响。任何认知行为的信息都来自于对环境因素的评估，决策群体需要根据组织 e 就绪水平评估实施电子商务的潜在变革效应以及实施风险，前者反映了电子商务的价值驱动，后者决定了高层管理者的风险认知水平。决策群体将权衡这两类因素的综合影响，找到效益最大化的战略方针。在 e 就绪水平越高的企业中，由于 IT 基础设施和各种组织资源匹配度较好，决策群体越能认识到潜在的电子商务能力优势。此外，e 就绪水平是企业信息化不断发展积累起来的重要 IT 技术资本，e 就绪水平越高，企业 IT 实施经验也越丰富，因此通过知识积累和转移可以更好地识别电子商务的实施风险。

根据社会认知理论，电子商务采纳实际上体现了三种不同的作用机制：第一，推动企业电子商务采纳的主体是企业的决策群体，他们对电子商务认知、决策和执行的过程在战略层面体现了组织采纳的行为特征。此外，电子商务实施也存在一定的风险，决策和执行的过程在战略层面体现了组织采纳的行为特征。第二，采纳的战略决策行为还依赖于组织的 IT 资源约束，作为行为的环境变量，组织 e 就绪状况为决策提供组织目标和限制性因素，使战略规划过程成为理性决策行为。第三，组织 e 就绪将修正群体的认知能力，不同就绪水平的企业在实施电子商务的动机、认知障碍、技术应用等方面存在一些显著差异，在电子商务采纳中将体现出一定的行为差异。

第十节　长尾理论

一、长尾理论含义

长尾（The Long Tail）这一概念是由《连线》杂志主编 Chris Anderson 在 2004 年发表的《长尾》一文中最早提出，用来描述诸如亚马逊和网飞（Netflix）等网站的商业和经济模式。"长尾"实际上是统计学中幂律（Power Laws）和帕累托分布（Pareto Distributions）特征的一个口语化表达。

过去人们只能关注重要的人或重要的事，如果用正态分布曲线来描绘这些人或事，人们只能关注曲线的"头部"，而将处于曲线"尾部"、需要更多的精力和成本才能关注到的大多数人或事忽略。例如，在销售产品时，厂商关注的是少数几个所谓 VIP 客户，无暇顾及在人数上居于大多数的普通消费者。而在网络时代，由于关注的成本大大降低，人们有可能以很低的成本关注正态分布曲线的"尾部"，关注"尾部"产生的总体效益甚至会超过"头部"。例如，某著名网站是世界上最大的网络广告商，它没有一个大客户，收入完全来自被其他广告商忽略的中小企业。安德森认为，互联网时代是关注"长尾"、发挥"长尾"效益的时代。

安德森认为最理想的长尾定义应解释长尾理论的三个关键组成部分：热卖品向利基品（Niches）转变；富足经济（The Economics of Abundance）；许许多多小市场聚合成一个大市场。同时安德森在其《长尾革命》一书中指出了长尾理论不可或缺的六个条件：

（1）在任何市场中，利基产品都远远多于热门产品。此外，随着生产技术成本变得越来越廉价，越来越普及，利基产品所占比例将以指数级的速度提高。

（2）获得这些利基产品的成本正在显著下降。数字传播、强大的搜索技术和宽带的渗透力组合成了一种力量，凭借这种力量，在线市场正在改写零售经济学。

（3）从自动推荐到产品排名，一系列的工具和技术都能有效帮助消费者找到适合他们的特殊需求和兴趣的利基，从而真正改变需求。

（4）一旦有了空前丰富的品种，需求曲线就会扁平化，热门产品的流行度会下相对下降，利基产品的流行度则会相对上升。

（5）尽管没有一个利基产品能实现大的销量，但由于利基产品数不胜数，它们聚合起来，将共同形成一个可与大热门市场相抗衡的大市场。

（6）当以上几点全部实现，需求曲线将不受供给瓶颈、信息匮乏和有限货架空间的影响。

二、长尾理论的作用

1. 利基优势

利基就是创造利润的基础。在长尾理论中，长尾效应的意义无非就是无限的选择，也就是个性化。它的利基优势及竞争优势主要表现在以下几点：

（1）在市场中，利基产品都远远多于热门产品。

（2）获得这些产品的成本正在显著下降。

（3）仅仅供应更多的品种并不能改变需求，消费者必须有办法找到适合他们的特殊需求和兴趣的利基产品。

（4）热门产品和利基新产品仍然存在，但热门产品的流行度会相对下降，利基新产品的流行度则会相对上升。

（5）尽管没有一个利基新产品能实现大的销量，但由于利基新产品数不胜数，它们聚合起来，将共同形成一个可与热门市场相竞争和抗衡的大市场。

2. 打破"二八法则"

长尾理论一经提出，即颠覆了传统经济学中的"二八法则"。"二八法则"指大约20％的人口掌握了80％的财富。安德森指出：我们所接受的教育使我们采取二八法则这种通用的经验思维模式，这种思维模式让我们受热点驱动，认为如果某样产品不是热点，那么它就赚不到钱。但根据长尾理论，非热点产品也能赚钱，并可以和热点产品享有等同的经济地位。在互联网产业中，许多传统经济学的经典理论已不适用。因此，长尾理论提出后就迅速成为业界的热门话题。

3.让顾客参与生产

企业生存与发展的竞争优势来自于客户的需求度及满意度。消费者的需求是多样化的,要构建产品的长尾优势,运用长尾效应,企业就一定要确切知道消费者的真正需求。而能真正知道消费者的真正需求的只有消费者自己,因此,企业在构建产品的长尾优势时,就必须要让顾客投入产品的生产与销售的过程之中。

4.一种传播途径并不适合所有的消费者

98%的产品都有市场需求,只要企业能够通过有效的传播途径让消费者知道有这样的产品存在,就一定会有消费者需要。因此,当我们在构建产品长尾优势时,就一定要想办法让更多的人知道有这么一个产品的信息。网络兴起之后,人们的生活方式发生了转变,网络大大扩大了人们娱乐及接受信息的渠道。这就决定了企业在现今的市场环境中依靠原有单一的产品宣传方式已不太适合需要,只有整合媒体、选择多渠道的传播方式,才能在市场中制胜。

5.一种产品并不适合所有消费者

长久以来,企业都把大部分的精力投到畅销与热门产品中,并且力求推出一个所有消费者都争相购买的产品,以求给企业带来巨大的经济效益。但如今消费者由共同兴趣转向特殊兴趣,并且有了无限的选择机会后,消费者在购买产品的时候,就越发趋向于产品是否能满足他们的个性化兴趣,这就导致了产品的差异化。同时也告诉企业,一种产品并不适合所有的消费者,企业需要以此为立足点,调整自我的经营策略,避开竞争激烈的市场空间,有效地将一些并不热销、甚至是冷门的产品组合起来,去抢占市场空间。

二、长尾理论下电子商务的发展

随着互联网的不断发展,新兴的互联网企业不断涌现,互联网企业间的竞争也在不断加剧。长尾理论的出现带来了全新的理念,引领了互联网企业的成长和互联网产业价值的创新。对于那些需要依靠互联网来传播和销售的商品的定价和销售策略,长尾理论无疑是一种十分适用的手段,可降低消费者的搜寻成本,充分满足长尾市场上众多潜在消费者的小众化需求,进一步发掘碎片化的长尾市场中的价值。

(1)把握长尾理论的实质,以新技术和新方法推动主流区域的扩大长尾理论描述了一个现象,旨在提高人们对以往忽视的80%的重视度。从一定意义上讲,Chris Anderson仅仅对某一领域的某一现象进行了简单评述和说明,但针对不同的产品,长尾的基础并不相同。对于某一些产品而言,长尾市场比较大,而对于某些产品而言,长尾市场则比较小。那么,长尾理论的实质恰恰就是要引导大家根据具体的产品和服务,合理定义自己产品区域的长尾,发掘现有的长尾市场,并在此基础上,以新的技术和方法来推动主流区域的扩大,将原有的长尾市场区域转换为企业的正常经营领域,从而为企业赢取更大的利润。

（2）顾客的需求具有多样化和个性化特征。长尾理论要求提供所有产品,但如何在所有产品中让顾客轻易找到自己所有需要的产品,也就是说,如何实现产品的不同分类定位,成为吸引不同顾客的一个重要问题。满足顾客需求的多样化意味着给顾客提供了更多的选择自由,但同时也意味着顾客的选择成本大大提高,如果不能对顾客提供一种快捷有效的选择方式和方法,那么,满足所有顾客所带来的效益将逐渐被顾客的选择成本所抵消,甚至在一定程度上使得顾客丧失对这种长尾的吸引力。

（3）互联网经济以互动为中心建立营销的核心,其精髓在于自由、免费和个性。如果从传统的营销角度看,网络经济仅仅提供了一种新的营销方式,然而,网络营销的利益根源恰恰在于预先投资在没有任何收益的领域,甚至可以说,网络营销是互联网自由、免费的一个副产品。网络营销应该本着自由、免费和个性的互联网经济原则,给予顾客一种宽松的网络平台,抛弃以往单纯的宣传和销售模式,改变传统的商家和顾客的关系,以互动为中心建立一个良好的平台,真正将顾客放在平台的主导地位,激发顾客的参与兴趣和热情,从而完善产品的信息传递问题,形成一个庞大的潜在市场,为长尾市场的产生创造条件。

第四章　电子商务领域研究的知识脉络演化与发展趋势

自 20 世纪 90 年代开始,伴随着互联网的飞速发展及其在经济社会生活领域的广泛应用,电子商务作为一个新的研究领域正逐步成为国内外学术界的研究热点。纵观二十余年来国内外相关研究,可以发现电子商务领域研究从主题到方法及主要观点均出现了较大的变化,且国内外存在差异,但鲜有文献对其演化的路径进行较为全面综合的比较研究。知识图谱最早出现在管理学领域,它能够用可视化的方法清晰地描述和揭示知识之间的动态演化路径,同时随着 SATI、UCINET、NetDraw、CiteSpace 等科技文献方面的大数据处理工具的出现,部分国内外学者开始将知识图谱应用于电子商务的研究。例如袁勤俭(2013)通过 Web of science 上 2001—2011 年电子商务研究文献得出关键词共现图,从而分析这十年间电子商务的研究热点,但并没有反映电子商务研究的总体情况,如发文量的变化,另外也没给出研究热点之下的代表人物、代表作品。董文鸳(2011)在 1990—2010 年 SCI、SSCI 中研究文献的基础上,通过文献共被引知识图谱、作者共被引知识图谱、期刊共引知识图谱来探索权威作品、权威期刊、代表作者,但没有对电子商务研究的相关机构和学科分布展开探讨。徐青(2012)利用知识图谱探索电子商务研究的最具影响力机构、作者、文献,并纵向地对各个时期研究热点进行分析、比较。以上研究都没有把我国电子商务的各方面情况与国外电子商务研究进行横向比较。基于此,本章在前人基础上引入了学科分布、论文量时序分布的方法,并同时将国内各方面研究情况与国外进行比较,以求能更加全面、准确地呈现二十余年来我国电子商务研究的各方面问题和发展趋势。

第一节　国内外电子商务研究文献综述

国内外关于电子商务文献研究的主要研究形式是文献评述,国内研究偏向于综合性的文献评述,如研究的主题、现状、趋势和不足,而国外研究更加倾向于理论基础支持、研究体系的形成和研究热点的讨论。

我国早期进行电子商务文献研究的研究者李琪通过"第二届中美电子商务高级论坛"上学者的研究主题和发言归纳提出无线互联网将成为下一代电子商务的推动力。同年,张仙峰等人也在国际公认的电子商务归纳模型和李琪等人提出的电子商务三维综合框架的基础上提出电子商务应用的研究一直都是研究热点；但我国电子商务研究方法落后、理论基础不足，且本土研究与实践应用间存在较大的偏差。王伟军（2006）对 1998—2005 年关于电子商务研究的文献进行汇总、归类，提出电子商务研究主题主要集中于信息服务、电子商务技术、电子商务系统、商务模式。潘红春、邵兵家（2009）提出电子商务新技术的研究将成为焦点，定量研究和实验研究将被更为广泛的应用。2011 年邱均平等人开始引入文献计量学的方法，从论文分类号、期刊、关键词等方面来探讨电子商务论文的分布特征。宗乾进和袁勤俭通过知识图谱的形式呈现了 2001—2011 年国际上关于电子商务文献研究的主题分布。

Nagi 和 Wat（2015）以 1993—1999 年九大电子商务期刊 275 篇文献为数据来源，将电子商务的研究分为四大领域：支持、应用、实施和技术，为电子商务研究提供标准型的框架。Wareham 等人根据针对不同的对象所涉及领域的不同，将电子商务的研究分为拍卖、B2B、B2C、架构、电子服务、客户关系管理、移动商务、P2P、规则、战略、安全、供应链、信任、技术采纳、信息技术价值、代理等领域。Chua 等人通过对 1990—2003 年相关文献的研究发现国际上最受关注的主题是内部组织和消费者。Dahlbeng 等人发现 1997—2003 年的研究热点为战略、B2B、B2C、信任度和技术支持。Jessup 等人从不同的学科范畴出发发现电子商务需要更多的理论支持，如经济、组织、社会、技术、法律和行为学。

相比较国内研究，国外相关研究对电子商务文献研究的领域、主题的划分更加细化，更加重视电子商务研究的前沿研究，而且善于用数据、模型、理论框架来分析电子商务文献研究的特征，但国内研究仅仅就其大体研究方向进行分类，如商业管理、网络基础建设、电子商务模式等，很少有从文献研究的属性、学科、领域、理论基础方面来对其进行分类，从时间维度，并且通过数据来探索其研究主题、热点变化的文献更是少之又少，另外国外的电子商务研究是先于国内的，但至今还没有学者将国外和国内的研究情况进行比较，也没有学者将国内研究与电子商务实际发展情况进行对比，为国内研究提供参考，所以本章集中从电子商务研究的学科、属性、领域、演化路径来解读我国 1998—2016 年关于电子商务文献的研究，并且将国内文献研究与外国文献研究、国内电子商务发展情况进行对比，以期对近 20 年的文献研究进行系统的分类并对研究主题、热点、不足、趋势进行探索。

第二节　数据来源和研究方法说明

为保证研究数据的代表性与权威性，本章以 CSSCI 和 SSCI 数据库为数据源进行检索，时间设置为 1998—2016 年，文献类型为论文，检索时间为 2016 年 12 月 1 日。SSCI 数据库主题词的选择主要依据 Tsai（2015）对电子商务研究的界定，选取 e-commerce、e-business、e-market 等为关键词进行试检索。此外，根据阅读相关文献后得到的电子商务的英文翻译，通过使用不同的检索词，对检索结果进行分析，最后确定的检索式为：主题＝"e-commerce" or "e-business" or "e-market" or "electronic commerce" or "electronic business" or "electronic market"。CSSCI 数据库的检索主要以"电子商务""网络零售"等为题名或者关键词。最后，通过对检索到的数据进行去重、勘误及选择等处理后，得到 SSCI 论文 3453 篇，CSSCI 论文 2884 篇。

在此基础上，笔者利用 SATI、UCINET、NetDraw 等工具对 SSCI、CSSCI 电子商务研究论文的时间分布、高被引论文、高频关键词、学科分布、核心期刊和边缘期刊等进行定量统计与定性分析，同时对国内外的电子商务研究情况进行了比较分析。

第三节　电子商务的发展脉络

一、时间分布特征

学术论文发表数量的时序变化是衡量该领域整体发展情况的重要指标。图 4.1 是 1998—2016 共 19 年间 CSSCI 和 SSCI 电子商务研究论文数量的时序分布图（注：CSSCI 与 SSCI 的 2016 年数据均截至 2016 年 12 月 1 日）。

通过 CSSCI 研究论文数量统计分析结果发现，电子商务理论研究与电子商务在我国的实践发展过程基本一致，早在 1998 年 CSSCI 数据库中就出现了电子商务研究的论文，且在 1998—2000 年间电子商务论文呈现了爆发性的增长，从 1998 年的 15 篇到 2000 年的 305 篇。作为新的研究对象与研究领域，我国电子商务理论研究侧重于对电子商务概念的界定及其未来发展趋势的探讨，如张哲在 1999 年 11 月的管理科学会议上做了名为"我国发展电子商务的问题和对策"的报告，重点对我国电子商务未来形式和将遇到的问题进行了阐述，同时期陈运迪也在其《购物方式的革命——电子商务》中提到我国电子商务也像 IBM 所定义的那样，分为企业内部网、外联网、电子交易，同时也将解决三个问题：内容管理、协同信息、电子商务。这些观点代表此时学者们对电子商务发展前景的看好，这一时期可以视为我国电子商务理论研究的开端。此后，由于 2000 年左右受全球互联网经济泡沫的影响，我国电子商务的发展进入低潮期和探索期，与此同时，理论研究论文在 2000—2003 年间整体呈急剧下降趋势。随着 2003 年我国电子商务的复苏，理论研究论文也在 2003 年、2004 年出现了缓慢回升，是我国电子商务理论研究的起步阶段。但值得关注的一个现象是，在 2005 以后，我国电子商务理论研究开始出现明显的滞后于现实中电子商务发展的现象，在 2005—2016 年共 12 年间，理论研究却呈现出缓慢下降且波动的状态，2013 年仅有 76 篇，2014 和 2015 年虽然有所回升，但数量依然不多。而与此同时相对应的现实中中国电子商务迅猛发展，进入高速发展与逐步成熟时期。笔者认为主要原因是我国电子商务理论研究的深度与水平参差不齐，高质量研究论文不多。CSSCI 作为我国中文核心引文数据库，在 1998—2016 年间收录的电子商务理论研究论文为 2884 篇，但笔者同期通过 CNKI 数据库检索电子商务理论研究的期刊论文为 43214 篇。这表明该时期的电子商务理论相关研究并不少，但高质量的理论研究不多。

与国内不同的是，国外的电子商务理论研究在 1998—2016 年间一直处于增长状态，且高质量理论研究论文较多。特别在 2000—2003 年、2007—2009 年、2013—2016 年都有大幅度的增长，这表明国外学者在 2000 年互联网泡沫破灭及 2008 年金融危机这样的时期，对电子商务的研究确有较大幅度的增长，此外，从 2013 年的 258 篇上升到 2016 年的 333 篇，也代表了电子商务研究领域得到了国外学者的广泛关注和重视。

综上所述,国外电子商务理论研究略早于国内。国内电子商务研究核心文献从1998—2001年处于快速增长阶段,但之后一直到2013年都呈下降趋势,2013—2014年才有小幅度上升,之后又呈下降趋势,2016年核心期刊发文量仅67篇,可见我国电子商务研究核心文献从2001年开始就处于整体下降趋势。但是从知网来看,1998—2016年电子商务研究文献总计43214篇,且每年都处于较大幅度增长趋势,说明我国学者对电子商务还是非常关注的,只是高质量的文献增长乏力。相反国外高质量论文从1998—2016年一直都处于增长状态,特别是在2000—2003年、2006—2009年、2013—2016年,而这三个时期分别是互联网泡沫破灭时期、金融危机时期、移动互联网时期,可见外国学者善于在危机、新变化出现时及时拿出高质量成果。互联网、电子商务的产生对我国,甚至对世界经济产生不可磨灭的影响,而电子商务在我国只有二十余年的发展历程,且我国在互联网、电子商务的研究方面还有很多领域是缺乏的,如农村电子商务、医疗、教育等方面,而且我国研究还处于基础设施类较宽泛的概念的水平,在电子商务领域概念方面还没有更深入、更细化的研究,所以在追求数量的时候,更需要高质量的论文为我国今后电子商务发展出谋划策。

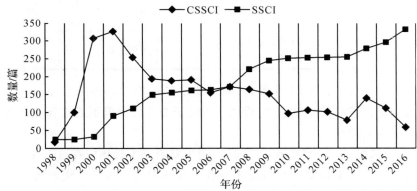

图 4.1　1998—2016 年 CSSCI 和 SSCI 关于电子商务研究论文篇数时间分布

二、内容分布特征

1.高频被引论文分析

高频被引论文一般在该领域具有开创性或引领地位,并且对该领域研究方向有一定的解释力,具有较高的学术参考价值。表4.1是通过对CSSCI中关于电子商务研究的高频被引论文统计得出的前十位论文研究的情况。

表 4.1　1998—2016 年 CSSCI 关于电子商务研究论文被引次数前十名

篇 名	作 者	来 源	发表年份	被引频次
电子商务环境下的消费者行为研究	黎志成,刘枚莲	中国管理科学	2002	403

篇　名	作　者	来　源	发表年份	被引频次
电子商务零售商与传统零售商的价格竞争研究	陈云,王浣尘	系统工程理论与实践	2006	318
B2C 电子商务网站可用性评价	常金玲,夏国平	情报学报	2005	286
电子商务网站评价研究与应用分析	王伟军	情报科学	2003	237
网络外部性下的电子商务平台竞争与规制	曲振涛,周正,周方召	中国工业经济	2010	236
电子商务生态系统及其演化路径	胡岗岚,卢向华,黄丽华	经济管理	2009	183
中国 B2C 电子商务中消费者信任前因的实证研究	邵兵家,孟宪强,张宗益	科研管理	2006	179
电子商务市场质量信息不对称问题研究	李莉,杨文胜,谢阳群,蔡淑琴	管理评论	2004	165
电子商务信息生态系统的构建研究	张向先,张旭,郑絮	图书情报工作	2010	138
电子商务中的信息生态模型构建实证研究	王晰巍,靖继鹏,刘明彦,赵云龙	图书情报工作	2009	133

　　首先,从被引文献的时间分布来看,经典文献分布在 2002—2010 这个时间段,在这个时间段不断有被引频次较高的文献出现,说明我国电子商务研究范围或边界还有待完善,且研究热点处于快速更新阶段。

　　其次,通过文献所研究内容来看,这些论文的主要研究主题集中在以下几个方面。(1)电子商务网站的研究。如王伟军(2003)概述了电子商务网站评价的方法和指标体系,并提出了我国电子商务网站评价体系的不足和未来的发展方向。而常金玲等(2005)通过选取五家国内的 B2C 网站,并用 MUG 指标(microsoft 公司的可用性指南)来评价其可用性,提出了消费者对可用性评价指标的评价体系。(2)电子商务生态体系的构建与演化。王晰巍等(2009)以淘宝网为例,通过分析其信息生态因子、信息生态链和生态圈从而来分析信息生态的内涵和构成因子。胡岗岚等(2009)用商业生态系统理论将电子商务生态系统的演化划分为四个阶段:开拓、拓展、协调、进化,并将商业生态系统与电子商务生态系统进行比较后提出了电子商务生态系统的四个特点:高系统更新率、核心企业的绝对领导地位、系统边界的高模糊性、高环境威胁。张向先等(2010)基于系统理论和信息生态理论构建了电子商务系统的结构,其主要成分包括:信息场、信息生态链和信息生态圈,并以淘宝网为例对其进行证实。(3)价格竞争和市场竞争。陈云等(2006)利用两阶段博弈模型得出电子商务零售商和传统零售商的最优定价和均衡利润,并提出电子商务零售商与传统零售商的最优定价与电子商务的实施程度存在一定关系,当电子商务实施程度达到某一临界值时,电子商务零售商的利润将高于传统零售商。曲振涛等通过转移成本、兼容性和模块化的研究提出了互联网的模块化经营可以降低因网络外部性引起的市场壁垒和减少部分厂商利用其市场势力排斥竞争行为的现象,并且提出未来电子商务产业将形成将以技术创新为主导的垄断竞争的市场结构。(4)消费者消费环节的问题,包括商品质量信息、消费者行为、消费者信任。黎志成等(2002)通过消费者网上购物的特点、影响消费的因素和计划行动理论构建了消费者行为模型。李莉等(2004)通过分析降低 ECM 质量信息不对称的程度的两种交易机制提出信息中介可以实现信誉转移,虚拟社区更容易使交易双方相互信任和合作。邵兵家等(2006)对影响消费者对电子商务的因素进行实证分析得出:电子商务公司应该在安全技术及政策、规模和知名度来提升消费者信任度。

此外,通过对 SSCI 中电子商务研究的高频被引论文进行统计,得出被引次数前十位论文的情况(见表 4.2)。

表 4.2　1998—2016 年 SSCI 关于电子商务研究论文被引次数前十名

篇　名	作　者	来　源	发表年份	被引频次
The DeLone and McLean model of information systems success: a ten-year update	Delone, WH; McLean, ER	*JOURNAL OF MANAGEMENT INFORMATION SYSTEMS*	2003	1790
Trust and TAM in online shopping: An integrated model	Gefen, D; Karahanna, E; Straub, DW	*MIS QUARTERLY*	2003	1326
A survey of trust and reputation systems for online service provision	Josang, Audun; Ismail, Roslan; Boyd, Colin	*DECISION SUPPORT SYSTEMS*	2007	892
The Delphi method as a research tool: an example, design considerations and applications	Okoli, C; Pawlowski, SD	*INFORMATION AND MANAGEMENT*	2004	507
Building effective online marketplaces with institution-based trust	Pavlou, PA; Gefen, D	*INFORMATION SYSTEMS RESEARCH*	2004	496
Understanding and predicting electronic commerce adoption: An extension of the theory of planned behavior	Pavlou, PA; Fygenson, M	*MIS QUARTERLY*	2006	486
Why do people play on-line games? An extended TAM with social influences and flow experience	Hsu, CL; Lu, HP	*INFORMATION AND MANAGEMENT*	2004	433
Understanding and mitigating uncertainty in online exchange relationships: A principal-agent perspective	Pavlou, Paul A.; Liang, Huigang; Xue, Yajiong	*MIS QUARTERLY*	2007	406
Dynamic pricing in the presence of inventory considerations: Research overview, current practices, and future directions	Elmaghraby, W; Keskinocak, P	*MANAGEMENT SCIENCE*	2003	405
Internet users' information privacy concerns (IUIPC): The construct, the scale, and a causal model	Malhotra, NK; Kim, SS; Agarwal, J	*INFORMATION SYSTEMS RESEARCH*	2004	342

首先,SSCI 中高频被引论文的时间分布非常集中,大多分布在 2003—2007 年,以 2003—2004 年居多,说明国外电子商务研究在 2003—2007 年间其研究范围以较全面,后续可能有新的主题出现,但都源自这一时间段。且被引频次排名前十的频数相当高,说明在 2003—2007 年间,国外电子商务理论研究的开创性文献非常多,且基本囊括之后电子商务研究的源头和大致范围。

从研究内容上看,主要集中在如下几个方面。

(1)消费者信任。Gefen 等(2003)通过对多次在网上购物的消费者进行研究发现消费者信任建立的基本条件,包括供应商的商品与所述相符、网站内置安全机制、具有典型的网络接口、易于使用。Pavlou 等(2004)通过一系列促使消费者参与在线交易的关键因素来预测消费者对电子商务的接受程度,并构建电子商务接受模型和利用消费者情景模拟和在线消费者样本证实其模型。Josang 等(2007)认为信任和声誉系统(售后评价)不是非常连贯和完整,并通过现有的信任系统推导互联网交易的信任和声誉的衡量标准,提出了信托和新的信誉系统。Pavlou 等(2004)还通过亚马逊在线拍卖市场的数据研究发现,制度机制的感知效率包括市场驱动和法律约束力的机制能消除时间和空间的不确定性,使在线市场激增。

(2)商品定价。Elmaghraby 等(2003)通过对消费者不同价格下的在线购物量进行分析,提出了在不同库存情况下的动态定价模型。

(3)用户隐私。Malhotra 等(2004)通过设计营销方案来测度消费者隐私泄露的情况,并构建以 IUIPC(隐私关注测量量表)为中心的因果模型来分析在线消费这对各种隐私的反应。

(4)消费者行为。Pavlou(2006)在计划行为理论的基础上来探索消费者获取的信息与在线购买这种行为之间的关联,并为消费者的每个消费行为的引出测试出了一套全面的方案。

(5)信息的传播效应。Hsu 等(2004)应用技术接受模型来预测用户接受在线游戏的可能性,通过用户测试数据得出游戏产品的传播受社会规范、态度、经验所影响。

(6)交换关系中的不确定性。Pavlou 等(2007)建立在委托代理的角度提出一组不确定性减少因素,包括信任、网站信息、产品诊断、社会存在。

(7)电子商务系统模型。Delone 等(2003)在原有 Delone 和 Mclean 信息系统的基础上重新构建了电子商务系统成功模型用于测量 IS 研究中的复杂因变量和电子商务系统是否成功、高效。Okoli 等(2004)对影响撒哈拉以南非洲电子商务扩散的关键因素进行研究,并结合 Delphi 方法来为电子商务系统管理决策问题确定优先级。

综上所述,从高频被引文献的发表期刊来看,我国高频被引文献绝大部分发表于图书情报科学期刊,其次是经济、管理类,而国外高频被引文献绝大部分发表于信息管理、信息系统类期刊,可见国内外研究更加的倾向于信息、数据的收集和分析,国外注重计算机技术的研究,而国内善于从经济、管理等层面来探讨。从被引频次来看,国内文献普遍低于国外,这也和我国电子商务发展迟于国外有一定的关系,在一定程度也说明,我国文献认可度不够高,且研究学术的可继承性不强。从高频被引论文的发表年限来看,我国高频被引文献均等分布于 2002—2010 年,而国外主要集中于 2003—2007 年,可见国外文献发表年限更加集中,也说明了我国电子商务的研究领域、框架和开创性理论还在日趋完善,而国外则领先一步。从研究主题来看,国内外研究都有关于价格、消费者、电子商务系统等起始性概念的探讨,但是国外同时也有关于用户隐私和安全方面的研究,由于其是高频被引论文,可见其已形成一定的体系,而我国在这方面的研究则乏力。

2. 主题变迁

研究电子商务文献关键词共现时区图,一方面能反映每一时期电子商务研究主题,另一方面能展示研究主题随时间的变化历程,在一定程度上能代表电子商务研究的全过程。如图 4.2 中 CSSCI 关键词共现时区图所示,我国电子商务研究主题的演变过程大致划分为六个阶段。(1)初探阶段(1998—2000):这一期间的关键词有商务手段、知识经济、市场营销、内联网、信息产业、网上交易、企业变革等,表明此时学者已经开始探索将互联网用于企业,比如营销、信息交换和交易,还有一系列对未来电子商务的展望。(2)应用阶段(2001—2004):此时关键词包括企业信息化、价值链、电子政务、信息服务、商业模式、企业管理等,表明这一时期研究主要是将企业电子化,并探索企业进行电子商务的模式和内部、外部价值链的打造。(3)数据挖掘阶段(2005—2006):这时的关键词有信用管理、信息资源管理、电子商务企业、数据挖掘、交易成本、电子签名等,已经有"电子商务企业"的关键词出现,表明企业的信息化逐渐成熟,而对电子商务的研究则集中在企业内外部资源的管理和挖掘,来达到减少交易成本的目的。(4)连接阶段(2007—2008):关键词包括旅游电子商务、供应链、数字图书馆、消费者、信任评价、电子商务立法等,电子商务研究已经不仅仅局限在制造业,此时也加入了如旅游、图书等服务行业,并通过互联网打造企业间的供应链,同时也加强企业与消费者之间的联系。(5)消除不确定性阶段(2009—2011):关键词包括层次分析法、技术接受模型、结构方程模型、协同电子商务、影响因素、中介效应、内容分析、实证研究,服务质量、信

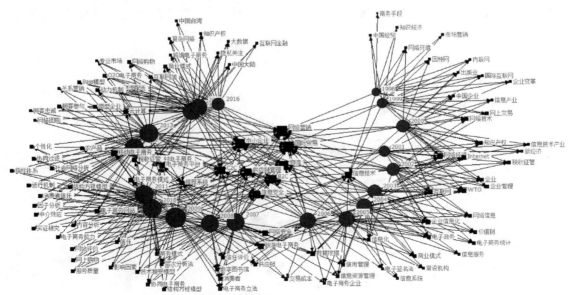

图 4.2 CSSCI 关于电子商务研究论文关键词共现时区

任等,表明这一阶段研究主要通过模型构造、因素分析来消除质量和信息的不对称和不确定性。(6)个性化阶段(2012—2013):关键词包括个性化、协同过滤、网络团购、O2O电子商务、云计算、顾客忠诚、顾客参与、关系营销等,此时更加注重消费者的研究,通过云计算、协同过滤等技术实现个性化消费,另外电子商务范围进一步扩张,如网络团购、O2O电子商务都是链接线上、线下的手段。(7)大数据阶段(2013—2016):关键词有跨境电子商务、知识产权、大数据、隐私、互联网金融等,此时对信息和数据的采集和管理相对成熟,更侧重于数据的分析,且更加注重隐私、知识产权的保护,开始对互联网金融模式进行探索,另外对电子商务的研究也更加偏向国际化。

根据SSCI关键词共现时区图(见图4.3)并结合定性分析可以,随着时间的推移,国外电子商务研究的主题也在不断演变。可以分为以下五个阶段:(1)电子化阶段(1998—2001):关键词包括控制、创新扩散、电子政务、电子零售、谈判、体验模块、电子商务税、虚拟社区、效用理论、网络服务、故障模式效应分析理论、安全、信息系统。表明研究集中于各商务环节的电子化,把零售、征税、谈判议价,各种售前、售后服务统统电子化。(2)用户阶段(2002—2005):关键词有电子商务扩散、代理、不确定、客户导向、消费者、国际市场、客户保留、定价、评价、竞争优势、动态定价、商业价值等,此阶段在于解决电子商务过程中企业与消费者之间的信息不对称,并利用各种代理、中介机构来解决购买过程中的不确定和风险因素,和通过对定价行为的分析促使消费者购买。(3)个性化阶段(2005—2009):关键词有发展中国家、供应链管理、中小企业、技术接受模型、服务操作、推荐系统、性能、实例探究、文化、感知风险、顾客满意、信誉、网站设计、质量等,此阶段在于为消费者提供更好的商品和服务,通过研究顾客满意程度和信誉反馈确定消费者最喜欢的商品,并通过网站设计、商品质量、服务操作的改进提高消费品质,最后通过推荐系统为客户提供个性化的服务。(4)建立信任阶段(2010—2012):关键词有中国、风险、顾客忠诚、网上拍卖、在线信任、技术利用、消费者行为、信息、隐私等,此阶段研究在于增强消费黏性,对消费者行为进行研究,以期提高

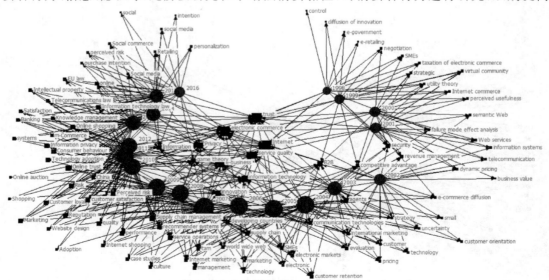

图4.3 SSCI关于电子商务研究论文关键词共现时区

表 4.3　2000—2016 年中国电子商务研究中心电子商务年度十大热点关键词

年份	十大热点关键词									
	1	2	3	4	5	6	7	8	9	10
2000	传统厂商登台	网络支付	人才竞争	网站模式	物流问题	证券电子商务	资本国际化	传统规则遭挑战	法律与安全	信用问题
2001	电商交易额1500亿	电商网站1500家	B2B	B2C	移动商务	企业网站	网民2650万	电信带宽2.5G	零售业增长22.8%	物流
2002	安全	旅游	ERP	整合	WEB服务	CRM	WTO	盈利	电子政务	知识管理
2003	非典推动电子商务应用	第七届国际电子商务大会	ERP规范	地方性电子交易法	ebay追投易趣	淘宝网成立	IBM推进电子商务服务	三大门户网站股票创新高	携程、慧聪上市	8848回归搜索引擎
2004	ebay收购易趣	亚马逊收购卓越	电子签名法诞生	大学生电子商务大赛	电子商务诚信联盟	盛大上市	淘宝网烧钱	一拍网成立	腾讯多元化	8848转购物型搜索
2005	替代性广告	RSS	电视节目点播	无线宽带	射频技术识别	网络电话	Linux	跨频道零售	IT安全	AOL业务模式的转变
2006	B2B垂直行业网站	行业网站联盟	Web2.0在B2B中的应用	B2B	B2B2C	第三方支付	关联营销	C2C	法律空白	用户粘性缺失
2007	大企业电子商务	精准营销	物流个性化	收益多元化	移动商务	村扑上网	以货易货	复合外贸人才	网络营销外包	saas
2008	第三方支付	B2C起步	C2C	法律规范	搜索引擎转战电商	电商平台	经济寒冬	电子商务进军国外市场	交易额达15000亿	国家级B2C平台
2009	逆势扩张	网商社会化	网络零售全程	中国制造对接内需	自建物流	农村电子商务	中小企业贷款	B2C	一亿元打假	新商业文明
2010	全民电子商务	行业规范	B2B行业细分深入	扎堆上市	B2C	双十一	平台开放	网络团购	微博营销	移动互联网
2011	传统企业电商成主角	电商企业多向拓展		传统企业电商化提速	数据驱动电商精细化转型	电商精细化营销	电商融合物流供应链	电商催生实体体验店	专业化、个性化并进	电商品牌化
2012	电商洗牌	价格战	跨界		平台整合	盈利	移动电商	大数据	O2O模式	"最后一公里"创新

续表

十大热点关键词

年份	1	2	3	4	5	6	7	8	9	10
2013	政府举措电商	网店征税	O2O	B2B平台转型互联网金融	移动端发力电商	团购网网存在审核漏洞	电商投诉	电商、物流互相跨界	互联网金融风险凸显	微信营销崛起
2014	O2O模式落地	移动电商走向成熟	互联网金融体系化	跨境电商与国际化起步	C2B不再是概念	本地生活服务	大数据	职能物流	电商城镇化	智能硬件
2015	共享经济	小城市微创新	亚文化+微社群	精品质消费	个人生活的智能互联	重构边界	时点经济	新体验场	流动的品牌	泛娱乐营销
2016	分享经济	区块链技术	网络污文化	人工智能	裸贷	内容付费	互联网医院	网红经济网络平台监管	网红经济	双创

顾客忠诚度、信任程度。同时也涉及了对消费者隐私的保护。(5)规范阶段(2013—2016):关键词有银行业、知识管理、满意、信息科技法律、电信法、知识产权、欧盟法、支付意愿、社交媒体、社交商务、购买意向等,可以看出此阶段更加注重法律法规的建设,同时也对新的商务模式——社交商务展开研究。为更进一步地提高消费,通过对消费者支付意愿、购买意愿的研究提高购买率。

为了检验电子商务研究对电子商务的发展的指导性和现实意义,表 4.3 对我国电子商务文献研究和发展过程中的热点演化路径进行了比较。

根据表 4.3 中的数据,我们大致可以将电子商务的发展分为:(1)基础设施建设和模式式探索阶段(2000—2002)。该阶段包括人才、支付、物流、法律、信用、网站、网民、宽带、ERP、CRM、WEB 服务等关键词,这一系列的要素兴起意味着电子商务基础建设的形成,另外还有网站模式、移动商务、旅游、盈利、证券电子商务、B2B、B2C 等关键词代表着该时期市场对可行的电子商务模式的探索。(2)C2C、B2B 模式成功运行,网络营销模式多样化发展阶段(2003—2007)。该阶段包括易趣、淘宝、慧聪、8848、亚马逊、卓越、ebay、B2B、C2C、一拍网、衬衫上网等关键词,这些关键词基本都是该时期 B2B、C2C 模式的代表,这一时期可以说是 B2B 和 C2C 模式电子商务的爆发期。另外还有关键词替代性广告、行业网站联盟、跨频道零售、AOL 业务模式的转变、关联营销、精准营销、营销外包、用户黏性缺失等,这些关键词代表着这个时期各种网络营销方式衍生或变化过程。也出现了对 IT 安全和法律的关注,但是还没有采取具体、有效的行动。(3)B2C 模式的成熟推动传统企业上线、成长和零售业爆发阶段(2008—2011)。在 C2C、B2B 模式盛行时期,传统企业是很难与 C 端消费者进行成功对接,但是 B2C 模式的诞生,使得传统企业能够直接接触用户,不仅节省成本,而且让营销方式更加多样化、精准化。另外金融危机也加速了这一模式的成长。该时期包括 B2C 起步、搜索引擎转战电商、电商平台、国家级 B2C 平台、中国制造业对接内需、中小企业贷款、全民电子商务、扎堆上市、平台开放、团购、双十一、传统企业电商成主角等热点关键词,这些关键词意味着 B2C 模式的诞生真正带动了传统企业的转型。另外还有如电商企业多向扩展、数据驱动电商精准化转型、电商精准营销、电商融合物流供应链、电商催生实体体验店、专业化和个性化并进、电商品牌化等热点关键词,可知这一时期电商企业不断延伸自己的产业链,并且产品更加专业化、品牌化、个性化,在用户数据大量累积的情况下,营销更加精准,不得不说 B2C 模式的诞生不仅推动了传统企业转型,更加加速了其成长,让其迅速做大做强。同时也引爆我国零售业,如交易额 15000 亿元、网络零售爆发等关键词。(4)O2O、移动电商、互联网金融、大数据出现阶段(2012—2014),移动电商的发展加速了行业的细分,更加推动了零售业之外的生活服务领域互联网化,也就是 O2O 模式。O2O 模式成功地将互联网、传统生活服务类商户、消费者结合,这也和这一时期物流业快速发展密切相关,如热点关键词最后一公里,致力于打通物流配送的最后一个环节。同时也出现了 B2B 平台转战互联网金融、互联网金融风险凸显、互联网金融体系化等关键词,见证了互联网金融从起步到成熟。随着人们在网络上的行为越来越多,积累的数据越来越多,也催生了诚信体系的形成,并在一定程度上减小了互联网金融的风险。这一时期谈得最多的、最热门的话题还包括大数据,因为人们能够被互联网捕捉到的数据越来越多,互联网的数据每年增长率都在 50% 以上,所以在如此海量的数据基础上,通过云计算技术处理,其成果能更好地服务于各行各业、政府、消费者,让其行为更加高效、智能化。(5)共享经济、营销升级、分享经济出现阶段(2015—2016)。共享经济的五个要素是闲置资源、使用权、连接、信息和流动,意义在于让资源最大化地被利用,产生更大社会价值。在这一阶段最成功的共享经济代表有优步(Uber)、滴滴、小黄车(OFO)等,但是其还有很大的发展空间。过去电商企业一般通过电商平台、媒体、行业网站等来营销,但是我们看到这一时期热点关键词包括精品质消费、亚文化＋微社群、时点经济、新体验场、流动的品牌、网红经济、泛娱乐营销、网红经济网络平台监管,可见消费者消费习惯已经发生改变,他们更加注重品质和产品体验,人们对网红、娱乐的关注也造就了网红经济、泛娱乐营销等新的营销方式。另外在2016年还出现了关键词分享经济。分享经济是将社会海量的分散的闲置资源平台化、协同化地集聚,将复用与供需匹配。知识经济与共享经济、分享经济有相同之处,都是将闲置资源更大化地利用。只是知识经济的对象不是具体的实物,而是相对看不见的知识、技能。共享经济、分享经济、知识经济将是电子商务领域的发展趋势。

综上所述,从国内外文献研究的主题来看,国外的研究领域更加全面、细化,如在国外电子化阶段,已经有体验、社区、风险、安全、电子商务税方面的研究,而国内同时期热点主题是知识经济、市场营销、信息产业、网上交易、企业变革等,专注于互联网的应用。国内研究相对于国外研究存在一定的滞后,如国外在2005—2009年已经涉及个性化研究,而国内从2012年才开始;对于电子商务税、安全方面的研究,国外在2002年就形成了热点,而国内在2010年才开始真正关注。这也和我国"先发展、后治理"的政策和电子商务发展进程存在一定的关系。国内研究更加倾向于从政府部门治理角度出发,为政府部门出谋划策,而国外研究倾向于从市场、消费者的角度出发,为市场、消费者提供研究成果,这也是国外研究领域更加全面,对用户隐私、行业规范研究更多的原因所在。国内研究在各个阶段都非常注重电子商务的应用,而国外研究则更加注重电子商务研究领域、研究体系的建设。

电子商务研究专注于电子商务的成功应用以保证整个市场的健康的发展,但是电子商务年度热点主要集中在对电子商务新模式、新变化等前瞻性概念的追逐方面,所以两者的出发点不一样,但是探讨的对象相同。从国内电子商务文献研究和国内电子商务发展情况来看,电子商务研究是落后于电子商务市场的,如2015—2016年热点词是共享经济、分享经济、新营销(新零售),而电子商务文献研究热点则没涉及,这也和学术研究习惯有关,立足于已有问题提出建议和趋势,所以学术研究负责解决已存在的问题和普遍性问题,而不能够引领趋势和潮流。虽然电子商务研究滞后于市场发展,但是从其研究阶段来看,电子商务研究还是吻合市场发展需求的,如电子商务发展进程热点在电子商务研究热点中85%以上都有涉及,只不过电子商务研究更加关注这些热点背后的业态和热点涉及的一系列环节和对象。从热点的关注点来看,市场热点相比较研究热点动态性更强,比如热点现象B2B模式企业向垂直行业转变,B2C模式企业向平台化转变,市场会关注的是此种变化对其他模式、其他企业、整个市场的格局影响,以及之后的变化,而电子商务研究则关注此种模式转变的可行性和趋势,所以电子商务研究相对偏向于静态,没有过多考虑到市场的动态变化。

3. 主题分布

高频关键词共现网络图可以表示不同关键词之间的紧密程度。对电子商务高频关键词共现分析是为了探索近 20 年来电子商务领域重点研究主题之间的关系。图 4.4 和图 4.5 分别为 CSSCI 和 SSCI 关于电子商务研究论文高频关键词共现网络图,其中两图中的节点大小代表关键词出现的次数,节点越大,代表其出现的次数越多。关键词之间的连线代表两关键词共现,且连线的粗细代表共现的次数,连线越粗,共线次数越多。

由图 4.4 可知,节点普遍偏小,研究主题显然不够集中。另外关键词间的连线较为稀疏,关键词间较粗的连线非常少,表明关键词间的联系不够紧密。处于最内层的,同时也是和其他关键词共现次数最多的关键词有网络营销、国际贸易、B2B、B2C、中小企业、企业信息化、物流配送、供应链管理、电子商务网站等一系列企业进行电子商务基础设施的研究。可见我国电子商务研究的重心还是集中在企业电子商务应用层面。

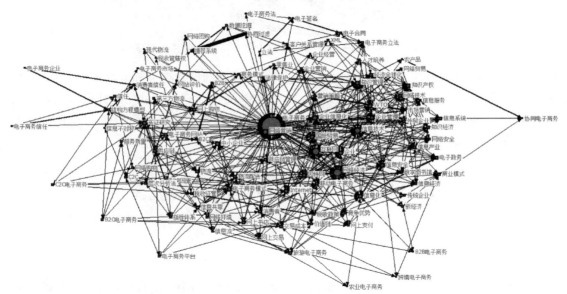

图 4.4 CSSCI 关于电子商务研究论文高频关键词共现网络

从图 4.5 中的节点大小来看,高频关键词出现的次数都很高,且大小相差不大,表明国外电子商务研究重心分布较为均匀。同时关键词之间的连线密集,且线条较粗的连线非常多,说明关键词之间的联系较为紧密。其中,处于最内层的关键词包括信任、质量、满意、风险、消费者行为、信息质量、文化、隐私、服务、供应链管理、信息科技等,且尤其信任出现次数最多,尤其信任所处节点最大,说明国外电子商务研究重点集中在消费者行为规律和电子商务信任的研究。

综上所述,国外 1998—2016 年的热点关键词较国内出现的频次更高,且各个研究热点间的联系程度更加紧密,可见国内研究相对而言更加分散,且还未形成体系化、系统化的研究框架能将热点问题紧密联系起来进行集中化、交叉式的讨论。另外从中心度来看,国内共现网络的中心化关键词有网络营销、国际贸易、互联网、中小企业、供应链管理、企业信息化、

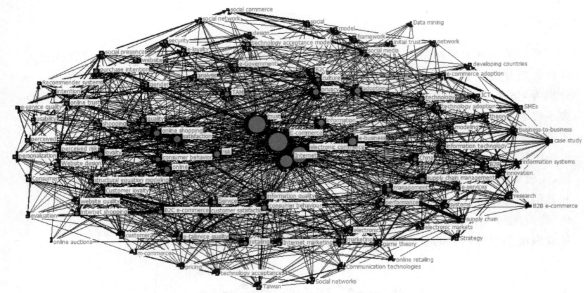

图 4.5　SSCI 关于电子商务研究论文高频关键词共现网络

网络经济等,可见国内电子商务研究还是以电子商务的基础设施研究和互联网的应用为主。而国外研究中心词包括信任、满意、风险、消费者行为、文化、隐私等,可见国外的研究热点更加细化,研究对象已深入消费者端,可见国外研究相对成熟。且国外研究更加重视信息安全、用户隐私方面的研究。

第四节　电子商务研究的发展流派

一、跨学科概貌

对电子商务研究的学科分布的分析能了解该领域学科之间的交叉情况和所涉及的学科范围。1998—2016 年间,CSSCI 电子商务研究所涉及的论文数量最多的学科主要包括 7 个。其中,经济学学科论文最多,共计 1786 篇,其次是图书馆、情报与文献学和法学,分别为 253 和 121 篇,新闻与传播学、教育学和统计学论文篇数均少于 100 篇,与经济学论文数量相比相差甚远,说明我国电子商务研究学科分布较为集中,尽管在学科分类中属于管理学科,同时该领域具有较为明显的跨学科特征,但是在具体的研究论文中却以经济学为主,目前的研究涉及的学科范围较窄,学科之间的交互性也比较薄弱。

与国内研究不同的是,国外电子商务理论研究具有较为突出的跨学科交叉特征。国外电子商务研究主要分布在 13 个学科,其中商业、管理学、计算机科学信息系统、信息科学与图书馆科学论文篇数均超过 300 篇,运营研究、管理科学、计算机科学与跨学科应用、计算机科学人工智能论文篇数在 200～300 篇,其他 6 个主要学科包括经济学、计算机科学软件工程、工程工业、心理学、计算机科学控制论、人体工程学等,它们的论文篇数均在 100～200

篇。由此可见,国外电子商务研究学科分布较广,跨学科交叉性特征显著,以商业、管理、计算机科学、图书情报为主,且与计算机科学的各种应用学科大量结合,另外涉及消费者研究的学科还有心理学、人体工程学等。

二、核心期刊与边缘期刊分布

根据布拉德福定律,可以把期刊分为三种类型:核心期刊、相关期刊、边缘期刊。具体是在期刊论文数量降序排列的基础上,把所有文献等分为三个部分,这三个部分文献所属期刊数量呈现 $1:N:N^2$。其中,第一个区域为该领域的核心期刊区,第二个区域为相关期刊区,第三个区域为边缘期刊区。

CSSCI 中所有文献共 2884 篇,所发表的期刊 356 种,等分之后,这三部分期刊数分别为:12、63、281,三者之比为 $1:5.25:23.417$,N 约等于 5,基本符合布拉德福定律。SSCI 中所有文献共 3453 篇,所发表的期刊 592 种,等分之后,这三部分期刊数分别为:15、93、486,三者之比为 $1:6.2:32.4$,N 约等于 6,也基本符合布拉德福定律。从表 4.4 中可以看出,国内电子商务研究排在前三位的核心期刊都是情报与信息收集类的期刊,且所有核心期刊中,四种情报与信息类的期刊载文量占 53.43%。可见国内电子商务研究以图书情报领域为主,但也与经济、管理、统计、科技、税务类研究有所交叉。

表 4.4　CSSCI 和 SSCI 核心期刊论文发表数量(1998—2016 年)

CSSCI 期刊名称	论文数量	SSCI 期刊名称	论文数量
情报杂志	241	ELECTRONIC COMMERCE RESEARCH AND APPLICATIONS	145
情报科学	147	INTERNATIONAL JOURNAL OF ELECTRONIC COMMERCE	111
图书情报工作	86	DECISION SUPPORT SYSTEMS	105
科技管理研究	80	INFORMATION AND MANAGEMENT	99
科技进步与对策	60	COMPUTERS IN HUMAN BEHAVIOR	86
统计与决策	57	JOURNAL OF MANAGEMENT INFORMATION SYSTEMS	81
中国流通经济	57	INTERNATIONAL JOURNAL OF INFORMATION MANAGEMENT	73
经济管理	52	JOURNAL OF ELECTRONIC COMMERCE RESEARCH	70
生产力研究	50	INTERNET RESEARCH	63
中国软科学	43	ELECTRONIC COMMERCE RESEARCH	63
税务研究	40	EXPERT SYSTEMS WITH APPLICATIONS	62
情报理论与实践	40	JOURNAL OF COMPUTER INFORMATION SYSTEMS	56
		BEHAVIOUR AND INFORMATION TECHNOLOGY	53
		MIS QUARTERLY	51
		JOURNAL OF BUSINESS RESEARCH	50

国外期刊中已经开辟了电子商务的专刊,其核心期刊中排名前两位的就是电子商务研究的期刊,所有核心期刊中电子商务研究的期刊有四种,其期刊载文量占 33.8％,信息管理类期刊也有四种,占 26.4％,人类行为研究期刊两种,占 12.7％,其他包括决策、计算机、商业、互联网研究的期刊。可见国外对电子商务的研究更为重视,非常注重信息和数据的收集,且会涉及国际上电子商务和信息管理的研究,另外有 12.7％的核心期刊论文是对人类行为的研究,也就是对消费者行为的研究,说明国外电子商务研究方法与研究对象都非常多样化,相比国内研究更为成熟。

第五节　电子商务的研究趋势判断

1.电子商务研究不仅应该追求数量,更要保证质量

从总体来看,国内相比较国外关于电子商务的核心论文数量偏少,这并不意味着国内对于电子商务的关注度低,在知网上检索得到 1998—2016 年关于电子商务研究的文献达43214 篇,且每年呈递增趋势,足以说明我国对电子商务重视程度。数据表明在 CSSCI 上1998 年到 2001 年论文数经历了爆炸式的增长,增长来源于国内对电子商务的空前看好,但是 2001 年互联网泡沫破灭了之后,核心论文数量一直处于下降趋势,直到 2013 年才有小幅度的反弹,之后一直呈下降趋势,说明我国电子商务研究的核心论文数量容易受市场所左右,在互联网市场处于启蒙阶段,核心论文暴增,移动互联网兴起时,也引起了核心论文数量的小幅度增长,但随着市场越来越成熟,核心论文数量反而越来越少。2016 年国内核心论文只有 67 篇,而国外核心论文有 357 篇,且国外在 2001 年互联网泡沫破灭时期、2008 年金融危机时期、2012 年移动互联网的兴起时期,核心论文都出现了大幅度的增长,总体趋势逐年递增。足以说明我国关于电子商务的研究水平有待加强,不应该仅仅追求量,更应该追求质,而且核心论文数量不应该过多地受互联网市场发展的波动和成熟度所左右。

2.完善电子商务研究的研究领域、理论框架

将国内外高频被引文献的发表年限、期刊、研究主题、被引频次进行对比研究可以发现,国内高频被引文献发表年限跨度太大,说明我国电子商务研究领域、对象还在不断完善。我国高频被引文献引用频次远低于国外,说明我国电子商务权威文献还不够多,开创性文献缺乏,另外文献与文献之间的继承性不够强。国内外高频被引文献在电子商务系统和消费者方面的研究存在共同点,但是在用户隐私、安全、行业规范面则没有,再一次说明国内研究领域是存在缺陷的。所以研究应该完善电子商务研究领域,不应该有问题时才解决问题,另外还要注重电子商务理论框架的搭建,增强文献与文献之间的继承性。

3.重视、加大对信息安全和用隐私的研究

国内高频被引文献主题分布在电子商务网站、电子商务体系的构建和演化、价格竞争和

市场竞争、消费者消费环节问题。国外高频被引文献主题分布在消费者信任、商品定价、用户隐私、信息传播效应、交换关系的不确定性、电子商务系统模型。可见在国外在用户隐私和信息安全方面的论文被引频次很高,国外研究对信息安全和用户隐私十分重视,而且形成了一定的体系。不管在任何时候用户隐私和信息安全都是十分重要的,也是最基本的,但是国内研究对此还没有足够的重视,同时存在很大的空缺,所以国内研究应该加大对用户隐私和信息安全的研究。

4. 加大对互联网规则、制度、法律建设的研究

国内 1998—2016 年关于电子商务的研究分为七个阶段:初探阶段、应用阶段、数据挖掘阶段、连接阶段、消除不确定性阶段、个性化阶段、大数据阶段。国外 1998—2016 年关于电子商务的研究分为五个阶段:电子化阶段、用户阶段、个性化阶段、建立信任阶段、规范阶段。国内和国外的演化过程是有相似之处的,如初探阶段和电子化阶段,都是将线下的商业环节"搬上网",消除不确定性阶段和建立信任阶段都是致力于打破传统的消费观念。但是存在较大不同的是国内研究更加侧重于互联网的应用,将互联网应用于商业的各个环节和角落,也间接造成了我国的互联网的应用处于世界前列,如支付、O2O 等,现阶段也非常重视用户行为的采集和用户数据的应用,并且在智能化、个性化推荐方面起到一定的作用。国外则更加侧重于风险、安全的研究,另外现阶段也越来越重视专利、知识产权、立法方面的研究,而且已日趋成熟。而我国关于互联网立法、知识产权方面的研究极度缺乏,还没引起足够重视。在快速发展过程中一定要注重规则、制度建设,所以我国应该加大对互联网规则、制度、法律建设的研究。

5. 研究热点不够集中、热度过于极端化、联系不够紧密、着眼点过大

从 1998—2016 年国内外关键词共现网络图中可以发现,国内电子商务研究论文中心化关键词节点不够大,也就是出现频次相比较国外不够多,出现研究热点过于分散的现象。同时比如像"网络营销"这个关键词在近 20 年的文献中出现次数远远高于其他关键词,使得关键词热度过于极端化。关键词之间的连线代表联系,连线粗细代表其紧密程度的强弱,显然国外研究热点之间联系的紧密程度要优于国内。另外,国内中心化关键词有网络营销、国际贸易、B2B、B2C、中小企业等,而国外关键词有信任、质量、满意、风险、消费者行为等,国内研究热点相比较国外显然过大、过于宽泛,可见国外关于电子商务研究更加细化,我国这方面还有待加强。

6. 文献研究跨学科范围过窄、过于集中于某一学科

从电子商务研究文献所属学科来看,国内文献从属于 7 个学科,且绝大部分集中于经济学和图书情报学,而国外研究从属 13 个学科,学科分类也更加细化,主要集中于商业、管理、计算机信息系统、信息科学等,各学科之间的分布也更加均匀。从电子商务研究文献所发表期刊来看,国内核心期刊 12 种,国外核心期刊 15 种,国内研究所在期刊依然集中于经济管理类和图书情报类期刊,国外已经有专门的电子商务期刊,且占到核心期刊 4 席,另外信息

管理、人类行为、商业、计算机类期刊比重也较大。不同的研究对象涉及不同的学科,所以国内研究应该尝试应用更多的学科进行电子商务的研究。

7. 新模式、新营销、大数据、互联网金融的研究热点

根据我国电子商务市场年度热词来看,近年来市场热点有分享经济,代表模式有社交电商、顺风车、闲鱼等,已经在市场上经过检验;还有共享经济,共享 WiFi 的代表是必虎 WiFi,共享出行的代表是 Uber、滴滴,共享空间的代表是爱彼迎(Airbnb),从共享汽车、房屋这些大件,到共享雨伞、篮球、玩具、服装这些小件,乃至共享健身、厨房、洗衣等,共享经济正不断推陈出新,以百变之姿渗透我们的日常生活。可见分享经济和共享经济将逐渐在各领域蔓延看来,也将受到学术界的关注。以前"酒香不怕巷子深",而现在必须要产品好,还要营销强,在互联网上现在缺的不是信息,而缺少分类、精品的信息,然后将其合适的方式推给合适的人群。所以在近年来新的营销方式也成为关注热点,如网红经济、自媒体内容营销、微博粉丝经济、泛娱乐化营销、时点经济("双十一""双十二")、流动的品牌、亚文化+微社群、新体验场(线下体验店)等,这些新的营销方式已经在市场上发生效力,也是我国零售业营销的巨大变革。马云说,大家还没搞清 PC 时代的时候,移动互联网来了,还没搞清移动互联网的时候,大数据时代来了。虽然在 2015—2016 年期间大数据俨然已成研究热点,但是我国大数据的研究还刚刚起步,而且现在大数据应用的范围和程度存在一定的局限,相信在将来大数据的应用将在互联网行业全面开花。传统金融机构则主要服务于大企业,而融资难一直都是中小企业的痛点。从政府不断出台的金融、财税改革政策中不难看出,惠及扶持中小微企业发展已然成为主旋律,占中国企业总数 98% 以上的中小微企业之于中国经济发展的重要性可见一斑。而从互联网金融这种轻应用、碎片化理财的属性来看,相比传统金融机构和渠道而言,则更易受到中小微企业的青睐,也更符合其发展模式和刚性需求。虽然在 2014—2016 年互联网金融也是电子商务研究热点,但在其合规性和风险管理上还存在问题。所以互联网金融仍然是未来电子商务的研究重点。所以新模式、新营销、大数据、互联网金融将成为未来电子商务研究热点。

8. 电子商务文献研究应该和市场更近一点,不仅为政府部门服务,也应该着眼于市场和消费者

电子商务研究致力于对社会已有问题和不足进行探讨,而且研究必须要有普遍意义,因其一般为政府部门出谋划策,所以电子商务文献研究相对于发展过程中的热点问题存在一定的滞后,因为市场上关注的热点问题一般是前瞻性的趋势和未来急需解决的问题。从 1998—2016 年的电子商务文献研究关键词和 2000—2016 年电子商务发展过程中的关键词来看,电子商务研究的热点是存在一定程度的滞后的,如 2012 就炒得火热的 O2O 模式、互联网金融、大数据,在 2015 年的电子商务研究热点中才出现。电子商务研究热点与电子商务发展过程热点存在很大差别,如中心化的研究热点有国际贸易、中小企业、供应链管理、信息技术、信息安全,而在实际发展过程中鲜少出现这样的词汇,实际发展过程关注点一般是新的营销方式、新的模式、新的变化,这就造成我国关于电子商务的研究更多地服务于政府

部门,由于其出发点不一样,所以这些成果很难为市场创造价值。而国外研究则更多地从市场出发,从消费者出发,如注重消费者消费风险、隐私和信息安全,信息技术、行业规范建设的研究,使得国外电子商务研究成果广泛服务于企业和消费者,为其提供指导性意见。所以电子商务研究在为政府部门提供建议的同时,也应该与市场同步,让市场少走弯路,政府只是电子商务发展的服务者,而真正决定其发展的还是市场本身。

　　本章虽然涉及对电子商务流派的阐述,但只是从其所属学科、所发表期刊两个方向入手,没有将这些研究热点背后主要的观点、主要的作者、主要机构、主要的研究支持基金进行进一步挖掘,相信这方面的研究能对我国电子商务的研究现状、核心作者、核心机构、核心的研究支持基金有一个更加清晰的呈现,并且能够在一定程度上对学者、机构、研究支持基金的着力点方面给予参考和指导。通过高频被引文献来确定核心文献,只能是初步地对核心文献进行筛选,所以核心文献的选取不够准确。通过布拉德福定律来确定核心期刊,但是国内的期刊包容性过大,导致核心期刊在论文所属学科上解释力不足。本章仅仅选取中文社会科学引文索引,但这并不能完全代表当前电子商务的研究现状。

电子商务应用篇

第五章　电子商务与经济增长

第一节　电子商务指标的测度方法研究

在研究电子商务与经济增长的关系的过程中，首先需要对电子商务指标进行统计与测度。国内外对电子商务指标体系以及电子商务交易额的计算方法均有不同的侧重点与框架，本章节着重介绍常见的国内外电子商务统计指标体系。

一、国外主要电子商务测度指标体系

从当今社会电子商务的发展状况和人们对电子商务的重视程度来看，在实际统计中，指标的可度量性是决定统计工作可操作性及统计数据质量可靠性的关键。电子商务统计指标体系由三部分组成，即准备度（Readiness）、应用度（Intensity）和影响度（Impact）三个方面。

（1）电子商务准备度。这部分主要反映互联网服务提供商、电信服务提供商、电话线路状况以及使用互联网和外联网途径、阻碍电子商务的因素、掌握信息技术的雇员人数、电子商务（信息化）建设支出、互联网主机数目等。电子商务的准备度决定了电子商务发展所必需的技术、商务和社会基础设施如何，测度重点为电信基础设施及整个社会掌握信息技术的能力。

主要指标：固定和移动电话用户数、互联网服务商规模、互联网上网人数、网站数量等。

（2）电子商务应用度。这部分主要反映互联网使用量和频率、对互联网使用的预期、互联网普及率、电子商务交易次数和价值。电子商务的应用度是电子商务发展的规模和应用程度。该指标反映了电子商务交易活动的规模、增长速度，以及电子商务事务处理或业务活动的主要性质。

主要指标：电子商务销售额、采购额，采用电子商务交易方式的企业数、占比，商务活动中使用计算机和互联网的企业数、频度、占比，哪些产品或服务使用电子商务较为广泛等。

（3）电子商务影响度。这部分主要反映电子商务对公司业绩的影响（成本、利润、时间等），以及对国民经济的促进等。该指标表明了电子商务的附加价值和乘数效应，例如电子商务对服务业创新的影响研究，电子商务对企业业务流程的影响，电子商务对经济增长方式

的转变,对社会经济活动效益的提高,对新兴产业的形成等。

随着时间的推移,特别是各国信息化水平的提高,全社会对于三个方面的电子商务指标的需求也在发生变化。具体关系可以用"S 曲线"来表示。

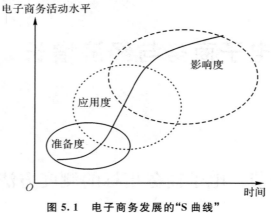

图 5.1　电子商务发展的"S 曲线"

对于企业、政府、家庭等各部门的电子商务发展过程来讲,图 5.1 中的准备度、应用度和影响度等三方面指标都是适用的。实际上,一个国家经济中的行为主体(企业、政府、家庭等各部门)可以分别处于不同的发展水平上。在某个发展阶段用于考察电子商务的指标,经常可以在另一个阶段以相同的或略微不同的方式加以应用。以 OECD 构建的指标体系为例,表 5.1 和表 5.2 对衡量电子商务方面的优先度进行了比较。

表 5.1　衡量电子商务优先度的比较

内　容	优先衡量的方面	次优先衡量的方面
统计指标	电子商务的"准备度"和"应用度"	电子商务对社会经济的"影响"
部门	企业部门,家庭(个人)部门	政府部门
定性或定量	主要是定性	许多定量指标
交易或过程	电子商务交易	电子商务的商务过程

表 5.2　电子商务统计优先衡量的指标

"准备度"指标	"应用度"指标
计算机的可获得性	计算机使用的程度
接入 WWW	网站的使用率
接入互联网	互联网使用的程度
ICT 技术	使用互联网进行销售和购买的金额
ICT 技术应用的障碍	在电子商务活动中,网络上支付的金额
认为 ICT 技术应用的益处	在互联网上购/销的产品类型
	在互联网上购买产品的地点

结合具体部门,同一个指标的衡量优先程度还会有所不同(见表 5.3 和表 5.4)。

表 5.3　电子商务"准备度"指标的优先度排序

指标类型	具体指标	理由和排序
拥有计算机	(1)拥有计算机的经济单位的数量和比例 (2)拥有计算机的经济单位中雇员的数量和比例	指标简单,容易搜集和编制。提供了易于理解的指标,与中小企业(SME)非常相关。 企业——高 家庭——高[仅指(1)] 政府——低
接入互联网	(1)接入互联网的经济单位的数量和比例 (2)接入互联网的经济单位中雇员的数量和比例	指标简单,容易搜集和编制。提供了易于理解的指标,适于衡量信息经济和社会。 企业——高 家庭——高[仅指(1)] 政府——高
ICT 技术	(1)具有相关技术的人员比例 (2)缺乏 ICT 技术的经济单位比例	指标与政策高度相关,但技术的衡量非常困难。技术缺乏可以通过态度调查来衡量。 企业——中 家庭——低 政府——低
ICT 技术应用的障碍	(1)发现具有某些障碍的经济单位的数量和比例 (2)发现具有某些障碍的经济单位的雇员数量和比例	新技术应用的障碍是政府非常关心的问题。但数据本质上是态度方面的,因此可能不可信。障碍在政府部门的重要性更低。 企业——中 家庭——中 政府——低
认为 ICT 技术应用的益处	(1)发现具有某些益处的经济单位的数量和比例 (2)发现具有某些益处的经济单位的雇员数量和比例	同上述障碍问题。 企业——中 家庭——中 政府——低

表 5.4　电子商务"应用度"模块指标优先度排序

指标类型	具体指标	理由和排序
计算机的实际使用和计划使用	(1)每人每周的使用小时数 (2)每人每周的使用频率 (3)计划购买计算机的经济单位的数量和比例 (4)进行某些商业过程/活动的经济单位的数量和比例	(1)和(2)是互联网使用的重要指标,但不是特别针对电子商务。(3)也类似,但主要针对家庭及其使用。某些商业过程/活动对政策用户具有重要作用。 企业——高[仅指(4)];其他——低 家庭——高[仅指(4)];其他——低 政府——高[仅指(4)];其他——低
网站的使用	(1)拥有网站的经济单位的数量和比例 (2)在网站上进行某些商业过程/活动的经济单位的数量和比例	使用网站进行电子商务活动是信息经济发展的重要指标。 企业——高 家庭——低 政府——高

指标类型	具体指标	理由和排序
基于互联网（IP）的网络的实际使用和计划使用	(1)每人每周的使用小时数 (2)每人每周的使用频率 (3)计划使用基于 IP 的网络的经济单位的数量和比例 (4)进行某些商业过程/活动的经济单位的数量和比例	使用小时数和使用频率统计数据主要与个人有关，因此搜集更困难，较少作为企业和政府部门电子商务指标使用。 企业——(1)和(2)低；(3)和(4)高 家庭——(1)和(2)高；(3)和(4)低 政府——(1)和(2)低；(3)和(4)高
进行的销售/购买	(1)通过基于 IP 的网络进行销售/购买订单的经济单位的数量和比例 (2)通过其他基于计算机的网络进行销售/购买的经济单位的数量和比例 (3)使用基于 IP 的网络的销售/购买金额 (4)使用其他基于计算机的网络进行销售/购买的金额 (5)使用基于 IP 的网络进行销售/购买的比例 (6)使用其他基于计算机的网络进行销售/购买的比例	销售和购买的金额是政府非常关注的问题。但许多国家在经济发展的这个阶段都难以搜集，因为没有大量的经济单位进行这类交易。 企业——高 家庭——高 政府——高
销售/购买的产品和服务类型	(1)进行某些类别产品和服务的销售/购买的经济单位的数量和比例 (2)某些类别产品和服务的销售/购买的金额	家庭调查成功地编制了这类指标，但对于政策目标，优先度要低得多。 企业——低 家庭——中 政府——低
销售/购买的产品和服务的地点（来源或目的地）	(1)从海外进行销售/购买的经济单位的数量和比例 (2)从海外进行销售/购买的金额	这类指标对政策制定者有些意义，但在许多场合，调查对象不知道来源和目的地。 企业——低 家庭——低 政府——低

二、国内主要电子商务测度指标体系

从目前国内有关电子商务的统计调查综合起来看，已经涉及电子商务内容或仅包含电子商务一些指标的统计调查主要有四个（见表 5.5—5.8）：

一是从网民角度开展的中国互联网络发展状况统计调查。由中国互联网络信息中心（CNNIC）组织实施。

二是从地区和全国角度开展的 CII 中国电子商务总指数指标体系研究与指数测算统计调查和综合测评。由国家统计局国际统计信息中心（ISIC）与中国互联网研究与发展中心（CII）共同进行。

三是侧重于企业应用环境和发展规模情况的企业互联网应用和电子商务发展水平统计调查。由国家经济贸易委员会贸易市场局同中国社会科学院信息化研究中心，以及北京大学网络经济研究中心共同组织实施。

四是从侧重于企业经营与销售规模及设备情况的企业电子商务发展现状调查。由赛迪顾问有限公司(CCID)实施。

表 5.5 CNNIC 中国互联网络发展状况统计调查指标体系

统计调查的名称	统计调查的目的	主要指标
中国互联网络发展状况统计调查	从网民角度了解： (1)中国电子商务的应用基础——互联网基础设施和应用情况 (2)中国电子商务的应用情况(主要是定性调查)	(1)上网计算机数 (2)网民数 (3)中国宽带总量 (4)网民个人特征 (5)网民是否经常访问购物网站 (6)网民是否通过购物网站购买过商品或服务 (7)网民网上购物的原因 (8)网民在网上购买过哪些商品或服务 (9)网民认为网上哪些商品或服务还不能满足需求 (10)网民一般采用哪种付款方式 (11)网民一般选择什么送货方式 (12)网民认为目前网上交易存在的最大问题是什么

表 5.6 CII 中国电子商务总指数指标体系

统计调查的名称	统计调查的目的	主要指标
CII 中国电子商务总指数指标体系研究与指数测算	以综合及分类统计指数的形式,对地区的电子商务发展水平进行综合测算,通过测算结果来了解全国及各地区电子商务发展水平	该测算体系由电子商务总指数以及 9 个分类指数构成,电子商务总指数包括： (1)电子商务交易类指数 (2)电子商务效益类指数 (3)电子商务基础设施类指数 (4)电子商务人力资本类指数 (5)网络景气类指数 (6)电子商务用户满意度类指数 (7)政策环境类指数 (8)电子商务安全类指数 (9)电子商务发展潜力类指数

表 5.7 企业互联网应用和电子商务发展水平统计调查指标体系

统计调查的名称	统计调查的目的	主要指标
企业互联网应用和电子商务发展水平统计调查	从企业角度全面了解中国的互联网应用情况、电子商务发展水平	(1)企业上网数 (2)企业拥有网站数 (3)开展电子商务的企业数 (4)从事网上采购和销售业务的企业数 (5)企业网上采购、销售商品和提供服务的数量及金额 (6)企业网上订单采购和销售占企业同期采购总额和销售总额比重 (7)网上售后服务及送货方式 (8)网上支付手段 (9)企业负责互联网及电子商务工作人员所受教育情况

表 5.8　企业电子商务发展状况统计调查指标体系

统计调查的名称	统计调查的目的	主要指标
企业电子商务发展现状调查	从企业角度了解中国的电子商务情况： (1)互联网建设情况 (2)B2B 情况(B2B) (3)B2C 情况(B2C)	(1)B2B 网站数 (2)B2C 网站数 (3)B2B 网站分布 (4)B2C 网站分布 (5)B2B 网站销售商品和服务的种类 (6)B2C 网站销售商品和服务的种类 (7)B2B 网站投资额 (8)B2C 网站投资额 (9)B2B 销售额 (10)B2C 销售额 (11)支付方式 (12)售后服务方式

第二节　专题研究：国内外有关电子商务与经济增长之间关系的研究进展

近年来关于电子商务对经济影响的相关研究方兴未艾，国内外学者在相关研究领域都取得了较好的研究成果。

一、国内学者有关电子商务与经济增长关系的研究现状及动态分析

国内学术界的理论研究表明电子商务对经济增长具有明显的促进作用。国内学者侧重利用定性描述或者建构统计指标体系来评价电子商务对经济的贡献或作用，如谢康(2005)认为在宏观经济层面上，电子商务的经济效用可以被看成是一种技术创新。张红历等(2007)利用新兴古典经济学理论定性分析了具有网络效应的电子商务内生的条件，以及电子商务对经济增长产生的主要作用和动力机制。桂学文(2013)通过构建一套电子商务促进经济发展效果测度指标体系深入研究了中国涉农电子商务对经济发展的影响程度。黄睿君(2010)将电子商务因素引入道格拉斯生产函数中并加以分析，发现电子商务确实与国内生产总值有一定的相关性，但他选取的因子并不能完全代表电子商务的发展情况。范玉贞等(2010)根据电子商务和经济增长理论，利用一般回归模型分析了电子商务发展对国民经济增长的作用机制。杨坚争等(2011)运用道格拉斯函数变形对电子商务与经济增长进行了实证研究，实证分析结果显示，电子商务的弹性系数为正值，表明电子商务对经济增长具有明显的促进作用。陈小红(2011)通过层次分析法、模糊数学方法结合的方法研究电子商务对经济增长贡献的评价方法，并通过新古典经济学模型方法与新兴古典经济学优化模型结合的方法进行电子商务对经济增长贡献的评价。但新兴古典经济学理论和模型方法由于其参数的计算比较困难，很难应用到实际问题的评价分析之中。王蓓(2017)采用多元回归方法

对电子商务发展与经济增长的关系进行实证研究,并证明二者之间存在正相关关系,且相关系数较大。唐红涛、朱晴晴(2017)探讨了电子商务与经济增长的非线性关系,通过建立一个理论模型,从产业经济效应、区域经济效应、城乡协调发展三个方面进行了理论分析,发现企业、消费者、环境、政府等因素都能够通过作用电子商务来影响经济增长。庄子银等(2017)利用菲德模型讨论电子商务的外溢效应与经济增长的关系,并基于2006—2015年的数据,测度中国电子商务的外溢效应及其对国民经济的影响。结果显示电子商务显著地推动了三次产业的发展,其中第二产业获得极大的发展红利,而第一产业和第三产业具有很大的提升潜力。温珺等(2015)选择了192个与我国有贸易关系的国家的面板数据,修正引力模型,发现电子商务促进了我国进出口额的整体增长,其中对于我国与发达经济体之间的外贸所起的积极影响更大。方福前、邢炜(2015)从电子商务市场发展与居民消费之间的关系入手,基于微观基础构建具有价格黏性的动态一般均衡模型,发现电子商务市场通过提高消费的边际效用和产品的竞争程度两条机制促进了消费,并且居民人均消费、总消费与电子商务市场销售规模之间呈现"U"形关系。

作为国家战略性新兴产业的重要组成部分,电子商务已成为带动区域投资、促进地区经济新一轮增长的关键产业,在我国区域经济增长中扮演着越来越重要的角色(荆林波,2012),近年来也有少量文献研究了电子商务对区域经济的影响。例如汪明峰(2005)从城市化的角度探讨了各区域之间互联网使用的"数字鸿沟",研究表明电子商务在不同区域的经济增长方面存在差异;张红历等(2010)从信息技术发展的角度研究发现,信息技术及其相关活动(包括电子商务)对我国省域经济增长有显著促进作用,省域间经济增长有显著的空间溢出效应,但是信息技术发展自身的空间溢出对经济增长的促进作用还不显著(孙中伟等,2008)。黄浩等(2012)通过分析中国主要地区电子商务企业的数量、交易额和市场占有率发现,北京、浙江B2C电子商务企业发展领先全国,浙江在B2B电子商务方面占有绝对优势,而广东企业应用电子商务较为普及和成熟。荆林波(2012)从电子商务与城市发展的新视角来研究区域电子商务的发展程度及其影响力,分析了电子商务与城市发展的重要关系,对当前城市发展电子商务的环境和现状做了研究分析,并首次提出城市电子商务影响力评价模型。施莉等(2017)从信息基础、市场供给、市场消费和创新共享四个维度,建立区域经济系统互联网化转型能力评价体系,发现信息服务能力、市场驱动力和创新能力仍是区域适应互联网发展环境亟待解决的问题。李华(2015)运用道格拉斯生产函数对淄博市电子商务人才教育对经济增长的贡献进行实证研究,以分析现有的电子商务人才的结构服务区域经济发展的贡献、差异、实质与成因。新常态下小微企业是促进经济增长不可或缺的力量,但融资难问题却成为制约其发展的瓶颈。吴昊、杨济时(2015)基于第三方电商平台的商业银行的合作,分析小微企业借助电商平台中的交易信息,通过物流、资金流、信息流的闭环应用,有效降低商业银行的金融服务风险。刘峰等(2016)以湖南为例深入研究互联网经济发展中面临的问题并提出对策,使以电子产品、电子商务和电子政务等为形式的新经济成为经济增长的新引擎。从现有文献可以看出我国关于电子商务促进经济发展作用问题的研究还处于起步阶段。

二、国外学者有关电子商务与经济增长关系的研究现状及动态分析

较之国内学者的研究,国外学者自 2000 年左右就开始关注电子商务与经济增长的关系,且侧重研究电子商务对宏观经济的影响程度,多数借助计量经济学模型和可计算的一般均衡模型(CGE)来评估和预测电子商务对发展中国家的影响,认为电子商务对发展中国家GDP 的增长和其他宏观经济变量具有显著的正面影响。如 Martin Brookes 和 Zaki Wahhaj(2000)运用 MULTIMOD 模型(多地区计量经济学模型)估算了 B2B 电子商务模式对美国、日本、德国、英国和法国的宏观经济影响,研究结论认为,B2B 电子商务使这五个国家的GDP 增长了 5%,预测在 2001—2010 年期间 B2B 电子商务将使这些国家的 GDP 在原有基础上增长 10%。随后,美国思科的研究报告显示,1995—2010 年,由于电子商务的普及,美国生产率从年均增长 1.2%提高到年均增长 2.1%,即该期间电子商务使美国生产率预期增长达到 48%;2000—2010 年,电子商务使欧盟生产率从年均增长 1.3%提高到年均增长1.7%,即该期间电子商务使欧盟生产率预期增长达到 30%(Cisco,2002)。也有学者(Kaefer Frederick,Bendoly Elliot.,2004;Dedrick J. 等,2003)通过构建统计指标体系来测算电子商务发展的程度对经济增长的贡献。

与国内部分学者关注角度不同的是,随着新地理经济学的发展和空间计量技术的发展,国外部分学者也开始从空间的角度探讨区域与电子商务的影响效应,研究成果均表明特定的区域环境会对电子商务的发展产生重大的影响。例如,Wrigley N. 和 Currah A.(2006)从演化经济学的视角出发,通过文献分析发现,电子商务所在的区域制度与社会经济文化对电子商务的发展产生影响,这主要是因为电子商务的发展会对区域环境产生路径依赖,分别体现在产业发展的历史轨迹、空间格局、政策环境法律、消费文化传统以及信息技术背景等方面。Kenji Hashimoto(2002)分析了日本电子商务的空间布局,研究结果表明,区域环境特征会影响电子商务格局。Weltevreden J. W. J. 和 Atzema O. A. L. C.(2006,2008)以荷兰典型的电子商务模式为例演绎了区域特征对电子商务的影响,他们的研究发现,与其他发达国家不同的是,荷兰是一个高度城市化的小国,在该国的各个区域,消费者都能拥有较好的购物可达性,这限制了电子商务在荷兰的迅速发展。

三、对现有研究的评述

迅猛发展的电子商务与经济增长之间的关系已成为国内外学者关注的重要课题,上述国内外学者从不同的角度分别对此进行了大量的研究,并取得了丰富的研究成果。但现有研究侧重电子商务对经济增长的影响,从相关的研究对象来看,对电子商务与经济增长之间的关系研究侧重于电子商务这一抽象活动对国民经济的贡献的度量与评价,对电子商务产业的梳理与细分方面的研究甚少。在研究方法上,现有大部分研究仍局限于定性分析或统计性描述,少数学者采用计量经济学方法构建回归模型或者构建指标模型来度量电子商务产业对宏观经济的影响程度。

以中国电子商务 20 年的发展为例,中国电子商务已逐步形成"东部沿海地区"和"西南地区"集聚发展的总体空间格局,呈现以长三角地区(以杭州、上海、宁波、金华、南京为主)为"第一梯队",珠三角地区(深圳、广州、香港)为"第二梯队",渤海湾(包括北京、大连、天津等)为"第三梯队",与中西部地区部分城市带(成都、西安、重庆、长沙等)为代表的"后备梯队"差异化发展的格局。其中长三角、珠三角、环渤海、成渝四大区域的电子商务产业先发优势明显。然而,不同区域电子商务产业发展的巨大差距是当前值得关注的重要社会现实问题,经济相对发达地区电子商务产业的发展优势将进一步扩大区域经济差距,不利于经济欠发达地区的加速发展,从而影响到区域经济的协调发展。

以电子商务细分的产业为例,涉农电子商务是电子商务与农业、农村以及农民相结合的产业模式,在笔者已有的相关研究中也已经关注到中国涉农电子商务与当地的农村经济间存在相互促进的作用,而不仅仅只是单方向的影响作用,笔者将其称为"协同发展效应"。如浙江丽水农村电子商务发展的"遂昌模式"(借助互联网销售当地农特产品,解决农产品"卖难"问题),缙云"北山模式"(全国户外用品的网络集散地),义乌的"淘宝村"(青岩刘村),等等,几乎每个区域的电子商务模式都有自己的特色,且与当地的区域经济特征非常吻合。笔者发现有些经济发达的地区能够促进涉农电子商务的健康有序发展,而涉农电子商务的发展又能推动当地经济的发展;但也存在经济欠发达地区但农业生产极具特色或者由于某个返乡创业的农民自发形成不同的涉农电子商务模式,涉农电子商务的发展又会对当地经济结构产生变革性影响。

第六章 电子商务与国际贸易

第一节 电子商务对国际贸易的影响分析

一、电子商务对国际贸易的积极影响

1. 简化了国际贸易的业务流程

电子商务对国际贸易的主要影响在于使国际贸易业务流程发生了深刻变化。无纸贸易是国际贸易与电子商务相结合的产物。无纸贸易的核心是电子数据交换（Electronic Data Interchange，简称 EDI）技术的应用，即利用计算机和互联网将贸易中涉及的各方当事人及各部门（如商检、银行、海关、税务和外汇管理等）连接起来，通过信息数据的传输，取代了交易前准备、交易磋商、签订合同和履行合同等环节中使用的各种纸质单证，实现了远程、多边以及自动完成交易。电子商务简化贸易流程，避免数据的重复输入，减少人工操作的差错，省时高效，显著降低交易成本。电子商务环境下国际贸易业务流程如图 6.1 所示。

图 6.1 电子商务环境下国际贸易业务流程

2.促进了国际贸易经营主体多元化

首先,电子虚拟企业大量涌现。在电子商务环境下,利用现代化信息技术,可以将单个外贸公司联合形成合作组织——电子虚拟公司,公司间分工协作、优势互补、资源共享、利益共享,完成单个外贸公司无法实现的市场功能。其次,中介型外贸公司减少。电子商务环境下,生产者和消费者直接通过网络接触,对传统国际贸易下中间商——中介型外贸公司的主体地位造成了冲击,而新型中间商电子商务运营商大量涌现,为国际电子商务的普及搭建了贸易平台。再次,中小企业成为国际贸易的重要主体。传统国际贸易体制下,受进出口经营权限制,实力雄厚的大型企业、跨国公司成为国际贸易的经营主体,中小企业只能位居其后,贸易中介机构在国际市场上发挥着十分重要的作用。电子商务降低了从事国际贸易的门槛,众多中小型民营外贸公司甚至个人都可以通过电子商务平台直接参与国际贸易,促使国际贸易的经营主体日益多元化发展。

3.变革了国际贸易的经营管理模式

电子商务改变了传统国际贸易以单向物流为主的运作方式,通过 EDI 和互联网完成全部的贸易活动,即在网上实现了将信息流、商流、资金流和物流整合为“四流一体”的全新经营管理模式。传统国际贸易中的经销、代理和寄售业务大大减少,直接贸易成为重要贸易方式。电子商务消除了传统贸易活动中的物质、时间和空间对交易双方的限制,促使国际贸易经营管理模式发生深刻变革。

4.改变了国际贸易的监管方式

电子商务推动了国际贸易向无纸化和网络化方向发展,促使政府改变了对国际贸易的监管方式。在进出口通关、出口退税、外汇核销、申领发放进出口许可证、进出口商品检验检疫、出口商品配额招标和进出口海关统计等方面实现了电子化,大大提高了监管效率。我国从 20 世纪 90 年代开始分步骤实施“金”字工程,即“金桥”“金卡”“金关”“金税”,为国际贸易的监管奠定了良好的技术基础。1998 年又正式启动了“金贸”工程。2006 年 4 月建成的中国国际贸易电子商务应用平台——“贸自通”(TradeMatics),成为推动国际贸易信息化的政府平台。以上工程的实施,将税务局、外汇管理局、海关、商检和银行等部门与外贸公司联系起来,实现了对国际贸易的动态监管。

5.促进了服务贸易和技术贸易发展

在电子商务的推动下,国际分工全球化、虚拟化程度不断提高,信息成为最重要的生产要素,国际分工的基础从物质资源转向信息资源,生产要素在全球范围内优化配置,实现了帕累托改进。世界市场成为建立在信息技术基础上的虚拟全球电子市场。国际分工和世界市场的新变化引起了国际贸易格局的变化。国际货物贸易中占据主导地位的商品由工业制成品转向信息产品;服务贸易行业不断发展,尤其是包括技术与管理咨询服务、教育服务、医疗服务和法律服务等在内的国际信息服务贸易迅猛发展;国际技术贸易向知识密集型和信息密集型方向发展,信息技术贸易获得了长足发展,成为各国引进技术和产业结构升级的重要途径。总之,电子商务使国际贸易呈现出货物贸易、服务贸易和技术贸易三分天下、齐头并进的格局。

二、电子商务对国际贸易的消极影响

1.加剧了国际贸易中的"马太效应"

第一,发达国家早已意识到互联网对全球经济和产业结构的巨大影响,对内加紧出台政策,促进信息产业发展与信息技术在国民经济各领域的应用,对外积极参与制定全球电子商务统一的框架、协议或标准,以争取在新一轮国际经济竞争中抢占制高点。即发达国家正在加紧利用电子商务构筑新的贸易壁垒,拉大与发展中国家的差距,加剧了国际贸易中的"马太效应"。第二,发达国家凭借雄厚的资金和高新技术优势以及完备的信息基础设施,在电子商务竞争中占据了先机,贸易模式已逐步向国际电子商务方向转变。发展中国家的电子商务发展进程远远滞后于发达国家。电子商务并不一定真正能给发展中国家创造后发优势,反而在一定程度上提高了发展中国家参与国际贸易的门槛,进一步恶化了发展中国家的贸易条件。

2.造成国际贸易中大量税款流失

电子商务在扩大国际贸易额的同时,也为企业国际避税提供了可乘之机。各种避税形式层出不穷,导致税款大量流失。税款的流失主要有以下原因:第一,电子商务环境下的交易活动具有无纸化和虚拟化的特点,贸易主体的经营地点、国籍、收入来源地和课税对象不易确定,增大了税务机关获取税收证据的难度,也难以确定国际税收管辖权,易造成国家间的税收冲突,国际避税、骗取出口退税的现象时有发生。第二,计算机加密技术的发展增大了税务机关收集以及掌握纳税人交易信息的难度。第三,税收征管手段的改进明显滞后于电子商务的发展速度,税收征管的缺位导致应征的税款大量流失。第四,电子商务削弱了中介机构在国际贸易中的地位的同时,也使其代扣代缴和代收代缴的作用随之减弱。税款的流失减少了国家财政收入,尽管世界各国已经意识到该问题的严重性,但真正解决贸易电子化产生的税款流失问题却任重而道远。不仅有赖于信息基础设施建设,实现海关、外汇管理和银行等部门无缝衔接,还要加强国家间税收立法、征管和稽查等方面的合作,难度可想而知。

第二节　电子商务对传统贸易中间商的影响分析

一、贸易中介理论基础

1.贸易中介的定义

贸易中介由来已久,且其在贸易中扮演着不可或缺的角色,作为连接买卖双方的桥梁,贸易中介只有接受跨境电商提出的时代性要求重组自身功能,才能在转型中获得新生。

Spulber 将贸易中介分为两种,一种是会直接参与贸易的中间商,这种情形下贸易中介通过买进卖出来匹配市场需求与供给;另一种是不直接参与贸易的中间商,这种情形下的贸易中间商仅仅是通过发挥纽带作用和信息传达作用来促进交易的达成。

庞春则从贸易中间商利润获取途径将贸易中介分为两类,一类是通过为交易双方提供服务以收取佣金获得利润,一类是通过差价销售来获取利润,此时的贸易中间商会拥有对货物的所有权。

Pena-Lo pez 则将新型的贸易中介分为多种,包括渠道和存储的提供者、市场交换者、买卖促成者、搜集需求系统、拍卖经纪人、虚拟市场、搜索引擎、广告网络、社会关系网站等,以实现资源整合。

2. 贸易中介的功能

(1)传统贸易中介的功能。

通过对贸易中介定义的思考,我们可以知道传统贸易中介至少具备两项基本的功能——商品或服务买卖,信息搜寻和匹配。

早期的外贸文献概括了贸易中间商的四种功能,分别是定价功能、便利交易功能、搜寻匹配功能和担保功能。较之买卖双方,贸易中间商凭借其专业化优势对交易国的社会环境、经济条件更为了解,因而在交易过程中能够提出更为交易主体双方所接受的价格。此外,贸易中介的角色使其能够掌握并匹配完善的市场供需信息,利于跨境贸易的开展,为买卖双方提供便利。最后,贸易中介还能够消除交易时因为陌生而带来的不确定性,保障国际贸易的顺利开展。

(2)新型贸易中介的功能。

跨境电商的发展并没有削弱贸易中介的作用,而是在不断的发展中赋予贸易中介新的功能和形式,卖家会以一种不完全直接的方式来与买家拉近距离,新型贸易中介——跨境电商平台将会免费提供买方、卖方、商品和服务信息,也会以新的形式来实现规模经济、范围经济,并为国际贸易安排恰当的时间和适宜的地点。此外,减少质量方面的不确定性,保证匿名性和调整报价则会引导新型贸易中介向更加专业化的方向发展,同时促进贸易的增长。

3. 贸易中介理论

(1)贸易成本探寻。

贸易成本,从广义上来讲是指除了商品生产的边际成本外,最终获得商品的所有成本,有运输成本、批发和零售的配送成本、政策壁垒(关税和非关税壁垒)成本、合同实施成本、汇率成本、法律法规成本及信息成本等。而恰好,在国际贸易中,跨境物流价格高,因而带来的运输成本和配送成本就相对高昂。而为了认识到交易方的政治政策环境,需要投入大量的时间和人力、财力,因而所要收集相关信息的成本也会增加,且具有相当的难度。在外贸中,汇率的波动不可避免,因而存在着汇率风险。综上看来,贸易成本是贸易中必须引起足够重视的影响因素,只有降低贸易成本,交易主体间的阻碍力才会越小,而这时进行跨境贸易才会有利润,也才会有进行跨境贸易的动力和可能性。

贸易成本对于企业的出口方式有着最为直接的影响,这一点在冰山贸易成本理论中可以得到有力的佐证。Anderson和Wincoop对贸易成本进行了细分。首先明确贸易成本包括商品到达最终用户手里的所有成本,除了生产商品时的生产成本。其次,贸易成本可分为可变贸易成本和固定贸易成本。可变贸易成本会受贸易量的影响,例如贸易量越大,那么关税就会越高,运输成本也会更加高昂。固定贸易成本是指不受贸易量影响的独立的成本,例如信息的搜集成本,汇率成本,为了解交易国社会文化环境、政治法律法规所付出的成本等,这些成本不随着贸易量的增加或减少而发生变化,只要去开展相对应的活动就一定会产生成本。

(2)贸易成本对出口方式的影响。

Melit(2003)在研究中发现,当企业在进行直接出口时,固定贸易成本和可变贸易成本就应运而生。而当企业通过贸易中间商进行出口的时候,其只需要支付一次性的固定贸易成本,贸易的增加与运输成本的下降也呈正相关关系。我们可以这样假定,倘若出口固定成本不存在或者很低,企业进行直接出口会更加有利。倘若出口固定成本较高,此时企业则会面临两种选择——依旧有利可图的时候选择直接出口,反之则依托贸易中间商出口;倘若固定贸易成本极其高,企业则不会进行国际贸易,因为此时已经无利润可言,那么企业会选择在国内市场进行消化。

(3)贸易中介模式。

怎样降低成本是商业活动中不变的主题,盈利的实现与成本的降低息息相关。可变贸易成本会被贸易量影响,例如路途遥远则运输成本肯定会增加。在可变贸易成本不可控的情况下,我们只能着重分析固定贸易成本,而要在海外实现成功的营销,企业必须要了解贸易国的经济状况、政治氛围、消费偏好等因素,而这些会耗费大量的成本。倘若通过贸易中间商来出口,其专业的信息搜集能力可以大大降低固定贸易成本。

贸易中间商有三种模式,通过这三种模式可以探究其发挥作用的机制。第一种模式为,贸易中间商搜集信息,贸易中间商对交易国的了解深度和广度凭借其专业性肯定优于企业自己去搜集信息,且贸易中间商同时为多个企业提供服务,倘若这些信息可以适用于多个企业,那么贸易中间商可以实现规模经济,在这种情形下,交易方可以在支付较低贸易成本的情况下获取市场供需信息;第二种模式为,因为贸易中间商只需集中精力去搜集信息,因而肯定更具专业性,则能够降低市场准入门槛;第三种模式为,贸易中间商凭借对交易国的全面认识,更能够把握消费者心理和习惯,相应提出的建议就能够帮助企业寻找适销对路的商品,提高销售额。由此可以推断,贸易中间商能够凭借其在信息方面的专业化优势帮助企业降低固定出口成本,降低准入门槛,使得中小型企业得以实现间接出口。

(4)跨境电商发展下的贸易中介。

随着跨境电商的发展,互联网以其强大的信息沟通能力拉近了买卖双方的距离,使得信息更透明地在交易双方中传递,而这会减少贸易的摩擦,省却中间商环节,做到"去中介化"。然而从贸易数据中我们可以看出,贸易中间商依然有存在的必要,在很多细节的问题上,交易方仍然需要与贸易中间商单独联系方能顺利完成一桩贸易。跨境电商的发展并没有削弱贸易中介的作用,而是在不断地发展中赋予贸易中介新的功能和形式,而且互联网上的信息太多,买卖双方是基于虚拟的平台进行交易,此时买卖的不确定性和贸易中间商对信息强大的处理能力使其有存在的必要性。此外,有学者调查研究出跨境电子商务对我国间接出口具有积极的促进作用,增加了我国间接出口额,新兴贸易中介适应了"互联网+"时代的需要,能够带动外贸企业的出口贸易发展。

二、电子商务对贸易中间商的影响的理论分析

(一)对贸易中间商出口行为的影响

新古典贸易理论和新贸易理论暗含的假设是,国内生产者直接与国外消费者达成交易,对于生产者如何把产品卖给消费者这个问题很少考虑,或者说基本上忽略了"贸易如何实现"的问题。现实中大量存在的贸易中介现象说明,并非所有的跨国交易是在生产者和消费者之间直接完成的。由于企业进入国际市场中面临新的制度环境,存在诸多不确定因素,从而面临着较高的市场进入成本以及交易成本,这迫使一部分企业通过贸易中介进入国际市场。随着电子商务作为新兴商务模式的兴起与迅猛发展,出现了大量专业性的内贸和外贸电子商务平台,有力地促进了跨境贸易的发展。商务部统计数据显示,2012 年我国跨境电子商务交易总额为 2 万多亿元,仅占我国总进出口额的 9.6%;2018 年已突破 8.8 万亿元,占比已达到总进出口额的 28.8%。电子商务作为一种新型的贸易工具,降低了企业出口固定成本,提高了跨国交易效率;降低了企业信息搜寻、谈判、契约签订以及售后服务等各项交易成本,提高了企业供应链管理效率,促使企业有动力选择直接出口。同时,电子商务也改变了贸易中介本身的形式与功能,新型电子中介效率更高,费用更低,能克服时间、地理的局限,从而迅速满足消费者需求,使得企业更有动力选择间接出口。

1. 基本假设

代表性消费者常替代弹性效用函数为 $U=\left[\int_{\omega\in\Omega}q(\omega)^{\rho}d\omega\right]^{1/\rho}$,其中 Ω 代表了消费者消费的差异化产品种类数,差异化产品间替代弹性为 $\sigma=\dfrac{1}{1-\rho}>1$,其中 $0<\rho<1$。产品总的价格指数为 $P=\left[\int_{\omega\in\Omega}p(\omega)^{1-\sigma}d\omega\right]^{1/(1-\sigma)}$,其中 $p(\omega)$ 是消费商品 ω 的价格,根据效用最大化原则,可以得到产品 ω 对应的消费者需求、生产者的收益以及整个社会的总产出,其中,Q 为社会的总产出,$q(\omega)=Q\left[\dfrac{p(\omega)}{P}\right]^{-\sigma}$,$r(\omega)=R\left[\dfrac{p(\omega)}{P}\right]^{1-\sigma}$,$R=PQ=\int_{\omega\in\Omega}r(\omega)d\omega$。

每个生产者只提供一种差异化产品,且劳动力是唯一需要投入的因素,劳动工资单位化为 1,每个生产者面临相同的固定投入 f_d,生产成本为 $l=f_d+q/\varphi$,φ 表示生产效率,由边际加成 $\dfrac{\sigma}{\sigma-1}=\dfrac{1}{\rho}$ 可得到产品销售价格 $p_d(\varphi)=\dfrac{1}{\rho\varphi}$,于是企业利润为:$\pi(\varphi)=\dfrac{q}{\varphi\rho}-f_d-\dfrac{q}{\varphi}=\dfrac{R}{\sigma}(P\varphi\rho)^{\sigma-1}-f_d$。

2. 电子商务的引入与成本

为了讨论电子商务对于企业出口方式选择的影响,我们在上述公式中引入电子商务使用程度变量 e,并考虑电子商务对于企业出口成本的影响。e 表示企业的销售额对于电子商务手段的依赖程度的高低,设 $e \in [\underline{e}, \overline{e}]$,$\overline{e}$ 与 $\underline{e}$ 都是 $(0,1)$ 之间的数值,企业直接出口固定成本 f_x^E 以及出口可变成本 τ_x 都是 e 的函数。电子商务使用程度越高意味着更多的交易以线上交易方式实现,有利于降低企业固定成本,但电子商务对固定成本的边际削减作用是递减的,因此企业出口固定成本会收敛于某个特定值,$f_x^{E'}(e) < 0$,$f_x^{E''}(e) \geqslant 0$。出口可变成本 $\tau_x(e)$ 采用冰山成本形式,$\tau_x(e) > 1$,它包含物流成本 τ_t 以及商务成本 τ_b 两部分,其中物流成本 τ_t 不随 e 的变化而变化,商务成本 τ_b 随 e 递减,同理 $\tau_b'(e) < 0$,$\tau_b''(e) \geqslant 0$。如果企业选择通过贸易中介出口,其支付给贸易中介固定费用 $f_i^E(e)$ 为电子商务使用程度 e 的函数,中介贸易的范围经济与规模经济效应使得 $f_i^E(e) < f_x^E(e)$,为方便分析,假设通过中介出口的可变成本与直接出口时相同。

3. 企业出口方式的选择

出口企业面临两种选择:或者是选择直接出口,或者是选择通过贸易中介间接出口。如果企业选择间接出口,虽能避免构建国外销售网络所需的高额市场固定成本投入,但存在贸易中介的价格加成,使得收入减少,而企业如果选择直接出口就会面临高额的市场进入固定成本,因此,企业需要结合自身特征以及现实情况进行权衡。

在企业通过贸易中介出口的情况下,贸易中介在国外销售产品的价格 $p_i^x(\varphi) = \gamma \tau_x p_i(\varphi)$,其中 $p_i(\varphi)$ 为生产商向贸易中介产品销售价格,γ 为贸易中介的价格加成系数,$\gamma > 1$,则生产商通过中介出口的利润为:

$$\max_{p_i(\varphi)} \pi_i(\varphi) = p_i(\varphi) q_x(\varphi) \tau_x(e) - \frac{1}{\varphi} q_i(\varphi) \tau_x(e) - f_i^E(e)$$

$$= p_i(\varphi) R \left(\frac{p_i^x(\varphi)}{P} \right)^{-\sigma} \frac{1}{P} \tau_x(e) - \frac{1}{\varphi} R \left(\frac{p_i^x(\varphi)}{P} \right)^{-\sigma} \frac{1}{P} \tau_x(e) - f_i^E(e) \tag{1}$$

将 $p_i^x(\varphi)$ 代入式(1),得到生产企业向贸易中介产品销售价格 $p_i(\varphi) = p_d(\varphi) = \frac{1}{\rho \varphi}$,表明中介出口时,其国内产品收购价格与国内消费者的价格相同。于是得到中介出口产品的离岸价格 $p_i^x(\varphi) = \frac{\gamma \tau_x(e)}{\rho \varphi}$,它显然高于生产企业直接出口的离岸价格 $p_x(\varphi) = \frac{\tau_x(e)}{\rho \varphi}$,因此,对于特定的产品而言,生产企业直接出口销售收入将高于通过中介出口的销售收入,但会面临相对较高的固定成本。将上述 $p_i^x(\varphi)$ 代入式(1)中,得到生产商间接出口利润,同理可得到直接出口利润:

间接出口利润: $\pi_i(\varphi) = \dfrac{R}{\sigma} \gamma^{-\sigma} \left(\dfrac{P \varphi \rho}{\tau_i + \tau_b(e)} \right)^{\sigma-1} - f_i^E(e)$ \tag{2}

直接出口利润: $\pi_x(\varphi) = \dfrac{R}{\sigma} \left(\dfrac{P \varphi \rho}{\tau_i + \tau_b(e)} \right)^{\sigma-1} - f_x^E(e)$ \tag{3}

图 6.2 为生产企业两种出口方式的利润曲线,细实线代表企业通过中介间接出口利润,

粗实线代表企业直接出口利润。两条利润线交点处对应的是企业选择两种出口方式无差异的临界生产效率$\widetilde{\varphi}_x$，生产效率大于$\widetilde{\varphi}_x$的企业选择直接出口，而小于$\widetilde{\varphi}_x$的企业选择间接出口，其中：

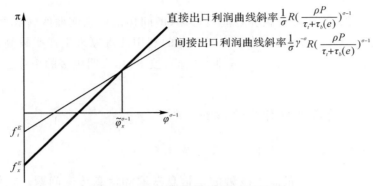

直接出口利润曲线斜率$\frac{1}{\sigma}R(\frac{\rho P}{\tau_t+\tau_b(e)})^{\sigma-1}$

间接出口利润曲线斜率$\frac{1}{\sigma}\gamma^{-\sigma}R(\frac{\rho P}{\tau_t+\tau_b(e)})^{\sigma-1}$

图 6.2　企业不同出口方式利润曲线

$$\widetilde{\varphi}_x^{\sigma-1}=\frac{\sigma(P\rho)^{1-\sigma}}{R(1-\gamma^{-\sigma})}(f_x^E(e)-f_i^E(e))(\tau_i+\tau_b(e))^{\sigma-1} \tag{4}$$

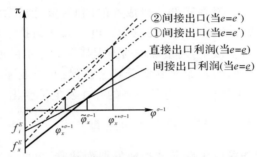

②间接出口(当$e=e^*$)
①间接出口(当$e=e^*$)
直接出口利润(当$e=\underline{e}$)
间接出口利润(当$e=\underline{e}$)

图 6.3　电子商务使用程度增加到 e^* 时利润曲线的变动

由式(2)和式(3)可知，随着e的增加，企业直接和间接出口利润曲线呈逆时针转动，这是因为直接出口固定成本和间接出口固定成本都是e的减函数，因此e增加显然将使得利润曲线上移，同时由于$\tau_x(e)$的e减函数，因此两种利润曲线斜率变大，其中直接出口利润曲线斜率相对变得更大。图6.3显示了当企业电子商务使用程度从$\underline{e}$变化到e^*，企业利润的曲线变动情况，其中直接出口利润曲线变动到粗虚线位置，间接出口利润曲线有两种变动情况，如图6.3中①和②两种变动形式。这是因为式(4)中临界值对e变化的反应方向是不确定的，可能变大，也可能变小。

$$\frac{\partial\ln\widetilde{\varphi}_x^{\sigma-1}}{\partial e}=\underbrace{\frac{f_x^{E'}(e)-f_i^{E'}(e)}{f_x^E(e)-f_i^E(e)}}_{?}+\underbrace{(\sigma-1)\frac{\tau'_b(e)}{\tau_i+\tau_b(e)}}_{<0} \tag{5}$$

其中等式右边的后半项明显小于零，前半项的符号不确定，因此式(5)符号不确定：

①当$f_x^{E'}(e)<f_i^{E'}(e)$，即$\frac{\partial\ln\widetilde{\varphi}_x^{\sigma-1}}{\partial e}<0$时，表明随着电子商务使用程度$e$的增加，临界点向左移动，即间接出口利润曲线转到①位置，新的交点$\varphi_x^{*\sigma-1}$落在原交点$\varphi_x^{\sigma-1}$的左边，表明电子商务的利用为更多生产率较低的企业(生产效率大于φ_x^*小于$\widetilde{\varphi}_x$的企业)提供了直接出口

的可能,表明更多的企业会由于电子商务选择直接出口。

②当 $f_i^E(e) < f_x^E(e) - (1-\sigma)\dfrac{\tau_b'(e)(f_x^E(e)-f_i^E(e))}{\tau_t+\tau_b(e)}$,即 $\dfrac{\partial \ln \tilde{\varphi}_x^{\sigma-1}}{\partial e} > 0$ 时,表明随着电子商务使用程度增加,生产效率临界点向右移动,即间接出口利润曲线转到②位置,新的交点 $\varphi_x^{**\sigma-1}$ 落在原交点 $\varphi_x^{\sigma-1}$ 的右边,表明电子商务的利用使得原来生产率较高且直接出口的企业(生产效率大于 $\tilde{\varphi}_x$ 而小于 φ_x^{**} 的企业)选择间接出口,表明更多的企业会由于电子商务而选择间接出口。

(二)对贸易中间商进口行为的影响

1.电子商务改变了传统国际进口贸易成本机构

我国国际进出口贸易中最急需改善的是信息获取和信息传递问题。在传统贸易活动中,企业搜集与获取交易信息的主要渠道是各种交易会、产品展销会、商会等,或者通过一些特殊形式的广告、人脉网络进行信息搜集和传递,给企业带来人力、物力的耗损和高额成本,而电子商务的运用可节省约5%~10%的交易成本。不仅使成本降低,给进口贸易带来的实际利益也大于传统贸易方式。而在降低信息成本的同时,贸易活动增加了新的电子商务技术成本、安全成本和法律成本等新的结构性成本。电子商务的技术成本包括软件和硬件成本、教学成本、系统和硬件维护成本,网络环境的虚拟特征给电子商务增加了安全成本投入。此外,为确保网上交易的合法性,让企业利益受到法律保护,企业还需投入一部分网络认证管理费用,因而整个贸易成本结构由于电子商务的存在发生了变化。

2.电子商务改变了进口贸易经营主体和经营方式

新型商业运作模式已随着电子商务的高速发展而建立,由此产生了大批向世界市场提供各种形式商业服务的虚拟公司。单个网络服务公司拥有有别于同行的在各类专业领域的顶尖技术背景,因而可利用电子商务技术打造覆盖型行业联合网络,从而及时有效地向市场提供一系列有针对性的流水线服务。电子商务使商品和服务能够在交易过程中尽量通过信息网络来实现贸易,由于时代不断发展而产生的无形商品和服务、互联网虚拟消费、产品交付及全球化信息产品交互服务得以通过电子信息网络完成交易,突破了地理障碍,实现了远距离贸易行为的便捷性。

3.电子商务提高了国际进口贸易的交易效率

国际进口贸易中的贸易壁垒是复杂多样的,其中发达国家对发展中国家所采取的各种限制政策尤为严苛,我国是全球最大的发展中国家,作为一个公认的"世界工厂",所受到的贸易壁垒阻碍相对其他发展中国家要大得多。在传统贸易活动中,发展中国家企业在向发达国家进行贸易进口前需要通过各种烦琐的海关检查,通过海关时需办理各种烦琐证件,费用也相当昂贵,采用电子商务的方式可以加快办理证件速度,从而降低了成本。从另一方面讲,电子商务使进口贸易商在交易进程中减少对中间商的服务性投入,交易双方直接通过网络联系洽谈业务,很大程度上降低了贸易活动成本。

第二节　专题研究:我国跨境电子商务发展现状分析

一、国内外关于跨境电子商务的研究进展

(一)国内关于跨境电子商务的研究进展

目前我国关于跨境电子商务的研究主要有以下几个方面。

一是对跨境电商发展、对策及其评价的研究,涉及跨境电商平台、通关、税收、监管、结汇、支付、物流、法律、营销、绩效、信用体系以及网络争议解决体系等诸多方面。比如,来有为等(2014)总结并分析了中国跨境电商发展形态、困境及对策;王外连等(2013)研究了中国跨境电商现状并提出相应建议;薛源(2014)研究了跨境电商交易的网上争议解决体系;杨坚争等(2014)研究了跨境电商应用水平评价指标体系;冯然(2015)对我国跨境电商关税监管问题进行了研究;王文清等(2016)研究了我国出口退免税相关问题;刘章发(2016)就跨境电商信用评价体系的构建问题进行了探析;陈致中等(2016)研究了跨境电商平台的病毒营销策略。

二是对跨境电商发展模式、商业模式及平台模式等的研究。比如,金虹等(2015)研究了跨境电商的发展模式;傻娜(2015)探讨了我国跨境电商的贸易平台模式;张夏恒(2017)分析了跨境电商的类型及运作模式。

三是对跨境电商的外贸转型升级路径、策略、模式及互动的研究。比如,王惠敏(2014)研究了跨境电商与国际贸易的转型升级;任志新等(2014)探析了我国跨境电商助推外贸转型升级的策略;李霞(2017)研究了跨境电商背景下我国外贸的转型升级。

四是对跨境物流发展的研究。比如,何江(2017)等探究了跨境电商与跨境物流协同机理,剖析二者协同现状与困境,并提出系列协同策略;姚宇(2015)研究了跨境电商与物流的融合发展;钱慧敏等(2016)构建了B2C跨境电商物流模式选择评价指标体系,并进行了实证研究;张夏恒等(2016)研究了跨境电商与跨境物流协同的机理与路径。

金虹、林晓伟(2015)通过对跨境电子商务的理论基础和发展趋势的研究,并根据系统论的研究方法,结合我国跨境电子商务的发展现状,提出了云平台物流的发展模式,并进一步提出物流在发展跨境电子商务上所起的关键作用。

五是对国外跨境电商发展的研究。比如,张夏恒等(2015)分析了澳大利亚跨境电商的发展;刘家国等(2015)研究了中俄跨境电商的发展。

六是对我国跨境电商部分试点区域成果和经验的总结分析。比如,王冠凤(2014)基于平台经济视角研究了贸易便利化机制下上海自由贸易试验区跨境电商的发展;程宇等(2014)研究了福建跨境电商的发展及对策;石正方(2015)探讨了两岸跨境电商合作的意义及策略;熊励等(2016)研究了上海跨境电商平台发展的动力机制及策略。

此外,其他部分学者的研究还涉及"一带一路"背景下跨境电商、跨境电商生态圈与跨

境电商生态系统的构建、跨境电商发展前景预测、跨境电商全渠道营销模式、"互联网＋"跨境物流、跨境电商客户体验、跨境电商金融、跨境电商物流园区、跨境电商人才培养、供应链研究等方面。比如，吕雪晴（2015）研究了跨境电商的定价问题；张丽娟（2015）实证分析了跨境电商的客户体验影响因素；杜永红（2016）研究了"一带一路"背景下的跨境电商发展战略；王李（2016）研究了跨境电商金融；计春阳等（2016）对中国—东盟跨境电商生态圈的构建进行了研究；张夏恒（2016）对京东的跨境电商生态系统进行了研究；李凌慧等（2017）研究了 B2C 跨境电商消费者的购买影响因素；何继新（2017）研究了跨境电商供应链及其经营模式的创新。

（二）国外关于跨境电子商务的研究进展

国外关于跨境电子商务的研究主要有以下三个方面。

一是研究影响跨境电子商务的因素。比如 Blum、Goldfarb（2006）通过引力模型发现，物理距离是影响跨境电子商务贸易额的重要因素，即物理距离每增加 1%，网站访问次数减少 3.25%，从而影响了跨境电子商务交易额。Hortacsu、Martnez-Jerez 等（2009）通过电子商务平台的交易数据得出了相似的结论，他们对比了美国国内市场和跨境市场，发现尽管跨境电子商务能够降低贸易成本，但距离仍然是影响跨境电子商务的因素。Lendle、Olarreaga 等（2012）在 eBay 数据基础上采用引力模型，分析了影响跨境贸易的主要原因有物理距离、交易成本、法律制度、贸易协议、文化差异、政府效率等因素；他们认为，这些因素能有效地降低跨境电子商务中的贸易成本。但 Gomez-Herrera、Estrella（2014）通过对消费者调查数据的计量分析，否认了物理距离是影响在线交易的主要因素，他们认为跨境电子商务的驱动因素和障碍主要为特定跨境贸易产品、运输成本、价格和信息成本等。瑞典 Nationnal Board of Trade 于 2012 年发布的工作报告中指出，除了支付系统和物流运输成本效率以外，法律政策不透明、跨境数据难以自由传输、消费者权益缺乏保护等方面都是阻碍跨境电子商务发展的壁垒。Lendle、Olarrega、Schropp 和 Vezina（2012）采用来自 62 个国家相同的一揽子商品的数据，比较了距离对 eBay 的跨境电子商务和传统国际贸易流动的影响。他们发现，距离对 eBay 电商平台的影响比其对传统贸易的影响平均小 65%。距离的影响随商品种类的不同而有较大变动。Martens、Turlea（2012）对 27 个欧盟成员国的消费者进行数据调查，并构建了 B2C 电子商务和跨境贸易引力模型，分析研究了影响跨境电子商务发展的主要因素是在线支付系统、物流模式以及成本效率等，提出通过改进法律和金融系统以及包裹交付基础设施的方式来促进跨境电子商务交易。Kim T Y、Dekker R 和 Heij C（2016）在对订单和消费者进行一系列假设的基础上，运用案例分析发现快递对跨境电商的发展有积极作用，消费者收入和福利的提高也能促进跨境电商的发展。

二是研究跨境电子商务促进经济发展和全球化的方式。Ghaorbani（2013）探索了跨境电子商务推进全球化进程，其研究结果显示，处在全球化进程上游的企业比处于下游的企业应用跨境电子商务平台的意愿更强，跨境电子商务对全球化进程的推进影响程度更大，而全球化进程也会因跨境电子商务的发展改变。Gibbs、Kraemer、Dedrick（2006）针对全球十个国家的案例进行分析研究，得出结论，跨境电子商务的 B2B 方式是由全球的贸易竞争推出，而跨境电子商务 B2C 方式则多是由本地推动,并得出要制定推动贸易和推广信息自由化的规则的建议,加大对电子商务法律的保障,从而为跨境电子商务的发展提供了基础和保障。Lee、Joseh(2007)对"网络经济"的定义进行了全面明确的解释,他们的观点认为,不应把网络经济与传统经济分开来阐释,两者不是对立的,而是互补统一的。电子商务的出现是网络经济发展的直观状态,并且电子商务的出现也促进了外贸经济的发展。Nuray(2011)研究讨论了电子商务与国际贸易和就业的关系,其研究结果认为电子商务的普遍开展对全球的整体经济利益的提升都有帮助,目前来看整体利益可能流入发达国家,但以长远的角度来看,发展中国家将可能获得更多的收益。并且电子商务的应用会明显提高外贸交易额,并伴随着技术溢出效应。Tibor、Thomas(2007)在对不同地区的进出口关系和进出口增长的对比中发现,如果贸易不发达地区能与贸易发达地区保持持续的进出口关系,则贸易不发达地区就会极大地增加自身的贸易出口量,比如墨西哥与美国和加拿大共同建立北美自贸区。

三是研究跨境电子商务对贸易的影响。Cowgill、Dorobantu(2012)使用 Google AdWords(谷歌广告关键字)的国内数据和跨境数据进行了分析,得出的结论与 Blum、Goldfarb(2006)类似:与传统贸易相比,电子商务会降低与距离相关的贸易成本,提高与文化距离相关的贸易成本。Gomez、Martens 和 Turlea(2013)对此进行验证,得出了相同的结论。Wilson、Mann 等(2003)实证研究了电子商务对贸易的促进作用,选取港口效率、海关环境、监管环境和电子商务基础设施 4 个指标衡量贸易便利化,并与贸易量之间构建引力模型,分析亚太地区贸易便利化与贸易量间的关系。He Yong、Li Jun-yang 等(2011)借助保罗·克鲁格曼(1991)的冰山成本模型,将电子商务引入国际贸易模式,研究了电子商务确实对国际贸易产生影响,发现电子商务影响了产品产量、产品价格、企业利润、商品贸易进出口以及全球商品贸易总量等,并最终通过影响企业的利润来促进国际贸易总量的发展。他们认为电子商务主要是通过影响交易成本继而影响企业的利润,并显著促进了国际贸易的增长。

二、我国跨境电子商务发展现状分析

(一)跨境电商发展史及其发展现状

我国跨境电商从衍生至今,经历了萌芽期(1999—2007)、发展期(2008—2013)、爆发期(2014 年至今)三大发展阶段,各阶段发展情况对比如表 6.1 所示。其中,2014 年也被称为跨境电商元年。从 2012 年试点以来,我国跨境电商发展快速起步,且我国政府先后连续多次出台各类相关政策(详见表 6.2),大力支持跨境电商发展。相关数据显示,目前中国各类跨境平台企业已超过 5000 家,通过平台开展跨境电商的外贸企业逾 20 万家,并在天津市等12 个城市设立跨境电商综合试验区。2017 年 4 月发布的《2016 年度杭州跨境电商指数发展报告》显示,跨境电商企业景气程度较高,产业集聚度进一步提升,在跨境电商产业规模、应用广度、服务支撑体系水平等方面都取得较大提升。

表 6.1　我国跨境电商发展历史阶段

项目	萌芽期	发展期	爆发期
时间跨度	1999—2007 年	2008—2013 年	2014 年至今
平台代表	阿里巴巴国际站、环球资源网	速卖通、敦煌网	兰亭集势
平台发展	跨境电商 B2B 平台出现	跨境电商 B2C 出口平台起步,跨境电商 B2B 平台成长	跨境电商 B2C 进口平台起步,跨境电商 B2C 出口平台发展,跨境电商 B2B 出口平台转型
交易流程	中国工厂→外国批发商→外国零售商→外国消费者	中国工厂→外国零售商→外国消费者	中国工厂→外国消费者
特征	线上发布、线下交易的信息服务模式	集信息展示、物流、支付、客户关系管理于一体	重塑中小企业链条,从根本上改变生产、销售模式与物流方式

表 6.2　我国跨境电商重大相关政策梳理

年份	相关政策
2012	设立跨境电商服务试点(上海、重庆、杭州、宁波、郑州等 5 个城市)
2013	跨境电商试点区域增加广州、深圳等十几个城市
2014	海关总署发布 56、57 号文件认可
2015	3 月,国函〔2015〕44 号文件批复同意设立中国(杭州)跨境电子商务综合试验区 5 月,国务院印发《关于促进跨境电子商务健康快速发展的指导意见》
2016	1 月,国务院印发《关于同意在天津等 12 个城市设立跨境电子商务综合试验区的批复》 3 月,财关税〔2016〕18 号文件颁布,免税时代自 2016 年 4 月 8 日起终结 5 月,海关总署公告〔2016〕26 号文件颁布,跨境电商税收新政暂缓执行 1 年,过渡期至 2017 年 5 月 11 日
2017	3 月,跨境电商成两会热点议题 3 月底,国务院正式批复新设辽宁等 7 个自贸区,至此我国形成"1+3+7"11 个自贸区新格局

中国电子商务研究中心报告显示,2016 年中国进出口跨境电商整体规模达到 6.7 万亿元,同比增长 24.1%。从 2008 年至 2016 年我国对外贸易及跨境电商行业发展统计数据(表6.3)来看,在我国对外贸易近年来增速放缓且在近两年呈递减趋势的情况下,跨境电商行业仍旧持续增长,且相对进出口的占比逐年高升,从 2008 年的 4.4% 持续增长至 2016 年的27.5%。我国跨境电商目前进口规模小、出口规模大,其中,进口商品主要包括奶粉等食品和化妆品等奢侈品,出口商品主要包括服装、饰品、小家电、数码产品等日用消费品。我国跨境电商 B2C 模式占比近年来呈增长趋势,从 2010 年的 2.2% 增长至 2016 年的 11.3%;B2B模式则从 2010 年占比 97.8% 降低至 2016 年的 88.7%,但仍为我国跨境电商最主要的模式。同时,我国跨境电商网络用户规模增长迅猛,从 2013 年的 0.09 亿人增长至 2016 年的0.44 亿人,2017 年达到了 0.78 亿人。跨境电商市场未来将呈现三大趋势:行业仍将继续保持高速增长态势,小语种国家成为新的区域增长点,传统外贸企业将成跨境电商主流。

表 6.3　我国对外贸易与跨境电商交易情况汇总(2008—2016 年)

年份	进出口总额/万亿元	进出口贸易增长率/%	跨境电商交易总额/万亿元	跨境电商交易增长率/%	跨境电商交易占进出口比例/%
2008	17.99	8.0	0.80	—	4.4
2009	15.06	−16.3	0.90	12.5	6.0
2010	20.17	34.7	1.10	22.2	5.5
2011	23.64	17.2	1.70	54.5	7.2
2012	24.42	3.3	2.10	23.5	8.6
2013	25.82	5.7	3.15	50.0	12.2
2014	26.42	2.4	4.20	33.3	15.9
2015	24.55	−7.1	5.40	28.6	22.0
2016	24.34	−0.9	6.70	24.1	27.5
2017	27.79	14.2	8.06	20.3	29.0
2018	30.51	9.8	8.79	9.4	28.8

(二)我国跨境电商发展的不足和存在的问题

1.通关服务急需改进

跨境 B2B 贸易多采用传统的通关方式申报通关,由于检验检疫和通关手续烦琐,跨境电子商务的时效性得不到保障。跨境网络零售的交易品种多、交易频次高,大量采用航空小包、邮寄、快递等方式。为规范通过邮寄方式进行的代购活动,2012 年海关总署规定所有境外快递企业使用 EMS 清关派送的包裹,不得按照进境邮递物品办理清关手续。这意味着这类包裹必须按照贸易货物通关,然而传统的贸易通关方式并不适应跨境网络零售的特点。我国大多数小企业没有进出口经营权,跨境网络零售又没有报关单,结汇、退税等都难以操作。此外,随着跨境电子商务交易量的增加,产生的返修商品、退回商品将会增多,这些商品目前被视为进口商品,需缴纳进口关税,这也是今后需要解决的问题。

2.市场监管体系有待建立和完善

对于跨境电子商务服务业,目前我国只有《互联网信息服务管理办法》《电子签名法》《电子商务法》等几部相关法律法规,对于跨境电子商务涉及的交易、税收以及消费者权益保障等方面都没有专门的规范和标准。我国电商企业通过电子商务平台进行虚假宣传、销售假冒伪劣商品、侵犯知识产权、非法交易及欺诈行为时有发生,海外消费者投诉众多,影响了我国外贸电商的集体形象。据全球最大的电子商务平台 eBay 的 2014 年研究报告数据统计,中国卖家在 eBay 完成的跨国交易中,平均每 100 个交易会接到 5.8 个投诉,远高于全球平均水平(2.5 个)。国外一些电子商务平台甚至针对中国卖家制定了歧视性的规定,如更高的佣金、更严厉的处罚措施等。此外,国内外的商品、商标体系不互认,标准体系不同步等问题也制约着跨境电子商务的发展。

3.结汇方式需调整优化

电商开展跨境电子商务主要采取三种结汇方式:一是开设多个个人账户。一些外贸电商的月营业额达到数十万美元,而根据我国现行的外汇管理制度,个人账户每年每人最多只能兑换五万美元。一些外贸电商以亲戚朋友或员工的名义开设多个个人账户,变相提高外汇结算总额度。二是通过地下外汇中介处理外汇问题。三是利用国内个别地区不限制结汇额度的特殊外汇政策结汇。根据中国电子商务研究中心统计,2014 年跨境电子商务企业中约有 40%～70%的资金以正规的渠道在境内结算,剩余部分则自行消化。其中既有外汇管制的原因,也有企业通过灰色方式偷、避税的原因。目前,外贸电商在跨境电子商务结汇方面仍存在许多不规范和不便利之处,急需采取优化和便利化措施。

第四节　专题研究:电子商务对出口贸易的影响分析

一、电子商务对出口贸易影响的研究进展及机制分析

(一)电子商务对出口贸易影响的研究进展

国外学者很早就开始分析电子商务在出口贸易中的运用,结论普遍认为电子商务对出口有促进作用。Catherine et al. (2000)分析了电子商务的作用和未来发展趋势,认为在经济全球化过程中电子商务会发挥巨大作用,特别是在对外贸易方面。David Van Hoose(2003)运用国际贸易理论解释了电子商务对出口贸易的影响,说明电子商务对出口贸易有绝对的促进作用。Clarke 和 Wallsten(2004)认为互联网会使企业减少沟通和搜寻成本而更容易出口,并用联合国统计司的贸易数据实证检验了互联网对出口贸易的影响,发现互联网普及率越高的发展中国家对发达国家的出口也越多,以互联网为基础的电子商务刺激了贫穷国家向富裕国家的出口贸易。Nuray Terzi(2011)探讨了电子商务对出口贸易和就业的影响,通过电子商务会增加出口贸易量,短期内发达国家是主要受益者,长远来看发展中国家会受益更多。

我国学者覃征(2001)、姚钟华(2002)较早地研究了电子商务与国际贸易的关系,在各自出版的书籍中介绍了电子商务的特点,探讨了电子商务在出口贸易方面的应用。翁海洁(2010)认为电子商务产生了全球统一的虚拟市场,形成了一种新的贸易壁垒,运用电子商务的企业能增加出口贸易的机会,不用电子商务的企业则被排斥在外。近年来,有不少学者开始用实证研究来考察电子商务对出口贸易的影响。冯萍和刘建江(2010)扩展了传统贸易引力模型,考虑了互联网发展情况的变量,实证分析了互联网对我国出口贸易流量的影响。分析结果表明互联网的发展能带动我国的出口贸易,这种拉动作用正在持续提高。赵志田和杨坚争(2012)构建了电子商务发展水平与贸易出口之间的计量模型,选取了我国 2003—

2010年各省区市的相关数据进行实证分析,结果表明电子商务对出口贸易的正向影响随着时间的推移愈发显著,将使出口贸易更加活跃。柳秀丽(2014)在研究电子商务基础设施对中国出口影响的研究中加入了产业集聚的因素,发现电子商务对我国出口的促进作用存在地区和产业上的差异。

(二)电子商务对出口贸易影响及机制分析

1.降低贸易成本

交易成本是指交易双方为达成一笔交易而付出的各种直接和间接成本,包括信息搜寻、市场营销、商务谈判、合同签约和执行、产品运输等活动所花费的成本。由于互联网和信息技术的快速发展,电子商务作用于多个交易环节,降低了出口贸易活动的总成本,提高了企业完成出口交易的效率。

电子商务首先改变的是客户搜寻成本。传统的贸易模式中,企业寻找潜在交易对象,销售产品,大多数都需要面对面交流和谈判,例如参加展会的交易方式,出口企业面对的交易对象有限,通常需要卖家主动寻找买家,交易成本很高,成交率低。在电子商务环境下,企业通过互联网来寻找潜在客户,可以用较低的成本来寻找到大量的潜在交易对象。跨境电子商务平台可以将众多的买家和卖家信息汇集在一起,这突破了时间和地理位置的限制,让产品和服务的需求方和供给方快速匹配,促进交易的快速达成,在这个过程中更多的是买方主动寻找卖方,使得卖方不用付出非常大的搜寻成本。

电子商务也明显缩短了贸易流程,降低了贸易过程中产生的成本。通过推行无纸化贸易,用网络传递信息和文件,降低贸易过程中的协议成本和订约成本;用电子支付的方式取代传统贸易中的汇付、托收和信用证等付款方式,提高了付款的效率;采用电子报关的方式取代传统的全人工全纸质的报关,不仅节约了人力物力,还提高了通关效率。小额B2B和B2C的交易流程更加方便,只要双方达成交易意愿,买家在线支付相关款项后,卖家可以直接发货。省略了传统外贸模式中处理大量单证的各个环节,不仅降低了中间成本,而且提高了贸易的效率。

电子商务还使其他方面的成本得以降低。比如服务方面的成本,在电子商务环境下,企业可以通过网络电话、视频和电子邮件等方式,为买家提供产品使用和售后方面的支持,以非常低的成本为客户提供方便、高效的服务。大量的国外研究表明,电子商务能有效降低贸易过程中的各项成本。Malone et al.(1987,1989)认为买家和卖家通过电子商务搜寻对方所花费的成本更低,电子商务将逐渐取代传统贸易中介来促成交易。Hoffman et al.(1995)也有相似的观点,认为电子商务代替了中间商的作用,使生产者能直接接触消费者,降低了交易的成本。Eclac(2002)的研究也表明企业使用电子商务时信息搜寻成本降低,另外还能更精确地判断市场的需求量来降低企业的库存成本。Freund和Weinhold(2004)利用IMF(国际货币基金组织)的双边贸易数据发现互联网促进了出口贸易,互联网通过降低固定成本来提升出口增长。时间序列和横截面回归的证据显示,一国的网络主机增加10%会带动出口增加0.2%,互联网平均每年对出口增长贡献了1%。Bojnec和Ferto(2009,2010)利用引力模型研究了 OECD 国家中互联网用户数量对双边制造业出口的作用,实证结果表明互联网刺激了制造业出口。这主要是互联网用户数量增多了对加工贸易的可用性信息,使贸易成本下降,并且减轻了距离对制造业出口的影响。而 He et al.(2011)采用垄断竞争贸易模型来分析电子商务对企业的影响,构建了两国模型,将电子商务因素作为冰山成本来考虑。电子商务降低了贸易成本,会使冰山成本减小,因此可以减少对产品的进口。

国内学者也从交易成本这一角度考虑了电子商务对出口的影响。何琳纯(2005)认为电子商务降低了契约前的信息成本、契约中的订购成本和契约后的履行成本,体现了电子商务在出口贸易中的优越性。茹玉骢和李燕(2014)从贸易中介的角度考虑电子商务对企业出口的影响,认为电子商务是一种新型贸易中介,降低了贸易过程的中介成本,并从实证方面分析了电子商务的使用对企业出口方式的影响,发现企业间接出口比例随电子商务使用程度的提高而增大。

2. 改变贸易方式

在传统出口贸易中,实力雄厚的大型企业、跨国公司成为出口贸易的经营主体,中小企业因为规模普遍较小,流动资金不足,专业人才缺乏,抵御风险能力不高等原因,进行出口贸易时会受到很多的制约,一旦国外市场或者贸易政策发生变动,就更加难以维持出口的行为。电子商务的出现形成了一个以互联网为核心的"虚拟市场",将全球大量的交易信息集中在互联网这个大平台上,把所有人都置于共同的平等竞争的环境下,从大型企业到中小型企业甚至个人卖家,都可以在同一平台从事出口贸易活动,拓宽了企业的贸易范围。电子商务可以大大降低交易的成本,而中小企业在这方面的受益远超于大型企业,这就给它们一个非常好的机会提升自己的竞争力,可以促使更多中小企业参与出口贸易。随着互联网技术和相关政策的逐步成熟,现在制约跨境电子商务的一些因素(比如电子报关、电子支付、跨境物流等)正慢慢被解决,利用电子商务进行出口会更加方便,吸引更多企业参与。电子商务拥有效率和成本优势,是出口贸易发展的一个新的方向,各地政府对此也非常重视,大力发展跨境电子商务。未来越来越多的企业将会参与到外贸电子商务中来,电子商务或许会变为一种主流的出口贸易方式。

Dale. Stahl(2000)研究认为电子商务创造了一个新型的市场,交易双方通过网络达成数字化产品的交易,这种交易过程对信息流通作用的加强是传统贸易无法实现的,形成了一种新的交易模式。Nicholas Eeonomids(2004)探讨和分析了网络产业中的网络外部性问题,认为电子商务是网络产业的重要组成部分,利用电子商务出口就是一个巨大的网络,参与贸易的各国共同组成了网络经济。随着互联网的发展,电子商务作为新型的贸易模式在出口贸易中扮演的角色将越来越重要。盛玉扉(2009)认为电子商务使交易方式发生重大改变:由 EDI 取代有纸贸易,电子支付取代传统支付,除商品实物交货以外的所有交易环节都可以通过电子商务完成。Constanza Bianchi 和 Shane Mathews(2015)以智利的 204 家出口公司为样本来测试一个概念模型:互联网营销能力对出口贸易增长的影响。结果表明互联网营销能力能积极影响出口信息的可用性,通过提高业务网络关系间接影响出口市场的增长。

3.提高企业效率

一方面,电子商务可以通过降低市场准入成本的方式提高企业尤其是中小企业的运行效率。在传统的出口贸易中,企业经常会遭遇各种类型的贸易壁垒,如通过关税壁垒对外国商品的进口征收高额关税,技术壁垒通过提高商品的技术标准来限制外国商品的进入。这些贸易壁垒会增加我国出口企业的贸易成本,使部分中小型制造企业无法负担而不能进入外国市场。在电子商务环境下,出口的交易成本下降能抵消贸易壁垒带来的成本增加,降低了出口市场的进入门槛,促使企业重新参与出口。此外,通过电子商务进行出口能有效绕过一些贸易壁垒。例如,随着跨境电子商务的兴起,越来越多的外国个人消费者开始购买我国的产品,对于小额的跨境电商订单,部分国家目前是免税或者征收较少的税金。电子商务打破了贸易壁垒,降低了市场准入成本,使得出口贸易更加自由化,提高了企业的运行效率。

另一方面,电子商务通过多样化的营销模式提高企业效率。电子商务营销利用数字化的信息和网络媒体的交互性可以实现营销信息的快速传播。电子商务在互联网条件下的营销有以下特点:第一,覆盖范围广。电子商务的营销方式可以覆盖全球市场,通过互联网,企业可以方便快捷地进入任何一国市场,为企业提供了走向国际市场的绿色通道。第二,营销方式多样性。搜索引擎营销、电子邮件营销、网站式营销等都是最常见的方式。随着社交网络的兴起,企业通过这种营销方式可以直接面对最终消费者,如利用脸书(Facebook)、推特(Twitter)、聚友网(MySpace)和微信等社交服务网站和软件,通过视频、图片和文字宣传在短时间内可以获得大量的转发和关注。第三,更具有针对性。互联网的发展让用户在网络上留下的数据越来越多,企业可以根据用户的年龄、性别、浏览痕迹和购物历史等数据对消费者进行分析,根据其兴趣和需求等推送信息,使电子商务的营销更加精准、有效。另外还有个性化、可成长性、可检索性等其他特点。正是这些特点使电子商务相比传统营销方式有更大的优势,对出口贸易发展起了很大的促进作用。

Lucking-Reiley 和 Spulber(2001)研究表明 B2B 电子商务提高企业的效率主要通过四个途径:交易自动化,中介者发挥优势,组织交换造成供求平衡,企业在整合中发生变化。Gregory 和 Karavdic(2007)认为电子商务对企业出口营销策略的改变要从内部和外部两方面考虑。内部电子商务驱动直接增加企业的促销能力、沟通能力和分配效率,促进了更多的配送支持,提高出口企业的价格竞争力;此外,内部和外部的电子商务驱动缓和了环境因素和出口营销策略的关系。李潇潇(2014)认为电子商务提高了出口企业的绩效,并以江苏省196家中小企业的调查问卷为样本对电子商务出口绩效的影响因素进行考察,发现信用体系、第三方外贸平台和政策支持能提高企业出口的绩效。

二、电子商务对出口贸易影响的实证分析——以长三角、珠三角为例

(一)电子商务发展程度的测算指标体系构建与数据来源

本研究将用信息化发展指数作为测度电子商务发展的指标。一方面,各个城市对电子

商务交易数据的统计才刚刚开始,想要获取历年各城市关于电子商务的数据几乎是不可能的;另一方面,部分学者提出的电子商务指标体系在现实中缺少数据(刘敏,2008),或者采用问卷调查法来计算(杨坚争,2012,2014)。已有的电子商务测度指数的基本指标和信息化发展指数的基本指标有很大的重合性。因此,本研究在信息化发展指数的基础上做了部分调整和改动,作为评价电子商务发展的指标。随着智能手机的普及和发展,越来越多的人倾向用手机来沟通、上网以及进行电子商务活动,因此将电话拥有率调整为移动电话拥有率;电子商务的发展带动了邮政业和快递行业的发展,使其成为电子商务中一个重要的组成部分,因此将人均电信业产值调整为人均邮电业产值;各城市对信息产业的从业人员数、产业增加值统计不完善,数据获取非常困难,《2013 年中国信息化发展指数(II)研究报告》中采用的是第三产业的从业人员数、产业增加值,因此本章节也采用第三产业的相关数据替代信息产业。各二级指标的数据主要来源于 2006—2014 年各城市的统计年鉴,部分数据来源于城市所在省区市的统计年鉴。根据计算结果,本研究中各城市 2013 年的电子商务发展水平排序与"阿里研究院"发布报告中的城市排名比较接近,说明了本章节构建的指标与现实基本相符。表 6.4 为调整后的电子商务发展指数:

表 6.4　电子商务发展指数

总指数	分类指数	二级指标
电子商务 发展指数	一、基础设施指数	1. 移动电话拥有率(部/百人) 2. 电视机拥有率(台/百人) 3. 计算机拥有率(台/百人)
	二、产业技术指数	4. 人均邮电业产值(元/人) 5. 每百万人发明专利申请量(个/百万人)
	三、应用消费指数	6. 互联网宽带普及率(户/百人) 7. 人均信息消费额(元/人)
	四、知识支撑指数	8. 第三产业从业人数占比重(%) 9. 教育指数(义务教育在校学生数/万人)
	五、发展效果指数	10. 第三产业增加值占比重(%) 11. 研发经费占 GDP 比重(%) 12. 人均国内生产总值(元/人)

(二)长三角和珠三角城市的电子商务发展现状分析和对比

长三角和珠三角城市 2005—2013 年的电子商务发展指数综合得分分别见表 6.5 和表 6.6。

表 6.5　2005—2013 年我国长三角城市的电子商务发展指数值

城市	2005 年	2006 年	2007 年	2008 年	2009 年	2010 年	2011 年	2012 年	2013 年
上海	0.388	0.427	0.475	0.498	0.548	0.553	0.573	0.613	0.641
杭州	0.265	0.289	0.314	0.325	0.374	0.408	0.457	0.508	0.533
宁波	0.228	0.238	0.280	0.308	0.338	0.380	0.426	0.486	0.522

续表

城市	2005 年	2006 年	2007 年	2008 年	2009 年	2010 年	2011 年	2012 年	2013 年
温州	0.230	0.245	0.255	0.255	0.285	0.317	0.361	0.387	0.414
绍兴	0.175	0.206	0.245	0.267	0.313	0.329	0.367	0.413	0.422
湖州	0.152	0.166	0.199	0.230	0.285	0.299	0.334	0.372	0.412
嘉兴	0.148	0.176	0.200	0.247	0.286	0.314	0.359	0.402	0.438
金华	0.171	0.191	0.210	0.218	0.271	0.295	0.341	0.383	0.413
衢州	0.096	0.112	0.132	0.150	0.175	0.207	0.245	0.272	0.292
舟山	0.190	0.210	0.233	0.258	0.286	0.322	0.369	0.418	0.422
台州	0.181	0.207	0.234	0.257	0.293	0.319	0.351	0.380	0.396
丽水	0.111	0.128	0.156	0.183	0.205	0.234	0.269	0.315	0.338
南京	0.248	0.271	0.288	0.313	0.342	0.372	0.429	0.479	0.499
苏州	0.206	0.239	0.283	0.340	0.417	0.407	0.476	0.524	0.566
扬州	0.156	0.173	0.198	0.223	0.251	0.288	0.338	0.363	0.358
镇江	0.139	0.163	0.202	0.225	0.251	0.287	0.330	0.381	0.459
泰州	0.116	0.135	0.161	0.198	0.218	0.257	0.276	0.337	0.353
无锡	0.228	0.252	0.285	0.307	0.370	0.414	0.468	0.522	0.556
常州	0.167	0.192	0.223	0.265	0.309	0.347	0.409	0.449	0.482
南通	0.100	0.125	0.161	0.201	0.239	0.280	0.350	0.356	0.392
平均值	0.185	0.207	0.237	0.263	0.303	0.332	0.376	0.418	0.445

数据来源:根据统计年鉴数据计算所得。

从这两张表中可以看出,所有城市的电子商务发展指数得分都逐年递增,长三角城市的平均值从 2005 年的 0.185 增长到 2013 年的 0.445,大约增长了 1.405 倍,珠三角城市的平均值从 2005 年的 0.284 增长到 2013 年的 0.489,增长了 0.722 倍。珠三角城市的电子商务发展水平起点较高,长三角城市发展速度比较快,目前两个地区的电子商务发展水平相差不大。长三角城市的方差从 2005 年的 0.005 变化到 2013 年的 0.008,珠三角城市的方差从 2005 年的 0.009 变化到 2013 年的 0.026。说明长三角各城市电子商务发展比较均衡,珠三角城市之间电子商务发展水平差距逐渐扩大,出现两极分化的现象。

表 6.6 2005—2013 年我国珠三角城市的电子商务发展指数值

城市	2005 年	2006 年	2007 年	2008 年	2009 年	2010 年	2011 年	2012 年	2013 年
广州	0.401	0.421	0.459	0.495	0.481	0.534	0.547	0.588	0.644
深圳	0.373	0.422	0.469	0.470	0.526	0.557	0.575	0.657	0.726
佛山	0.299	0.329	0.330	0.321	0.343	0.388	0.387	0.441	0.476
东莞	0.319	0.362	0.393	0.403	0.418	0.450	0.438	0.484	0.526

城市	2005 年	2006 年	2007 年	2008 年	2009 年	2010 年	2011 年	2012 年	2013 年
珠海	0.362	0.385	0.423	0.424	0.436	0.503	0.500	0.557	0.599
中山	0.313	0.347	0.360	0.377	0.402	0.434	0.436	0.479	0.519
江门	0.156	0.159	0.176	0.176	0.202	0.231	0.233	0.269	0.291
肇庆	0.161	0.156	0.181	0.190	0.207	0.222	0.202	0.224	0.239
惠州	0.174	0.206	0.227	0.228	0.250	0.271	0.292	0.341	0.379
平均值	0.284	0.310	0.335	0.343	0.363	0.399	0.401	0.449	0.489

数据来源：根据统计年鉴数据计算所得。

所有城市中，电子商务发展指数值最高的城市是深圳、上海和广州，2013 年的指数值都超过了 0.6。接下来是长三角的苏州、无锡、杭州、宁波和珠三角的珠海、东莞和中山，2013 年的得分在 0.5～0.6。得分低于 0.4 的城市包括衢州、台州、丽水、扬州、泰州、南通、惠州、江门和肇庆，表明这些地区电子商务发展得并不是很好。从城市的排名中可以发现，电子商务发展最好的都是一线城市，其次是二线城市，而经济不太发达城市的电子商务发展水平都不高。本章节采用的电子商务发展指数是一个综合的衡量指标，经济发达的大城市在基础设施、经济水平、知识支撑等各方面都占很大的优势，而经济不太发达的小城市在这方面的资源和投入都不高，因此得分会比较低。

从城市的指数值增长速度上看，其结果正好与上述排名相反，增长速度最快的是丽水、镇江、泰州和南通等得分较低的地区，而得分较高的城市增长缓慢。电商发展水平较低的城市原本基础比较差，有很大的提升空间，比较容易实现高速的增长，而原本基础较好的城市，提升的幅度有限，因此发展速度会降低。

图 6.4 为 2005—2013 年长三角和珠三角地区电子商务发展指数对比图，由于长三角城市较多，把长三角地区细分为上海、江苏和浙江，可以更容易与珠三角地区做比较。从整体上看，珠三角的数据值一直高于长三角地区，但两地之间的差距正在日益缩小，到 2013 年为止两地差距已经非常小了，说明珠三角的电子商务发展虽然要好于长三角，但两地区可以说是相差无几。如果把长三角分上海、江苏和浙江来与珠三角比较的话，由于把上海单独列出来，因此其历年的指数值是所有地区中最高的，其值远高于珠三角地区。江苏和浙江的历年

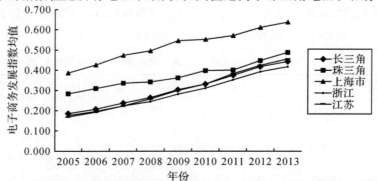

图 6.4　长三角和珠三角地区 2005—2013 年电子商务发展指数均值对比

信息化发展指数非常接近,江苏只比浙江高了一点,这两者的指数值与珠三角地区相比要低一些,但其差距也正在不断缩小。

(三)长三角与珠三角出口贸易发展的比较分析

本章节采用城市的出口贸易额表示出口贸易发展的程度,能确切地反映地区出口贸易的规模,数据也来源于样本城市所在省区市的 2006—2014 年统计年鉴。统计数据显示,29个样本城市 2013 年的出口贸易总额为 13709.45 亿美元,占全国比重的 62.03%,由此看出这些长三角和珠三角城市在我国出口贸易中的地位非常重要。长三角和珠三角城市 2005—2013 年的出口贸易额如表 6.7 和表 6.8 所示:

表 6.7 2005—2013 年我国长三角城市出口贸易额　　　　单位:亿美元

城市	2005 年	2006 年	2007 年	2008 年	2009 年	2010 年	2011 年	2012 年	2013 年
上海	907.4	1135.9	1439.3	1693.5	1419.1	1807.8	2097.9	2067.4	2042.0
杭州	198.0	262.3	299.7	336.1	271.8	353.4	415.2	412.6	447.7
宁波	222.3	287.7	382.6	463.3	386.5	519.7	608.3	614.5	657.1
温州	61.8	80.8	101.5	119.0	109.4	145.4	181.7	177.0	181.5
绍兴	81.4	105.0	138.1	175.0	157.6	210.9	259.9	255.6	279.2
湖州	20.0	26.7	36.8	49.0	40.8	58.6	73.6	74.0	80.9
嘉兴	70.4	91.8	116.7	141.0	123.4	160.4	192.7	196.0	215.1
金华	43.9	58.1	75.5	89.7	86.0	121.9	151.5	213.1	325.3
衢州	3.2	4.6	7.2	9.0	7.3	12.1	17.6	18.6	23.9
舟山	10.7	16.2	23.9	32.9	37.4	69.4	74.7	92.2	66.5
台州	52.0	70.4	93.7	117.6	100.7	139.6	170.4	172.4	187.2
丽水	4.4	5.5	7.5	10.3	9.4	13.5	18.1	19.8	23.7
南京	142.5	173.7	206.5	236.0	184.6	248.9	308.7	319.0	322.7
苏州	728.2	946.9	1188.8	1317.2	1140.9	1531.1	1672.3	1746.9	1757.1
扬州	19.1	23.6	32.5	45.7	40.1	60.6	73.2	81.7	75.5
镇江	20.3	26.6	36.9	42.5	35.4	47.5	56.2	77.4	62.2
泰州	13.4	22.1	29.6	48.9	42.1	58.8	74.8	69.5	62.9
无锡	155.5	214.4	293.3	357.9	259.9	362.7	423.1	413.1	411.5
常州	61.3	79.0	98.5	132.4	108.6	155.6	193.6	199.6	203.7
南通	57.9	72.1	90.2	117.5	111.8	140.9	180.1	187.9	212.8
平均值	143.7	185.2	234.9	276.7	233.6	310.9	362.2	370.4	381.9

数据来源:根据统计年鉴数据整理所得。

从表 6.7 中可以看出,长三角城市的出口贸易额保持增长的趋势,城市的出口贸易额平均值从 2005 年的 143.7 亿美元增长到 2013 年的 381.9 亿美元,大约增长了 1.658 倍,这表明长三角城市出口贸易的总体发展还是比较良好的。表 6.8 显示,珠三角城市的出口贸易额也是保持增长的趋势,城市的出口贸易额平均值从 2005 年的 252.6 亿美元增长到 2013 年的 674.6 亿美元,大约增长了 1.671 倍。2008 年金融危机的发生严重地抑制了我国出口贸易的发展,各城市 2009 年的出口额基本呈负增长,从 2011 年开始出口贸易额增速变得非常缓慢。

表 6.8　2005—2013 年我国珠三角城市出口贸易额　　　　单位:亿美元

城市	2005 年	2006 年	2007 年	2008 年	2009 年	2010 年	2011 年	2012 年	2013 年
广州	266.7	323.8	379.0	429.6	374.1	483.8	564.7	589.2	628.1
深圳	1015.2	1361.1	1685.4	1797.4	1619.8	2041.8	2455.3	2713.6	3057.2
佛山	170.8	211.4	261.9	289.6	245.8	330.4	390.9	401.5	425.2
东莞	409.3	473.8	602.3	656.4	551.7	696.0	783.3	850.5	908.6
珠海	107.7	148.4	184.8	211.7	177.8	208.6	239.8	216.4	265.8
中山	122.5	156.1	173.0	187.0	177.4	225.0	245.5	246.4	264.7
江门	60.3	74.1	87.0	96.5	79.5	104.1	122.5	129.7	140.0
肇庆	14.2	17.6	21.7	24.2	20.3	26.0	33.1	37.8	48.3
惠州	106.6	122.8	146.1	179.9	171.5	202.3	231.2	292.0	333.2
平均值	252.6	321.0	393.5	430.3	379.8	479.8	562.9	608.6	674.6

数据来源:根据统计年鉴数据整理所得。

在所有城市中,深圳的出口贸易额最大,2013 年的出口额是 3057.2 亿美元,占了珠三角地区 50% 以上;上海和苏州的出口贸易额也非常大,2013 年的出口额分别是 2042.0 亿美元和 1757.1 亿美元,占了长三角城市出口贸易总额的 1/3 以上。其次是宁波、杭州、无锡、金华、南京、东莞、广州、佛山和惠州,2013 年的出口额也都在 300 亿美元以上。湖州、衢州、舟山、丽水、扬州、镇江、泰州和肇庆等城市出口贸易并不发达,均低于 100 亿美元,或许是地区地理位置比较偏僻、制造业不发达等因素造成的。

不同城市出口贸易的增长速度也不同,出口贸易越不发达地区,由于其出口额较小,出口额增加较少就能达到很高的增长率,如衢州、舟山和丽水等地区。金华是其中最特殊的一个地区,其出口贸易额从 2005 年 43.9 亿美元增长到 2013 年的 325.3 亿美元,增速非常快,虽然在 2009 年有所回落,但之后增长速度依然非常快,这种增速是其他城市所没有的,这可能与其电子商务的快速发展有很大的关系。

图 6.5 为 2005—2013 年长三角和珠三角地区出口贸易额均值对比图,由于长三角城市较多,把长三角地区细分为江苏和浙江(上海出口贸易额太大,不适合做对比,因此剔除),可以更容易与珠三角地区做比较。从整体上看,珠三角城市出口贸易发展普遍好于长三角城市;按城市平均值来看,历年珠三角城市出口贸易额均值是长三角的 1.7 倍左右。江苏和浙

江的历年出口贸易额均值也都小于珠三角地区,江苏出口贸易额均值与长三角城市的均值
保持一致的趋势,而浙江地区远低于长三角城市的平均水平。

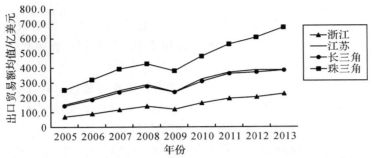

图 6.5　长三角和珠三角地区 2005—2013 年出口贸易额均值对比

(四)电子商务对出口贸易的影响实证分析

由于本章节主要研究电子商务对出口贸易的影响,因此电子商务指标是主要自变量,此
外本章节还重点考虑了产业集聚、外商直接投资、区域经济发展、人力资本和技术水平对出
口贸易的影响,作为本章节的控制变量。由此建立的计量模型如下所示:

$$\ln EX_{it} = \alpha_0 + \alpha_1 \ln LQ_k + \alpha_2 \ln EC_{it} + \alpha_3 \ln FDI_{it} + \alpha_4 \ln FI_{it} + \alpha_5 \ln R\&D_k + \alpha_6 \ln LAB_k + \mu_{it} + \varepsilon_{it}$$

$$(6.1)$$

其中,i 表示城市,t 表示年份,$\alpha_0, a_1, \cdots, a_6$ 表示模型中的待估系数,μ_{it} 是模型的固定效
应或随机效应,ε_{it} 是模型的误差项,模型中的各个变量设定和含义如下所示:

(1)出口额(EX),被解释变量。出口总额代表了各地区的出口情况,是衡量地区出口贸
易的重要指标。在统计年鉴中出口总额数据用美元表示,本章节按照当年汇率将其转化为
人民币的金额来计算。

(2)集聚指数(LQ),解释变量。采用区位熵作为衡量产业集聚的指标。区位熵,又称为
专业化指标,是衡量产业集聚的重要指标之一,可以反映地区特定产业的专业化程度,其具
体计算公式和含义如下:

$$LQ_{ij} = \frac{L_{ij} / \sum_{j=1}^{m} L_{ij}}{\sum_{i=1}^{n} L_{ij} / \sum_{i=1}^{n} \sum_{j=1}^{m} L_{ij}}$$

$$(6.2)$$

其中,LQ_{ij} 表示 i 地区 j 产业的区位熵,L_{ij} 表示 i 地区 j 产业的产值。当 $LQ_{ij} > 1$ 时,表
明该产业在该地区的专业化程度较高,超过全国该产业的平均水平,意味着产业在该地区比
较集中;LQ_{ij} 值越大代表产业越集聚。当 $LQ_{ij} \leqslant 1$ 时,则说明该地区产业专业化程度等于或
低于全国该产业的平均值,没有呈现产业集聚的特点。区位熵的原理简单易懂、计算方便,
可在一定程度上反映地区层面的产业集聚水平。本章节用地区工业增加值占国内生产总值
的比重来计算城市的区位熵,因为各统计年鉴中缺少城市制造业增加值的统计数据,而各城
市制造业产值占了工业产值的 95% 以上,因此用工业增加值近似替代制造业增加值。数据

来源于 2006—2014 年各城市所在省区市的统计年鉴、各城市的统计年鉴。

（3）电子商务发展指数（EC），解释变量。由本章节构建的电子商务发展指数计算所得（各级指标具体见前文表 6.4）。

（4）外商直接投资（FDI），控制变量。外商直接投资被认为是影响出口贸易的重要因素，用各地区的实际利用外资金额表示。在统计年鉴中实际利用外资额数据用美元表示，本章节按照当年汇率将其转化为人民币的金额来计算。

（5）国内固定资产投资（FI），控制变量。固定资产投资是建造和购置固定资产的经济活动，可以反映地区年度资本要素的增加量，对出口贸易也会产生影响。本章节采用"固定资产投资减去外商直接投资"来表示国内固定资产投资。

（6）研发成果（$R\&D$），控制变量。用各地区工业企业的专利申请量表示。研发水平是企业的竞争力的一部分，随着企业研发水平的提高，其产品也会不断升级和完善，在国际市场上就越有竞争力，而专利申请量则直接代表了地区的研发成果。

（7）人力资本（LAB），控制变量。用就业人员的平均受教育年限乘以地区就业人口总数来表示地区的劳动力资本。

变量选取和数据说明整理如表 6.9 表示。

表 6.9　变量选取和数据说明

变量符号	变量名称	变量性质	变量解释
EX	出口额	被解释变量	各城市的出口贸易额
LQ	集聚指数	解释变量	用区位熵来表示
EC	电子商务发展指数	解释变量	用信息化发展指数来表示
FDI	外商直接投资	控制变量	实际利用外商投资金额
FI	国内固定资产投资	控制变量	固定资产投资—外商直接投资
$R\&D$	研发成果	控制变量	各城市的专利申请量
LAB	人力资本	控制变量	各城市就业人口×平均受教育年限

同样，分析电子商务对出口贸易的影响，也采用逐步回归的方法，表 6.10 中结果（1）—（5）为逐步加入控制变量的情况，详细结果见表 6.10。

表 6.10　电子商务与出口贸易的回归结果

回归量	（1）	（2）	（3）	（4）	（5）
$\ln EC$	1.0000*** (0.0289)	0.9740*** (0.0313)	0.9792*** (0.0488)	0.9357*** (0.0736)	0.9537*** (0.0755)
$\ln FDI$		0.0659*** (0.0310)	0.0672** (0.0311)	0.0637** (0.0312)	0.0668** (0.0313)
$\ln R\&D$			−0.0130 (0.0228)	−0.0226 (0.0243)	−0.0233 (0.0242)

续表

回归量	(1)	(2)	(3)	(4)	(5)
lnFI				0.0588* (0.0356)	0.0624* (0.0371)
lnLAB					−0.0463 (0.1046)
常数	8.1062*** (0.0351)	7.7889*** (0.1542)	7.9340*** (0.3124)	7.5541*** (0.3778)	7.9101*** (0.8166)
Adjusted R^2	0.9907	0.9913	0.9914	0.9909	0.9911
F 值	960.07	990.11	971.39	885.86	878.05
obs	261	261	261	261	261

注:数值代表相关系数,括号内数字代表标准差,*** 表示在1%的置信水平下显著,** 表示在5%的置信水平下显著,* 表示在10%的置信水平下显著。

回归结果(1)—(5)中 EC 的系数都通过了1%水平下的显著性检验,并且系数的值都在0.9以上。这表明无论是单独考虑电商商务的因素,还是逐渐加入其他控制变量后一起考虑,电子商务对出口贸易有非常显著的促进作用。根据回归结果(5),电子商务发展每增加1%,出口贸易就会增加0.95%左右。这个实证结果无论从理论上还是现实描述上都与预期相符。首先,电子商务最直接的影响就是降低贸易成本,将电子商务运用到出口贸易的过程中,企业节省了大量的人力、物力、财力以及时间成本,概括起来可以统称为交易成本下降;其次,电子商务改变了出口贸易的方式,买方可以直接在网上完成下单和付款,也可以通过互联网进行报关,使出口贸易变得简单、方便、快速。控制变量中 FDI 变量通过了5%水平的显著性检验,外商直接投资增加1%,会使出口贸易增长 0.07%左右。FI 变量通过了10%水平的显著性检验,国内固定资产投资增加1%,会使出口贸易增长约 0.06%左右。剩下控制变量 LAB、$R\&D$ 都没有通过10%的显著性检验,并且各个系数值都非常小,说明在这个方程中这些变量对出口贸易的影响程度非常小。其中可能的原因是在加入电子商务这个变量后,由于电子商务的系数比较大,是影响出口贸易的主要因素,其他控制变量对出口贸易的影响远不如电子商务,因此表现出不显著的情况。

第七章 电子商务与产业集聚

第一节 电子商务与产业集聚理论关系基础

一、产业集群理论的发展脉络

1. 产业集群理论的发展脉络梳理

由于产业集群既包含经济因素，又包含社会因素，产业集群理论的发展脉络有多种形式。根据产业集群理论中经济因素和社会因素的嵌入程度，产业集群理论流派如图 7.1 所示。

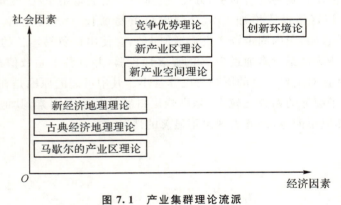

图 7.1 产业集群理论流派

马歇尔(1890)首先提出产业区理论，从外部经济的角度，认为"专业化分工协作、劳动力优势、知识和技术的共享"是产业区存在的三大原因。古典经济地理理论是从集聚经济的角度论述产业集聚，对后来的增长极理论和产业综合体等理论产生重要影响(Weber,1909；Hoover,1947；Perrous,1950)。新经济地理理论把空间因素引入"规模报酬递增和不完全竞争"模型，认为需求引致、外部经济和偶然的历史因素是产业区形成的三大因素(Krugruman,Helpman,Venables,1999)，这三个理论学派侧重经济因素，但是研究忽略社会因素对产业集聚的影响。新产业空间理论开始关注产业集群的社会因素,从交易成本的角度,认为企业是为了减少市场和技术不确定性所产生的交易成本而进行产业集聚(Scott,1992;Storper,1995)。新产业区理论以柔性专业化和社会背景为分析视角,认为"产业区是具有共同社会背景的人们和企业在一定的自然与社会意义的地域上形成的社会区域生产综合体"(Bagnasco,1977;Bacattini,1978;Pioreandsabel,1984)。Porter(1990)的竞争优势理论在很大程度上是受 Marshall(1909)的"产业区域"和"产业氛围"以及 Piore、Sabel(1984)的"弹性精专"理论的影响,认为产业集群是指在某个领域内大量关联紧密的、既竞争又合作的企业和相关机构在地理上接近的现象,影响产业集群竞争力的六要素构成"钻石模型",上述三个理论学派更加重视社会因素的作用和影响。创新环境论的研究者同时考虑产业集群的经济因素和社会因素,综合新经济社会学的嵌入理论,吸收国家创新和制度经济学等理论,研究中心是区域技术创新问题(Camagni,1991;Rosenfeld,1996;Saxenian,1994;Gremi,1996;Cooke,1996;Asheim,1996;Morgan,1997)。

2.产业集群转型升级的"新结构经济学"视角

在发展经济学的旧结构主义和"华盛顿共识"之后,2008 年世界性金融危机导致人们重新审视国家之间的差距。林毅夫和他的合作者们提出"经济发展过程中结构及其变迁的新古典框架",也称之为"新结构经济学"。在一国的经济发展过程中存在两个重要的外生变量:要素禀赋和发展战略(林毅夫,2010)。随着经济的发展,要素禀赋结构由劳动丰裕型发展为资本、技术丰裕型,产业结构整体将由二、三、一的结构发展为三、二、一的结构,产业类型也由劳动密集型向资本技术密集型转型发展,产业结构高级化程度不断增加;技术类型也由利用式技术为主,转向以探索式技术为主;金融结构将从自有资金、社会网络融资和民间融资为主的金融结构发展为以银行间接融资为主的金融结构,最后发展成以直接融资为主的金融结构。

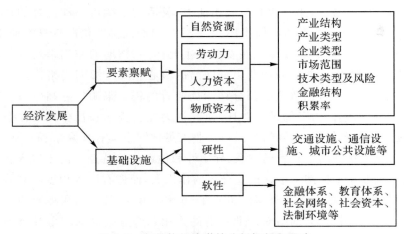

图 7.2 新结构经济学的分析框架和思路

资料来源:综合"新结构经济学"的理论和观点(周建华,2017)。

3. 产业集群转型升级的新经济社会学视角研究

以下是国内学者从新经济社会学的角度对产业集群进行的研究,主要是以个案研究为主。王珺(2004)以社会资本和生产方式的二分法,探讨对企业集群演进的影响。具体是把社会资本分为相对丰裕和相对有限,把生产方式分为柔性专业化方式和福特制生产方式,并以广东专业镇的形成和演化作为案例进行分析,认为专业镇是企业集群的一个初级形态,大企业集团和行业协会等组织对企业集群的作用至关重要。张杰、刘东(2007)认为浙江"块状经济"产生的原因在于,一是社会网络机制对市场法制机制的某种程度上的替代,二是关系型信任对制度型信任、地域型信任对普遍型信任在某特定半封闭社会网络的功能替代。吴结兵、徐梦周(2008)把衡量组织竞争优势的两个维度——效率和效益,移植到产业集群身上,认为产业集群的集群效率和集群效益受社会网络的网络密度的影响,又把集聚经济和集体学习作为中间变量加入分析框架,建立网络密度—(集聚经济)集体学习—集群效率或集群效益的作用机制。借助绍兴市国税局的企业交易记录来展现网络密度,得出结论是网络密度对集群效率和效益存在两面性,有利于集群效率不利于集群效益,集聚经济和集体学习起着中间效应。蔡宁(2006)通过温州IT产业集群和温州鞋革业集群的对比分析,得出它们在劳动力、技术合作和投入产出三种网络上都有较大的区别。小世界属性可能导致网络存在锁定效应,集散节点的存在使网络呈现脆弱性,但群落结构(次级小团体)特征的存在一定程度上减少网络的脆弱性。陶海青、刘冰(2008)以绍兴纺织产业集群为内生型产业集群,以东莞电子产业集群为外生型产业集群,探讨两种不同产业集群的企业家认知网络的演化路径,得出内生型产业集群的企业家网络具有密度高、开放性强和信息丰富等优点,企业家认知行为主要关注资本运作、技术和商业模式;而外生型产业集群的企业家网络具有密度低、关系弱和封闭性等特点,企业家的认知行为较为单一,侧重的是市场和生产信息(于斌,2010)。刘攸、王铮(2014)以深圳为例,探讨弱研发城市的高新技术产业集群的发展,研究发现,丰富的人力资源、较强的知识获取与应用能力、灵活的金融市场和良好的社会环境是高新技术产业集群发展的主要动力。周欢怀、张一力(2012)以佛罗伦萨皮具产业集群为案例,发现温商网络对产业集群的形成和发展发挥了主要作用,初期的作用是培育产业进入者和帮助初入者成功创业,中后期成为产业集群网络的核心主体。温商网络作用下的移民构成了产业集群的主要劳动力,也解决了部分初始创业者的资金来源。陈翊(2013)以温州企业家集群和宁波企业家集群为案例进行对比,研究认为社会资本和社会网络在企业家集群形成过程中都发挥了重要作用,不同的是温州企业家集群网络具有强联系、同质性和自组织的特点,而宁波企业家集群网络具有弱联系、异质性和他组织的特点。由于嵌入程度深和闭合性的特点,温州企业家集群网络推动产业升级的作用弱,而拥有嵌入程度浅和开放性的宁波企业家集群网络更容易推进产业升级。符正平、彭伟(2011)以中山和惠州的两个灯饰产业集群内企业为样本,分析社会网络对产业集群的作用。产业集群的转型升级同时也意味着社会结构和治理机制的转型和变革,如果迈不过这道坎,产业集群的社会结构路径依赖太强,产业集群就可能走向衰落。

第二节　电子商务与产业集群联动发展的作用机理

一、电子商务对产业集群的作用机理

电子商务所形成的资源整合平台、营销平台、融资平台作用于产业集群,以此促进集群内的资源整合,提升集群企业的市场拓展能力,开发集群的融资能力,为产业集群升级提供支撑。

1. 强化需求条件

(1)扩大市场容量。市场容量是产业集群竞争优势的重要影响因素。在基于专业化分工的集群内部生产协作网络上,电子商务能够进一步打破时空限制,并有助于集群成员共享公共基础设施和专业技术劳动力资源,从而降低企业规模对产品营销的影响和交易的不确定性。同时电子商务作为一种新兴的交易渠道,能够扩大企业原有的市场半径,以获取更大的市场机会;它是对集群企业原有营销渠道的一个重要补充,集群企业可以通过电子商务营销实现企业共享管理成本、促进无边界扩张的目的,从而扩大集群的市场容量。

(2)快速响应市场。电子商务可以对供应链上的各个环节进行高效整合,使生产资料能够快速地通过生产、分销变成增值的产品,并通过电子商务销售渠道迅速地将产品送达终端用户手中,从而使集群产业链上不同节点的企业紧密联系起来以达到快速响应需求的目的。在优化供应链环节的同时,集群企业可以通过电子商务与顾客进行交互式沟通,同时了解终端客户的需求变化,从而使集群企业能够根据自身情况,针对市场需求迅速对产品和服务进行改进和创新。

(3)提升集群企业的市场拓展能力。电子商务打破了时空、企业规模限制,使传统的贸易方式和经济活动发生了根本改变,为产业集群内的中小企业创造了与大企业平等竞争的机会。集群内的中小企业可以利用电子商务突破原有的渠道封锁,积极拓展市场空间,扩大市场份额。以小商品产业集群义乌为例,作为全球的"小商品海洋",其所面对市场的国际化趋势非常明显,商品60%以上为出口,出口国家和地区达215个。产业集群区域内的中小企业和商户通过"义乌全球网"将43个行业、1900多个大类、40余万种商品推向了全世界,电子商务已成为继有形市场和自主销售网络之后的第三大销售渠道,电子商务的应用极大地增强了产业集群企业的市场拓展能力。

2. 优化生产要素

(1)整合区域资源。产业集群之所以比企业一般性的地理集中有更大的优势,主要在于它是一种区域内有效的资源组织方式,可将许多闲置要素有效地组织起来,实现规模经济和范围经济的结合。电子商务通过实现企业间的工作流程协同促进集群内企业的分工合作、提高生产效率,从而扩大集群的生产能力,实现更大的规模经济。此外,通过电子商务实现企业信息共享能增强产业链上企业信息的透明度,并降低"牛鞭效应"的影响,以实现集群企业资源与产能的优化配置。

电子商务能够促进集群内的资源整合。和集群外的企业相比,集群内的企业由于聚集效应,生产要素、资源相对较为集中,协调性较强,但集群企业如想实现产业升级,现有的资源整合、协作程度尚不能满足精益化、柔性化生产要求。产业集群升级首先要着眼于内部升级,只有整合集群内的资源,形成一条按专业分工、环环相扣的产业链,才能提高整个产业集群的竞争力。电子商务能够提供产业链资源整合的平台,支撑整个产业链更为高效地生产、分销、销售和服务,最终通过缩短交货周期、降低周转库存、缩短客户响应时间,提高产业集群的竞争力。

(2)促进知识溢出。如何通过集群内企业的知识溢出来提高企业的竞争力是产业集群发展所面临的关键性问题。电子商务等信息技术的应用能够减少由于组织联盟规模扩大而引起的负面影响,并通过提供溢出环境和便利条件促进各类显性及隐性知识在集群内溢出,进而增强产业集群的整体知识水平。此外,电子商务所依赖的信息化途径,有助于隐性知识在企业内和企业间的传递和扩散。这种信息化的传播渠道,使各种新思想、新观念、新技术和新知识在集群内部通过正式和非正式渠道有效快速地传播,从而形成了集群知识的溢出效应。

3.开发产业集群的融资潜力

我国产业集群内存在着大量的中小企业,由于缺乏必要的信誉保障和担保,难以从银行融资,极大地限制了中小企业的发展与壮大。集群内的中小企业间关系的维持是以承诺、信任和相互利益为基础的,其本身具有独特信用优势,但一直以来缺乏相应方法和平台对其开发利用。和产业集群联动发展的电子商务在原有企业间交易信用的基础上,创造了诚信的交易环境,得到了良好发展,在有效提高交易效率、降低交易成本的同时,还能通过对电子商务交易信用记录的创新利用,充分开发产业集群的融资潜力,破解集群中小企业的融资难题。在基于交易信用记录的融资模式下,电子商务平台首先通过用户以往交易记录形成信用数据库,然后建立信用评价体系对用户进行评级,银行将以此评级作为重要参考依据授予中小企业无担保贷款。此模式关键在于电子商务平台作为一个独立信用中介,使得集群企业原有的诚信交易行为成为具体可参考、执行的信用记录,并以此作为贷款依据获得无担保贷款,解决广大中小企业由于缺乏可参考信用记录和可抵押资产导致的融资难问题。阿里巴巴公司和建设银行所推出的"网络联保"便是一例,只要三家或三家以上的企业通过阿里巴巴公司网站发起组成一个联保共同体("联保体"),经过内部协商一致,愿意承担"联保体"内其他企业的风险及其责任、权利,就可向银行申请贷款。此种融资模式不需要任何抵押,而是以在阿里巴巴公司的"诚信通"的诚信积分为贷款依据,是在充分利用中小企业电子商务交易信用记录的基础上所开创的一种融资模式,有力提升了集群内中小企业的融资能力。

4.促进集群企业协作与竞争

电子商务作为一项重大技术变革,必然引发集群企业管理方法和经营模式的转变,不仅增加了企业经营的复杂程度,也改变了集群内部企业之间原有的竞合关系。首先,电子商务被视作组织间业务联系的新渠道,能够促进集群内部的专业化分工,促进技术的转移和集群公共设施的共享,克服单个企业内部规模经济的劣势,强化集群优势。其次,电子商务一方面为单个企业带来了相对同业者的竞争优势,另一方面也加剧了集群内部的竞争,刺激其他企业通过各种主动或被动行为积极采取创新行动,建立自身的独特优势,进而大大强化了集群本身在市场竞争中的地位。

二、产业集群对电子商务发展的作用机理

在电子商务的发展过程中,由产业集群所衍生出的聚集效应、信用优势、邻近效应、知识溢出作用于电子商务发展,形成了电子商务发展所必需的庞大的用户群体、诚信的交易环境、便捷的配送体系、和谐的创新环境,这些因素积极推动了电子商务发展。

1. 聚集效应为电子商务发展提供了庞大的用户群体

电子商务的发展需要一定量的用户予以支撑,而产业集群聚集效应形成的庞大企业群落为电子商务发展提供了有利条件。聚集效应能够使集群内的企业共享公共基础设施从而节约成本,并且通过专业化分工协作降低成本和提高生产效率,使得在产业集群内形成覆盖原材料采购、生产制作、物流配送、销售、客户服务的上、中、下游完整产业链(李林,2008;朱英明,2016)。产业集群内聚集了一条完整产业链上的所有企业,这为电子商务发展提供了良好的"土壤"。以产业集群大省浙江为例,超过亿元的产业集群就有500余块,集群内的中小企业数量达了113万家,其中40.6%的中小企业拥有自己的网站,40.1%拥有独立域名,10.8%已开展电子商务,这为电子商务的发展奠定了良好基础。

2. 集群所具有的信用优势为电子商务创造诚信的交易环境

一直以来,由于我国信用体系建设不健全,互联网交易中的欺诈事件时有发生,信用风险一定程度上成为阻碍我国电子商务发展的最主要因素,而产业集群所产生的信用优势突破了阻碍电子商务发展的信用瓶颈(吴亚菲,2016)。研究表明,集群内的企业与一般游离的企业相比具有独特的信用优势,因为声誉对集群中企业的生存与发展至关重要,企业间的相互联系,比如承包、转包、产品的质量、交货时间、资金结算等本身就是建立在信任的基础上,一旦某企业信用缺失,很快就会在集群内传开。维持声誉的重要性,使集群内的中小企业不会"轻举妄动",由此形成的信用优势减少了电子商务交易过程中的道德风险,保障了电子商务的顺利开展。和信息发布阶段的电子商务不同,电子商务发展到网上交易阶段时,一般就涉及资金流、物流层面的运作,如交易各方诚信度低,则交易风险也会相应增加,由失信、违约造成的损失也会加重。因此,交易各方诚信度的高低、信用体系完备与否,在一定程度上决定了电子商务的发展层次和水平。这也间接解释了当大多数电子商务平台还处于信息发布阶段的时候,和产业集群联动发展的浙江的几大行业网站已率先步入了网上交易阶段。

3．产业集群的邻近效应有利于建设高效的物流配送体系

电子商务中的任何一笔交易，都包含着三种基本"流"，即信息流、资金流和物流。而物流，作为电子商务的实现过程中一个必不可少的实物流通环节，被誉为电子商务的"基石"（王林申，2017）。产业集群环境下，小范围区域内围绕同一产业链有诸多研发机构、供应商、制造商、批发商和零售商，甚至是终端客户，地理空间上的邻近性便于建设高效的物流配送体系，使得通过电子商务采购的原材料、零部件能以最低的成本、最快的速度配送至生产工厂，实现信息流和物流的集成。如在温州柳市低压电器产业集群中，其配件生产、产品装配和销售之间形成了一条产业链，仅就低压电器的配套件来说，就涉及金属部件、合金材料、注塑部件等几十万种零部配件，这些零部配件 70％能在柳市 5 公里范围内采购。当地企业通过和产业集群联动开发的"中国电子电器网"进行原材料、零部件采购，一定程度上实现了在线采购、即时配送，有效降低了原材料采购、库存、销售成本，给企业带来显著效益。

4．知识溢出为电子商务发展营造和谐的创新环境

知识溢出是知识扩散的一种方式，一般通过无意识或非自愿的方式传播出来，溢出的知识被他人占有或使用并产生新的知识和技术。知识溢出中的知识包括技术知识、供求信息、经营经验等。这些知识具有两个特征：一是公共物品性质。它一旦被创造出来，传播的速度越快，拥有的人越多，为群体带来的福利就越大。二是许多知识难以具体化、系统化，没有人与人的频繁接触和耳濡目染则很难传播或传播很慢，因此这些知识往往只有在产业群集合地才能得到。弗里曼认为在集群内部存在知识溢出，知识溢出是促进集群成长的最根本动力，是集群创新产出和生产率提高的源泉。对于电子商务应用企业而言，电子商务作为一种创新的经营管理运作模式，能帮助其降低运营成本、提高生产率和扩大市场空间。当集群内的企业采用电子商务模式获得收益时，知识溢出使得电子商务知识外溢扩散，集群企业通过互帮、互带、互传，纷纷采取电子商务模式进行相应变革获取收益，在集群内营造了应用电子商务进行经营管理变革的和谐创新环境，从需求方的角度推动电子商务服务商进行技术、应用模式创新。知识溢出同样存在于电子商务服务商之间，浙江作为我国电子商务服务商最集中的地区，大量电子商务平台往往是由某一初始平台知识溢出所形成的，知识溢出为电子商务的发展提供了强大动力。

三、电子商务和产业集群的联动发展机理

产业集群以庞大的用户群、诚信的交易环境、便捷的物流配送体系、和谐的创新环境所组成的发展圈作用于电子商务发展，使得电子商务的发展圈逐渐扩大，即电子商务的应用水平提高、范围扩大；而电子商务所形成的发展圈又会从促进集群内的资源整合、提升集群市场开拓能力、开发集群融资能力三个方面作用于产业集群，使得产业集群的发展圈逐渐扩大，即提高了产业集群的竞争力。通过相互作用促进彼此圈子的扩大，最终实现电子商务和产业集群的良性联动发展。

四、现有研究文献的进展

对电子商务与产业集群关系的研究,目前的国内外文献还比较少。一些国外学者研究了电子商务对企业的影响,Orli(1997)认为企业运用电子商务可以提高自身的信用、减少产品生产时间、保持与客户的良好关系、提高生产效率等,从而增强企业的竞争力水平。Kevin(1999)将电子商务对企业的作用具体分为快速处理信息、交易便利化、为客户提供专业化服务等方面,并验证了运用电子商务能提升企业的绩效。

国内学者对电子商务和产业集群的关系也做了一些研究。比如沈萍(2006)认为电子商务所具有的种种特性有利于产业集群的进一步发展。毛园芳(2010)用案例研究法分析了电子商务对产业集群的影响,通过三个产业集群案例发现:电子商务主要从获取新客户、对市场变化做出快速反应、整合上下游产业链、加强企业合作等方面来提升产业集群竞争优势。但斌等(2010)认为我国电子商务与产业集群是相互影响的:产业集群为电子商务发展提供庞大的用户群体、诚信的交易环境、便捷的配送体系和和谐的创新环境;电子商务能促进集群内的资源整合,提升市场拓展能力,开发集群融资环境。陶安等(2014)认为电子商务会影响产业集群的竞争优势,不使用电子商务的传统企业将失去竞争力。

1. 电子商务与产业集群竞争力

毛园芳(2010)在研究电子商务与产业集群竞争力的关系时,将市场的需求的扩大,生产要素的优化,以及集群企业之间的协作与竞争的关系视为构成产业集群竞争力的重要因素。从市场需求的角度而言,传统企业向电子商务转型,有利于企业生产成本的降低以及经营范围的扩大,同时集群企业可以通过电子商务大大拉近与顾客的距离,使得顾客与消费者能够进行有效的沟通,这有助于扩大集群市场的容量。同时电子商务有助于企业之间的分工与协作,促进知识和信息在企业之间的传播并能将闲置的生产要素组合起来,实现更高的经济效益。周云玲(2010)以闽派服装产业集群为研究对象,通过对闽派服装产业集群的发展现状以及未来服装产业的发展趋势的探索,认为电子商务可以帮助服装产业突破传统的发展模式,推动集群企业交易模式、管理模式和营销模式的创新。电子商务对产业集群的作用具体表现在电子商务可以降低企业的经营成本、加快企业资金的周转速度以及提升企业的服务水平,从而增强产业集群的竞争力。王丹(2010)认为电子商务的出现为产业集群的发展提供了新的机遇,无论是对集群中的企业还是对整个集群的发展,电子商务的应用都是十分有必要的。就企业而言,电子商务有助于企业更好地适应市场变化、增强自身的品牌建设,在扩大企业的市场发展机遇的同时,也有助于增加企业的经济效益。就整个集群而言,电子商务有助于扩大集群的规模,降低集群的网络成本以及促进集群的创新活动。但斌(2010)从电子商务与产业集群的互动机制出发,认为产业集群与电子商务是一种相互依赖、相互影响和相互促进的关系。产业集群的存在可以为发展电子商务提供诸多的便利条件,诸如产业集群众多的中小企业可以为发展电子商务提供庞大的用户支撑,同时集群内的中小企业相对于游离集群之外的企业更具有信用优势,可以为发展电子商务创造诚信的交易环境等。

反过来电子商务对产业集群的影响则更为明显。他认为电子商务可以作为产业集群的资源整合平台、融资平台以及营销平台来推动产业集群的升级与发展。陶安、覃艳华、曹细玉(2014)对珠三角产业集群内的 300 家中小企业进行问卷调查,结果表明:集群内企业电子商务应用能力对供应链管理和伙伴关系的维系有显著的正相关性;集群内企业电子商务应用能力和紧密的伙伴关系对集群竞争优势的提升需要通过供应链管理系统进行传导。马小红(2016)分析了目前我国传统制造业产业集群发展的态势,结合产业集群的实际情况,研究产业集群是如何作用于电子商务、电子商务如何作用于产业集群,并构建电子商务和产业集群的联动发展机理模型,给电子商务产业集群联动发展模式的发展提供一定的参考。戴卫明(2013)提出影响集群企业电子商务绩效的因素有区域品牌、公共信息平台作用、物流配送系统效率、电子商务应用水平、电子商务投入、电子商务平台和电子商务运营主体等。余福茂、孙晓莉(2018)通过对产业集群供应链的协同能力现状的研究,从不同角度考虑电子商务对产业集群供应链的驱动效应,通过案例研究分析得出结论,电子商务有利于促进产业集群供应链的信息协同、增强企业间的信任合作、缩短市场响应时间、快速整合市场资源、促进集群供应链内企业间的协作和竞争。

2. 电子商务与产业集群的转型升级

关于电子商务对产业集群的影响研究,目前相当一部分学者是基于互联网技术的角度来分析其对产业集群转型升级的影响。史一鸣(2016)认为互联网经济的发展是传统产业集群线上升级的主要原因。互联网改变了传统产业集群的运作模式,为产业集群的发展提供了更广阔的空间。王保龙(2016)认为电子商务的普及给产业集群的发展带来了机遇,他具体分析了产业集群与互联网融合的必要性,并对互联网与产业集群融合的不同模式加以分析,来探讨互联网为产业集群带来的价值和潜力。他认为产业集群应利用电子商务的最大价值帮助集群企业释放库存,促进产能消化。同时电子商务的应用可以促进企业之间数据和信息的流通,使得企业的生产模式由原来的批量性生产向柔性化生产转变。此外,电子商务还有助于促进产业链各个环节的信息透明化,进而达到供应链整体优化的目的。柳州(2015)将"互联网+"型产业集群与传统产业集群做了对比分析,他认为互联网可以为传统产业集群提供强大的数据分析,从而可以帮助企业更好地洞察市场变化。互联网能将产业集群的各个要素在线化,以此来提高生产要素的性能。相对于传统产业集群,数据化、在线化、柔性化是"互联网+"型产业集群的主要特征。

对于电子商务的研究,目前主要的观点还是把电子商务视为一种新的商业模式,研究的焦点主要还是集中在电子商务的用途和应用价值上。

关于电子商务对产业集群的影响,大部分研究都是通过企业和市场两个层面来加以讨论和分析,因此无论在研究的视角上还是内容上都存在着一定的局限性。在产业集群实际发展过程中,电子商务对产业集群的影响应该从多个层面、不同角度去加以分析,这里既包括直接的影响,又包括间接的影响。其中企业家职能这一独特现象的出现日益成为学术界关注的焦点,由此也可以看出关于电子商务产业集群的研究日渐丰富。

第三节 电子商务与产业集聚具体案例

互联网技术与传统产业融合的过程中,形成了一批新型产业集群——"互联网+"产业集群。这类新型产业集群是以互联网平台为基础,充分发挥"互联网+"与产业集群的联动优势,使信息在产业集群内外部互联互通,帮助企业成长、实现价值增值的信息空间邻近型网络组织。集群内要素的共享面越宽,共享程度越高,其外部经济的增进效果越显著。

我国"互联网+"产业集群建设主要以电商驱动型为主,即通过电子商务与产业集群的融合,实现产业集群转型升级的目的。由于各地资源环境等条件的不同,产业集群应用电子商务的具体表现形态也各异。主要有以下四种表现形态,分别为专业市场电子商务平台、在线产业带、电子商务村和电子商务产业园。

一、制造业集群(浙江为例)

浙江制造集群区别于长三角其他地域如江苏模式,也区别于珠三角制造集群,具有"小而多""散而活""集而不聚""主外辅内"等鲜明特征(俞荣建,2008),经过长久外向型发展,浙江制造集群积累了相当水平的制造技术与规模,部分企业甚至具备了全球领先的生产线和产品质量。坚实的制造实力将是浙江制造集群的转型基点。随着生产要素比较优势的逐步丧失,长期为全球价值链主导企业贴牌的浙江产业集群面临紧迫的升级命题。相比于其他地域,浙江电子商务产业具有显著的先发优势,在 B2C、B2B 等电子商务平台、电子支付、大数据物流平台等电子商务第三方生态系统建设,以及规模庞大的电子商务营销创业生态系统建设和电子商务人才培养等领域,远远超前于其他制造集群发达的地域。不少浙江制造集群已经涉水电子商务并且取得一定进展,探索和积累了实施电子商务战略的初步经验。基于价值云的理论模式,浙江制造集群实施电子商务战略存在如图 7.3 所示的几个阶段性特征。

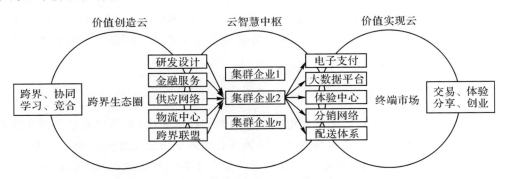

图 7.3 电子商务对制造业集群的框架

1.浙江制造集群电子商务战略的基本认知

产业集群所在的地方政府和集群企业,不约而同地认识到电子商务对于制造业转型升级的战略性意义和价值。但是,经过两三年电子商务领域的尝试和不菲的投入之后,电子商务带来的收效却不明显。究其原因,重要的一点在于不少制造集群企业将电子商务战略简单理解为网上销售,而对构建智慧集群缺乏明确而系统的战略认知。战略认知的局限和不足,导致电子商务的整体战略框架和举措十分简单,使相关主体在电子商务投入力度以及实施成效的预期上,产生明显的落差,甚至不少受访企业认为电子商务是"花架子",还是传统"拿订单加工"模式比较实在。

2.浙江制造集群电子商务战略的主体模式

总体上,浙江制造集群电子商务战略主体,包括政府主导型和企业主导型。政府主导型的政策优势明显,但是资源配备明显不足,如永康市政府主导建设的中国五金电子商务网,主营业务包括面向国内市场的 B2C、B2B,以及面向海外市场的 B2B、B2C。但是,除了初期对办公用地与网站建设等资源投入和对部分企业的财政补贴外,后续的网站推广与技术升级等投入则久未落实,导致该电子商务网站面临名存实亡的尴尬(项丽瑶等,2015;董彦龙,2015)。企业主导型电子商务包括龙头企业主导、电子商务企业主导和专业市场主导等,突出问题表现在这些企业都从自身角度考虑电子商务问题。譬如桐庐围巾集群某龙头企业主导建立的电子商务分销平台,通过向电子商务企业招商搭建围巾电子商务产业园,但是只销售该龙头企业品牌的围巾,而未辐射整个桐庐围巾产业。有些制造集群甚至同时由多个企业建立了多个面向全国的行业电子商务平台,相互之间模式上雷同,在政府资源配备和人才上展开激烈竞争。

3.浙江制造集群电子商务战略的对接层次

浙江制造集群电子商务的一个显著特点,即电子商务与制造企业的对接体现在集群产品营销领域,而较少涉及垂直供应链整合、跨界联盟和消费者或者客户的线上线下联动等领域。如浙江典型的产业集群,除了建有行业性的、具有地域品牌宣传和咨询发布之类的电子商务网站之外,基本上都在国内主要的第三方电商平台阿里巴巴、天猫、京东等搭建浙江产业带、品牌联盟等形式的 B2B(主要面向国内外做批发零售业务)和 B2C(面向消费者销售商品)业务平台。

4.浙江制造集群电子商务战略的实施能力

近水楼台先得月,阿里巴巴等领先电子商务网站的技术溢出,是浙江制造集群实施电子商务战略的一大优势,不少制造集群的运营团队都有在阿里巴巴工作的经历。即便如此,浙江制造集群遇到的第一个瓶颈问题仍然是电子商务人才的严重短缺,包括网络营销人才、网站设计与推广人才等。不少制造集群地处偏远,人才吸引力不强,为了解决人才问题,制造集群往往和阿里巴巴等知名电子商务网站进行合作,将网站运营等外包给地处上海、杭州等电子商务发达城市的专业团队,但远水不解近渴,合作企业对制造集群的情境认知,对市场的具体把握和对制造集群提供差异化服务的隐性认识明显不够,电子商务团队和制造集群之间复杂的利益博弈,大多以合作失败告终。其次,基于终端市场需求的大数据处理技术和运营能力的建构,处于十分薄弱的状态。部分制造集群中只有少数几个龙头企业有构建大数据处理平台方面的设想和规划,大多数企业都是基于第三方电子商务平台进行初步的数据分析,而采纳先进大数据的处理技术或服务还未曾发现。最后,围绕终端市场需求的产品研发与设计能力明显不足。所调研的制造集群大多数都嵌入全球价值链中,为国外品牌企业提供 OEM/ODM 等形式的代工业务,部分具有相当实力的集群企业尝试构建自主品牌,但效果不明显。这使得浙江制造集群普遍缺乏面向终端市场与消费者的产品开发与设计能力,表现为缺乏对网购需求漂移规律的理性认识和经验把握。新产品开发能力局限于采购客户的需求而非终端需求。

二、农业集群(农产品淘宝村为例)

在回顾产业集群已有文献的基础上,曾亿武(2016)形成了农产品淘宝村集群形成机理的基本研究思路,即只有同时考虑研究过程的构成环节、每个环节向前演进的动力机制以及整个形成过程所需具备的关键要素三个角度,才能为农产品淘宝村集群的形成原因提供完整的解释,如图 7.4 所示。

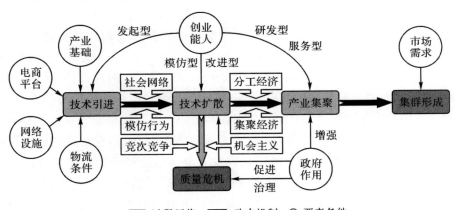

图 7.4 淘宝村的形成机制

从形成过程的构成环节来看,农产品淘宝村集群的形成过程包含"技术引进""技术扩散""质量危机""产业集聚"等构成环节,这与一般的原发型产业集群,尤其是中国农村地区的产业集群,是一样的。但是,构成环节相同并不意味着构成内容完全无异,例如,在产业集聚环节上,淘宝村集群属于线上和线下双重集聚的现象,既有线下产品的供应链,又有电子商务专门配套的服务链,形成双链互动、线上线下互促的集群发展新形态。从形成所需具备的要素条件来看,农产品淘宝村集群的形成离不开产业基础、电商平台、网络设施、物流条件、创业能人、政府作用和市场需求。以往不少原发型产业集群属于"从无到有"的形成过程,它们一开始并没有任何产业基础,而农产品淘宝村集群的形成需要建立在良好的产业基础之上。在硬件设施方面,一般产业集群主要是道路建设和交通运输,农产品淘宝村集群的形成除了基本的交通条件以外,还要求具备网络设施、物流条件和电商平台等要素。而创业能人被称为"新农人",与传统农民相比,"新农人"更加年轻化,文化素质较高,拥有互联网基因,品牌意识和服务意识强,并且在不同的形成环节上相应形成不同类型的创业能人,包括发起型能人、模仿型能人、改进型能人、研发型能人和服务型能人。政府作用主要表现在促进技术扩散、增强产业集聚和治理质量危机三个方面。线上的市场需求是整个农产品淘宝村集群得以形成的外部源泉和必要条件,从根本上决定着农产品淘宝村集群可塑规模的大小。从形成过程向前演进的动力机制来看,农产品淘宝村集群的电子商务技术扩散得益于农村社会网络和模仿行为在降低技术采纳成本和风险、提高预期收益方面所发挥的作用,此后的产业集聚发生动因在于分工深化和地理集聚能够带来各种经济好处,在集群形成的过程中,可能掺杂着一定程度的质量危机,这主要源于局部农户的竞次竞争行为和机会主义行为,但与一般产业集群相比,农产品淘宝村集群形成过程中竞次竞争行为的发生机制有了新的内容。农产品淘宝村集群形成的动力机制可以从以下几个方面去分析:

(1)社会网络与模仿行为。从电子商务技术的引进阶段向电子商务技术的扩散阶段演进,得益于社会网络与模仿行为发挥提高技术采纳预期收益、降低技术采纳成本的动能作用。中国农村是一个熟人社会,农村居民处于高度交织的社会网络之中,他们与存在亲缘、友缘、地缘和业缘关系的人打交道的频率非常之高,使得信息传播的速度极快。一般来说,在产业既定的情况下,人群规模越大,产业技术扩散的速度越快;社会系统内的参照群体越单一,人们社会交往就越频繁,则新技术引入系统后的扩散速度和广度就越可观(李国武,2009)。而原本就形成产业区的地方,其内部主体之间的产业联系十分紧密,前期演化而成的网络组织将成为未来知识溢出的重要通道(Freeman,1991)。所谓模仿,是指行为主体对同领域技术先行采纳者成功行为的仿效,是一种社会学习与从众行为。为什么会有模仿行为,归结起来有两个方面的原因:一个是攀比压力,另一个是风险厌恶。在一个相对封闭、交往密切的农村社区里,农户之间的行为是相互影响和相互效仿的,存在较高的同质性,人们对相对地位非常敏感,参考对象的地位变化容易对个体的选择行为和效用评价产生影响。当某个或某些农户因为经营网店而获得更高收入,他们在社区中的收入和相对地位有了明显提升,从而打破了社区原有的平衡;为了恢复被打破的相对平衡,很快就会有其他农户效仿开展电子商务。另一方面,投资行为充满风险,创业面临环境的不确定性,模仿成为风险规避型的农户在信息短缺、知识和能力不完备情况下的一种理性行为(李国武,2009)。选择追随先行者,仿效者可以最大程度降低创业的不确定性,通过根据先行者过去的真实经验来获得相关信息,提高自己对技术采纳行为的结果及其可能性的判断力,缩短试错过程,减少试错成本。通过熟人通道向外扩散是农村社会模仿机制的特性,Hager strand(1968)将之概括为邻近效应、等级效应和距离衰减特点。

(2)竞次竞争与机会主义行为存在于任何产业集群发展的过程中,尤其是早期阶段,可能会遭遇质量危机,如果不能有效治理质量危机,集群将趋向消亡。当然,现实世界非常复杂,很多时候明显的质量危机现象可能无法被观察到,因为危机可能在较早的时候就被处理掉了(阮建青等,2014)。Otsuka、Sonobe(2011)考察亚洲和非洲 19 个产业集群案例发现一个普遍性规律,即产业集群在数量扩张阶段的中后期,生产低质量的商品是一种理性的选择,这时的竞争是"竞次竞争"(Race to the Bottom)。阮建青等(2014)运用一个完全竞争市场模型揭示了一般产业集群的这种竞次竞争如何引发内生质量危机的机制。农产品淘宝村集群的形成过程同样存在竞次竞争进而导致质量危机的可能,但其发生机制除了同质化竞争的诱发机制以外,还新增后发型网店引流策略的诱发机制。农产品淘宝村集群形成过程中可能发生质量危机的另一个机制是机会主义行为。机会主义行为是指在信息不对称的情况下经济主体不完全如实地披露所有的信息及从事其他损人利己的行为。具体到农产品淘宝村集群中,部分电商农户可能会利用消费者(尤其是初次消费者)对于产品信息的不知情或有限的甄别能力而采用低质量产品替代高质量产品的方式进行谋利。例如,电子商务的引进使本地特色产品的需求量猛增,出现供不应求,此时部分电商农户可能将外地的同类普通产品充当本地特色产品卖给消费者。当本地产品质量的区分缺乏标准化、统一认证和监管的时候,单凭有限且类似的文字以及图片信息,短期内买家根本无法有效区分不同质量的产品,这种情况下机会主义行为易于发生,甚至盛行起来。

(3)分工经济与集聚经济集聚是大量主导产业主体以及配套产业主体在同一地区产生或集中的过程,这一过程是所有产业集群形成的必由阶段。集聚的过程本质上是分工经济与集聚经济的有机结合与良性循环累积。对于农产品淘宝村集群而言,集聚的结果是构建起一个由农民网商、网货供应商、电商服务企业、物流快递企业、通信运营商、配套材料生产企业、金融机构、教育培训机构、行业协会以及政府公共部门所共同构成的电商生态体系。亚当·斯密在《国富论》中论述到劳动分工的好处:一是提升劳动者的技能水平,二是节约工作转换中的劳动时间,三是有利于技术发明与采用。他还区分了两种分工类型:企业内部的分工和企业之间的分工,前者亦被称为组织分工或技术分工,后者即产业分工。无论是技术分工还是产业分工,分工都有助于加深劳动者的专业化程度,加速经验积累,提高人力资本和生产效率,促进技术创新。Marshall(1890)认为,分工不仅有利于一般工人单个劳动生产率的提高,而且会使一个企业的行为对另一个企业产生正外部效应,促进企业之间的互动创新。在亚当·斯密关于分工受市场范围限制的论述基础上,Young(1928)进一步提出,分工能够扩展市场规模,通过"分工—市场"自我循环,实现经济增长。他还指出,高度的专业化分工使大量剩余劳动力得以就业,不仅缓解了当地就业压力,还能使生产效率成倍,获取报酬递增。电子商务技术就近扩散的直接作用是从事电子商务的农户在同一区域数量的增加,增加到一定程度,就会产生分工经济,即围绕电商农户群体的企业内部分工与产业分工不断深化,劳动岗位覆盖培育、种植、加工、包装、运输、研发、运营、营销、客服、美工、设计、编辑、摄影、培训、平面模特等,专业化程度不断加深,进而提升电子商务方面的竞争优势。分工深化有助于促进电商农户群体的发展,而不同产业主体在实行分工的同时还选择地理上集中在一起,这是因为,分工深化会导致组织成本和交易成本上升。首先,技术分工深化意味着企业内部分工环节增加,管理链条加长,导致企业组织成本增加,当组织成本超过了市场交易成本,企业便将技术分工的某些环节外包化,此即社会分工的深化(马中东,2007);其次,社会分工的深化又会导致企业间的交易成本不断上升,为了解决这一问题,众多相关企业选择集中在某一空间地域,这可以降低区位成本,增加交易频率,使交易的空间范围和交易对象相对稳定,并且易于克服交易中的不确定性,以及节省企业搜寻市场信息的成本(黄海平,2014)。由于空间集聚降低了企业间的交易费用,分工深化得以进一步演进,进而形成一个正反馈的良性循环过程。当然,集聚经济效应除了节省运输费用和交易成本、促进分工深化以外,还包括共享公用设施和中间品投入、原材料购买批量化、节省劳动力搜寻成本、信息和技术溢出、扩大市场需求、增强竞争和促进创新,有助于新企业的产生、产业支撑体系的形成等(Marshall,1890;Porter,1990;Krugman,1991;Schmitz,1995)。

以农村电子商务产业集群现象为例,农村电子商务产业集群可以定义为在特定农村地区,聚集大量某一特色产业相关企业和服务机构,应用电子商务商业模式,整合传统农村产业链,创新销售模式和企业组织形式,形成产供销一体化的有机群体。与传统产业集群不同的是,农村电子商务产业集群是以第三方电商平台网络销售为核心,融合实体经济与虚拟经济,依托互联网对农村传统特色产业进行转型升级或创新重构,此类集群更具有创新性、灵活性、积极性。农村电子商务产业集群的参与主体主要包括农户、农民专业合作社、农业企业、电子商务销售企业、电子商务物流企业、相关服务机构等。

目前,关于农村产业集群形成机理的研究文献主要集中在两个角度:一是从新经济地理学的角度进行研究,学者们从劳动分工、交易费用、规模经济等方面对农村地区产业集群的形成机理进行分析。阮建青、黄祖辉、Sonobe 等人认为,发展中国家由于资本机制尚不健全,潜在创业家为克服资本和技术壁垒,往往会通过创业家之间的分工协作,将高资本、高技术行业拆分成劳动密集型行业,进而促进产业集群的形成。何雄浪等认为,交易费用和交易效率是企业关注的焦点,是促进集群演化的关键因素。丁瑞等认为,地理邻近的企业可以通过共享基础设施、知识溢出、规模经济等益处,降低企业经营成本,从而促进产业集群的形成与发展。二是从创业管理理论的角度进行研究,学者们从创业家、创业活动、机会识别与利用等视角对农村产业集群形成过程进行研究。郑风田等认为,产业集群是创业家群体的集聚体,在产业集群形成的不同阶段会有不同类型的创业家与之相适应。闫华飞等认为,创业家通过关系构建和模仿创业,识别并利用区域内创业机会。

沭阳县是江苏省直管县三个试点之一,因位于沭水之北而得名,地处中国东部长江三角洲地区,江苏省北部,沂沭泗水下游,既属于徐州、连云港、淮安、宿迁四市结合部,也属于鲁南丘陵与江淮平原过渡带,面积 2298 平方公里,辖 33 个乡镇、1 个农场、6 个街道、1 个国家级经济技术开发区,2015 年户籍人口 193.57 万,是江苏省陆域面积最大、人口最多的县域,享有"全国文明县城""全国卫生县城""中国书法之乡""中国花木之乡"等美誉,同时也是"全国电子商务进农村综合示范县"。2015 年,沭阳县位列第十五届全国百强县第 44 位,已连续四年跻身"全国百强县"行列。沭阳县还曾入选工信部首批"全国工业百强县",其中木材产业在 2012 年成功获批"江苏省唯一木材特色产业集群",2013 年所辖经济技术开发区获批"国家级经济技术开发区"。

沭阳淘宝村集群的发展让各种经历和背景的从业者都能够找到自己的位置,农户既可以自己经营淘宝店,又可以进入企业负责运营或者仓库发货等工作,也可以成为物流公司的快递员工;返乡的大学生可以成为各类农村电子商务服务站的服务人员,也可以自行经营店铺或成立电商服务企业。据沭阳县商务局估算,2013—2015 年,沭阳县电子商务发展带动创业和就业人数达到了万人,其中约有 5.5 万人属于返乡就业创业;2014 年,全县新增个体工商户 28983 户。沭阳淘宝村发展历程如下:

第一个阶段:2001—2006 年,萌芽期。沭阳县花木产业区在通信网络设施建设方面起步也较早,自 2001 年开始建设 ADSL(非对称数字用户线路)宽带接入网。也就在这个时候,沭阳县一些农民就开始利用贴吧、论坛在网上展示、推销自己庄稼地里的花卉苗木。这是最原始的电子商务形式,只有信息发布和信息获取功能,因此对沭阳花木交易的实质性帮助还十分有限。但是,在互联网还没有被广泛进行商业应用的这段萌芽期,沭阳县农户对接互联网的积极尝试是值得称赞的。

第二个阶段:2007—2012 年,突破期。2007 年,沭阳县实现了宽带村村通。也恰恰自2007 年始,一些苗木农户又开始积极探索使用淘宝、天猫、1688 等具有多重功能的第三方电商平台,发掘到了一个全新又广阔的线上市场。在偶然尝试获得惊喜的成功之后,农村社会的熟人机制发挥了其天然的知识溢出作用。农户通过互帮、互带、互传,吸引着越来越多的亲朋好友陆续加入电商的创业行列。虽然这段时期,电商创业者的规模还未达到较大的级别,但是一个通往美好生活的通道被打开了,沭阳县逐渐靠近电子商务快速发展的起跑线,在电商平台开展线上营销,由此揭开了沭阳县电子商务发展的新篇章。

第三个阶段:2013 年至今,飞跃期。2013 年首批中国淘宝村名单揭晓,颜集镇成功入选,这标志着沭阳县电子商务进入了一个新的阶段,一个跨越式发展的飞跃期,一个开始广受外部关注、知名度不断提升的时期。2014 年,周圈村和堰下村入围第二批中国淘宝村,2015 年,新河镇、庙头镇、颜集镇共 22 个村入围第三批中国淘宝村,并且三个乡镇入围中国淘宝镇,沭阳县成为全国最大的农产品淘宝村集群。在阿里研究院发布的《农产品电子商务白皮书》中,沭阳连续两年在阿里零售平台农产品交易额的县域排名中稳居前三位。2015 年沭阳县还荣获"国家电子商务进农村综合示范县"称号。沭阳已有的 22 个淘宝村平均每村拥有的网商规模、网店数量和交易总额呈现连年快速增长的态势,从 2011 年的46 户网商、101 个网店、760.2 万元电商交易额增长至 2015 年的 193 户网商、359 个网店、5542.1 万元电商交易额,年均增长率分别达到 43.7％、37.4％与 64.4％。目前沭阳已形成了一个拥有较大电商发展规模、优质产业基础、完善电商生态、良好发展前景、扎实基层网商基础的特色花木电商产业集群,同沭阳特色花木产业集群相辅相成,共同促进沭阳县域的经济社会发展。2016 年,新河镇、庙头镇、颜集镇和扎下镇共 31 个村入围第四批中国淘宝村名单,沭阳县不仅是全国最大的农产品淘宝村集群,也是全国十大淘宝村集群之一。据悉,截至 2016 年上半年,沭阳县网商数量达到 3 万余家,其中约有 80％从事花卉苗木类商品的销售。

沭阳县淘宝村集群的形成使其花木产业具有了前所未有的竞争优势和发展实力。一方面,电子商务使得沭阳县花木之乡的区域品牌知名度达到空前的高度,线上线下形成双链互动和良性循环;另一方面,电子商务使沭阳县花木产业的供应网络和服务体系更加强大和健全,花木产品种类更加多样化、质量更加优质化以及成本更加低廉化,优势明显。据沭阳县花木管委会的统计,2015 年底,沭阳全县所有乡镇(包括新城、街道)都有花木种植,花木种植面积总计48.1万亩(约3.2万公顷),花木销售额达85亿元,全县拥有国家园林绿化一、二、三级资质企业分别达5家、25家和50家。沭阳县实现了以农业产业区为依托,形成花木种植、干花加工、资材配套、现代物流、金融信贷、教育培训、电子商务、软件信息、休闲旅游等多个产业空间叠合和网络发展的形态,为中国农村第一、二、三产业的融合发展树立了标杆。

三、中国轻纺城

中国轻纺城不仅是全国、亚洲最大的轻纺专业市场,同时也是世界的轻纺交易市场。但是,受到时间、地域的影响,中国轻纺城的发展受到限制,地域色彩比较浓厚。而且,中国轻纺城的发展是一种低水平的数量的扩张,主要以量取胜,产品之间同质化严重,内部竞争也比较激烈,在国际上的竞争力还有待提高,发展面临挑战。

1.网上轻纺城的发展概况

电子商务的快速发展,极大促进了纺织服装业的发展。中国轻纺城紧紧抓住时代发展的脉搏,面对纺织服装业激烈的市场竞争以及有限的资源,利用电子商务,使纺织业走上了一条与时俱进的道路。至此,网上轻纺城应运而生。网上轻纺城的出现是时代发展的必然产物,符合经济发展要求,符合国际竞争的需要。

2012年6月实现在线交易功能后,网上轻纺城的交易额急剧增加,由表7.1可知,交易额从2013年的59.38亿元,增加到2016年的220.76亿元,年均增长率为54.91%。

表7.1 2013—2016年网上轻纺城的交易额 单位:亿元

年份	2013	2014	2015	2016
网上轻纺城交易额	59.38	112.70	174.79	220.76

资料来源:柯桥区统计信息网数据整理。

2.网上轻纺城的运营模式

(1)自建网站。网上轻纺城根据市场的现状以及自身的特点,建立了属于自己的网站:www.qfc.cn。第三方电子商务平台虽然比较成熟,但是它聚集了众多不同类型的行业,网站服务大众化,不能为纺织行业提供更加具体、细致的服务。网上轻纺城的自建网站包括产品信息、采购信息、企业信息、纺织咨询四大模块。

(2)开展O2O模式。网上轻纺城开始采用O2O模式进行交易,用户既可以享受线上快捷的服务,同时又能体会线下真实的情况。数据显示,不论是电子商务发展成熟的美国还是电子商务正蓬勃发展的中国,线下消费的比重大大超过线上交易额。O2O模式相比之前的模式,独特之处在于能同时将线下与线上结合起来,依托线下的实体店,通过线上扩大交易量。所以O2O模式更适合中国轻纺城的发展和特点。

(3)有形市场与无形市场相统一。网上轻纺城的独特之处在于利用电子商务平台,将大量的数据和信息进行整理,提高管理效率,使得企业更加具有竞争力。它克服了传统市场上信息不对称、管理效率低下的问题。同时,网上轻纺城之所以受到大众青睐,在于它以有形的市场为依托,可信度高。有形市场可以对一些没有在网上展现的方面进行很好的补充,例如纺织产品的质感体验等,大众往往受心理因素的驱使,相信实体店的产品。有形的纺织市场为网上轻纺城的交易提供了保障。中国轻纺城将有形的市场与网上市场相统一,彼此互相补充,相辅相成。

(4)贸易、仓储、物流、支付一体化。网上轻纺城利用电子商务平台实现了将纺织业贸易、仓储、物流、支付一体化的服务。首先网上轻纺城的贸易信息中心,解决了信息不对称的问题,从而帮助企业获得所需要的信息。网上轻纺城有完善的仓储和物流系统,在线物流服务支持物流配送查询以及退还服务。此外,网上轻纺城还与银行等金融机构合作,实现在线支付。

3. 电子商务扩大了中国轻纺城的出口额

网上轻纺城是中国轻纺城在电子商务环境下的新举措,网上轻纺城的电子商务运行模式,给中国轻纺城的发展带来了巨大的影响,市场成交额取得了明显的突破,出口竞争力不断提高,如表 7.2 所示。

表 7.2　2009—2016 年中国轻纺城的市场成交额　　　　　　　　单位:亿元

年份	2009	2010	2011	2012	2013	2014	2015	2016
市场交易额	391.49	438.64	488.43	557.04	639.49	742.10	865.83	970.01

资料来源:根据柯桥区统计信息网数据整理得到。

柯桥是浙江著名的纺织服装基地,中国轻纺城是柯桥极具代表的纺织类市场,柯桥纺织服装品的生产和出口几乎全部来自中国轻纺城。纺织服装业是柯桥的支柱产业,纺织服装品的出口额占总出口额的90%以上。从表 7.2 可知,中国轻纺城的市场交易额从 2009 年的391.49 亿元到 2016 年的 970.01 亿元,市场交易额扩大了 1.48 倍;2009—2012 年中国轻纺城的年均增长率为 12.48%,2012—2016 年中国轻纺城的年均增长率为 14.87%,比 2009年—2012 年明显高了 2.39%,主要原因在于 2012 年网上轻纺城开通了在线交易,使得轻纺城交易额的增速明显提高了。

从表 7.3 可知,中国轻纺城的纺织服装品出口量大体上不断增加,从 2010 年的 73.31亿美元增加到 2014 年的 102.63 亿美元,虽然在 2015 年有所降低,但不是中国轻纺城自身的问题,而是 2015 年不论是全球、中国还是浙江,纺织服装产品的出口量整体都是下降的。在 2010—2012 年,纺织服装品的出口年均增长量为 10.90%,自 2012 年开始,中国轻纺城借助电子商务平台,开设网上轻纺城网站,展开在线交易,到 2013 年,出口量就突破 100 亿美元,达到 101.25 亿美元。中国轻纺城的出口量占绍兴纺织服装出口量的一半以上,且大体上呈上升趋势。说明中国轻纺城在纺织服装产品的出口上具有较强的优势和竞争力。再者,电子商务为中国轻纺城的出口带来巨大的商机,借助电子商务平台,中国轻纺城的出口额数量不断扩大,国际竞争力和市场占有率提高。

表 7.3　2010—2015 年中国轻纺城纺织服装出口额以及占比情况

年份	2010	2011	2012	2013	2014	2015
纺织服装出口额/亿美元	73.31	89.40	90.16	101.25	102.63	95.11
柯桥总出口额/亿美元	79.23	96.49	97.39	108.47	110.14	104.16
占比/%	92.53	92.65	92.58	93.34	93.18	91.31
绍兴纺织服装的出口额/亿美元	139.21	172.78	172.08	188.97	197.14	178.65
占比/%	52.66	51.74	52.39	53.58	52.06	53.24

资料来源:根据绍兴柯桥区信息统计网,绍兴统计年鉴数据整理得到。

但电子商务作为新兴的事务,其发展还不完善,在与传统产业的结合中会产生各种摩擦,给纺织服装业的发展带来消极影响。电子商务在交易过程中存在信息安全、支付安全风险等,这些都是目前电子商务存在且无法完全解决的问题。再者,纺织服装业是一个比较特殊的行业,在借助电子商务平台出口纺织服装品时,用户无法感觉到面料的舒适度,仅仅依靠视觉进行交易存在着误差,这也在一定程度上影响了中国轻纺城纺织服装的出口。

第四节　专题研究:中国淘宝村空间集聚现象分析

一、中国淘宝村形成的主要背景

"淘宝村"指的是大量网商聚集在农村,以淘宝为主要交易平台,形成规模效应和协同效应的电子商务生态现象(阿里研究院,2013)。判断淘宝村的主要依据有以下三条原则:第一,农村草根网商自发形成;第二,网商数量达到当地家庭户数的 10% 以上,且电子商务交易规模达到 1000 万元以上;第三,形成相对完整的产业链,具有协同发展的特征。

"淘宝村"一词最早见诸报端,是在 2009 年媒体关于江苏徐州市睢宁县沙集镇东风村的报道,这个苏北的小村庄原本并没有家具产业,但在几年时间里,当地已经形成一个以数千名网商为核心,周边辅以快递企业、代运营、五金配件、原料供应、包装供应等服务商在内的生态圈,极大地带动了当地农村经济的发展。和东风村同时期崛起的淘宝村还包括河北清河县东高庄、浙江义乌市青岩刘村。在东风村、东高庄、青岩刘村之后,近年来国内的淘宝村的发展呈现雨后春笋之势。

1. 电子商务加速向农村渗透,对中国经济社会的影响正在日益加深

电子商务的浪潮正在席卷整个中国。自 1995 年以来,电子商务在中国逐渐扎根成长,经历了工具、渠道、基础设施、经济体等四个发展阶段,已经成为影响中国经济增长和发展方式的重要力量。这种影响也波及了中国农村。当占地最广、人口最多的农村与电子商务相结合,将产生巨大的聚变效应。淘宝村便是两者结合的代表产物。中国淘宝村作为农村电

子商务发展的一部分,正式提出于 2013 年。在了解中国淘宝村形成前,应先看一下农村电子商务的发展历程。2003 年至 2013 年的十年间,农村电子商务的发展依次经历了起步、小规模增长和规模化扩散这三个阶段,每年新增加的电子商务商家数量分别达到万级、十万级和百万级,如图 7.5 所示。

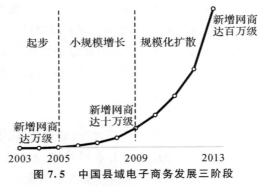

图 7.5　中国县域电子商务发展三阶段

数据来源:阿里研究院,2014 年 7 月。

互联网和电子商务开始加速向农村渗透,如图 7.6 所示,中国农村网民规模及互联网普及率逐年增高。根据中国互联网网络信息中心(CNNIC)统计,截至 2017 年 12 月,我国网民规模达到 7.72 亿人,农村网民占比 27.0%,规模为 2.09 亿人,较 2016 年底增加 793 万人,增幅为 4.0%。在电子商务和手机移动商务(阿里巴巴、淘宝、腾讯、百度等互联网平台)发展迅速的今天,大量的中国乡镇居民开始利用电子商务和手机移动商务作为进入市场的渠道,在电子商务平台上营销自己的产品,搭建自身的社交网络,在线下组织农民生产、农产品收购、农货运输以及农村社区建设等,最终促进农村的经济发展和农民的就业。这种在虚拟网络和现实乡镇市场的商业模式和组织方法的重构,对促进国民的就业起到了积极作用,实现了"人的城镇化"这个新型城镇化的核心理念。电子商务、互联网以及移动互联网正在为城乡发展带来重大变革。以淘宝网为代表的第三方电子商务平台,为农民提供了低成本的网络创业途径。规模日益庞大的农村网商群体,构成了淘宝村形成的基础。

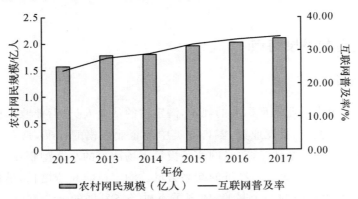

图 7.6　中国农村网民规模及互联网普及率

数据来源:第 41 次中国互联网络发展状况统计报告(CNNIC)。

2.农村的社会属性更适宜网商群体发展

中国农村是一个区别于成熟市场经济的特殊形态社会。社会学家费孝通曾经指出,中国传统的乡村社会是熟人社会,熟人社会不仅有公认一致的规矩,而且信息全对称。这种熟人社会对于网商的成长和扩散,具有天然的优势。一个农村网商先发展起来,就会形成涟漪效应,向周边的亲友、邻居扩散,最终形成具有规模效应的淘宝村。

反观城市中的居民社区,尽管人口密度更大,但却是一个陌生人社会,居民之间来往较少,存在严重的信息不对称,因此,在城市中较少出现同类网商自发集聚发展的现象。

3.农村基础设施持续改进

近年来,国家各级政府加大对农村地区的扶持力度,涵盖公路、电力、用水、电话网、有线电视网、互联网等在内的"村村通"工程的实施,对农村地区的基础设施改进发挥了重要作用,也为农民升级做网商开创了便利条件。不过,需要指出的是,在淘宝村和基础设施之间的关系方面,前者是因,后者是果。多个淘宝村的案例表明,往往是淘宝村的出现,刺激了对基础设施的巨大需求,进而加快了基础设施的建设速度。例如,物流助力浙江丽水松阳县搭建淘宝村,截至 2013 年松阳县在大东坝镇建立农村物流网络站 9 个,便利的物流促使大东坝成为淘宝网简易衣柜销售的"大东家"。

4.电子商务带头人的关键作用

中国有数以万计的行政村,具有特色产业和资源优势的农村也不在少数,但为什么只有少数农村发展成为淘宝村?其中一个重要的原因是电子商务带头人的存在。优秀的电子商务带头人,在淘宝村的形成过程中起到了重要的启蒙和催化作用。例如,江苏省睢宁县沙集镇东风村的"三剑客"、河北省清河县东高庄的刘玉国、浙江省缙云县北山村的吕振鸿等,他们的共同特点是善于学习、勇于尝试新生事物,并乐于分享,能够起到"先富带动后富"的作用。相比电视、报纸、网络上的创业故事,农民更相信身边活生生的成功案例。

二、中国淘宝村发展特点

1.淘宝村数量增长迅速

比照我国关于中小企业划型标准的规定,淘宝村的从业人员、营业收入已经达到或接近农、林、牧、渔业类,工业类,批发业类,零售业类中型企业规模的标准,具有相当的规模经济效应。而微观从业主体是个体工商户、网商等极具市场活力的小微型企业。当前,我国淘宝村处于高速增长阶段,并成为农村经济的新兴力量。淘宝村的高速增长,是新常态下我国经济转型升级、发展动力转换的一个写照,体现了农村经济发展的一个方向。改革开放 40 年来,我国经济实现了平稳快速发展,城乡居民收入水平不断提高,互联网时代下的网络购物、网络支付平台兴起,为"淘宝村"等农村电子商务的发展提供了网络设施、消费群体和从业基础。从统计意义上讲,淘宝村的高速增长也与社会各界的关注度和样本挖掘密切相关。如图 7.7 所示,淘宝村从 2009 年的 3 个,增加到 2018 年的 3203 个。

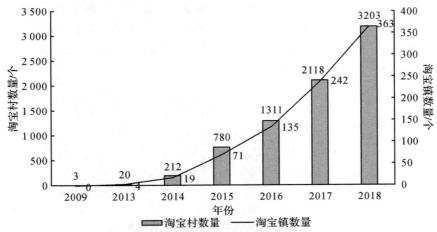

图 7.7　我国淘宝村和淘宝镇数量增长情况(2009—2018 年)

数据来源:根据历年阿里研究院研究报告数据整理得出。

2. "淘宝村"的区域分布呈现与经济发展水平高度正相关的空间经济

如图 7.8 所示,从地理分布上看,大部分淘宝村集中在东部沿海地区,浙江、广东、江苏三省淘宝村合计占比超过 68%,其中浙江以 779 个淘宝村遥遥领先,广东(411 个)、江苏(262 个)紧随其后。值得一提的是,中西部地区的淘宝村数量增长迅速,从 2016 年的 25 个增长到 2017 年的 68 个,同比增长 172%,其中在广西、贵州、重庆、山西、陕西和新疆六个省区市,淘宝村实现了"零突破"。

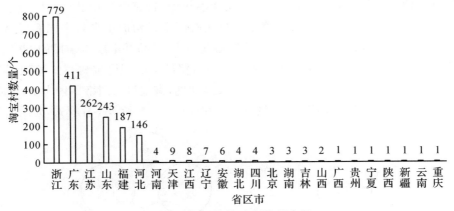

图 7.8　2017 年淘宝村空间布局

数据来源:根据第五届中国淘宝村高峰论坛(2017 年)数据信息整理。

十九大报告提出将实施"乡村振兴"战略。这些年,蓬勃发展的淘宝村,正是"乡村振兴"的样本。最典型的案例之一是山东菏泽。菏泽有 700 多万农业人口,最近几年电商快速增长。2017 年菏泽市淘宝村达 168 个,在山东省占比接近 70%。菏泽与浙江金华并列,成为全国淘宝村最多的城市。淘宝村的网商们通过电商平台,将菏泽的家具、演出服、农产品等特色产品销往全国甚至海外市场,并促进设计、制造、物流等上下游发展,带动大量就业机会。根据阿里研究院发布的《涉农电子商务发展(2014)》报告分析,自 2010 年,农村电子商务就以江浙地区为代表的华东"单极增长"模式为主,转向了华东、华北、华南、华中等地区"多极增长"的新阶段,如图 7.9 所示。

图 7.9 县域电子商务呈现多极增长

资料来源:阿里研究院,《涉农电子商务发展(2014)》,2014 年 7 月。

3.淘宝村产品升级多样化,发展模式多元化

农村淘宝项目能够通过提高电子商务服务,为村民提供多样化商品供给和就业,提高农村生活质量。北起河北,南至广东的沿海六省承包了全国近九成的淘宝村。这些东部沿海省份的淘宝村经营的产品品种非常丰富,且大多以规模生产的形式存在。尤其是轻工业中与日常生活密切相关的服装、鞋业、箱包、家具等行业,网商销售的集中度非常高。淘宝村的产品特色通常与所在地市的传统产业集群有较高的重合度。其中浙江、广东和江苏三省制造业基础扎实、资本活跃、基础设施发达,孕育了全国一半以上的淘宝村,产品门类也最为多样。依托既有的多样化产业集群,一大批专业从事纺织(含家纺)、服装(女装、童装)、五金、箱包、家具、模具、电气配件、花卉苗木等相关行业的淘宝村构成了乡村中国新经济的主体。作为阿里巴巴的故乡,浙江淘宝村的数量始终遥遥领先,产品基本继承亲民的"贴地飞行"路线。依托发达的内、外贸网络,义乌地区数量众多的贸易集散型淘宝村,"张扬"地干着"买全国、卖全国",乃至"买世界、卖世界"的生意。在发展初期,淘宝村以网络零售为主,现阶段呈现多元化发展态势,涌现出网络零售、网络批发、跨境电商、乡村旅游等多样模式,如图 7.10 所示。

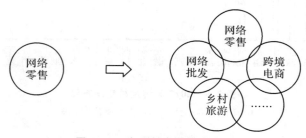

图 7.10 淘宝村发展模式变化

资料来源:阿里研究院。

4.电子商务在国家级贫困县发展迅速

如表7.4所示,在像平乡和曹县这样的贫困地区,当地发展电商带动一批村民脱贫,树立了市场、政府和社会合力消贫的好榜样。市场对资源配置发挥决定作用,同时,政府在基础设施、社会动员、人才培训等方面积极作为,村民、企业、产业园、电商平台等多样的角色广泛参与其中,营造出良好的生态氛围,有助于促进消除贫困的有效性和可持续性发展。

表 7.4　国家级贫困县淘宝村一览

省	市(州)	县(区)	乡镇	村
河北	邢台	平乡	丰州	霍洪
				李冯马
				梁里马
				孟冯马
				田禾
				张冯马
				左冯马
			河古庙	高阜
			田付	艾村
		曲阳	羊平	北村
				南村
河南	南阳	镇平	石佛寺	贺庄
				石佛寺
湖北	十堰	郧西	涧池乡	下营
吉林	延边(州)	安图	二道白河	长白
江西	赣州	南康(区)	龙岭	龙岭
云南	大理(州)	鹤庆	草海	新华

数据来源:阿里研究院。

提到电子商务,大家都会想到快递、想到包裹。阿里巴巴的数据显示,2016年,国家级贫困县因电子商务共收到和寄出超过12亿个包裹。其中贫困县收到超过11亿个包裹,寄出的包裹超过1亿个。也就是说,大多数是网上购买;而网上销售还有很大的潜力要发展和挖掘。同时,我们看到,寄出包裹数的增长率远远高于接收包裹的增长率。2013—2016年全国贫困县寄出包裹数年均复合增长率达到95%,其中东部地区贫困县更达到140%。阿里巴巴的数据显示,电商帮助贫困县联结了大市场。通过网络平台,一个国家级贫困县的商品平均销往280个地级城市。2016年,国家级贫困县有超过33万个活跃网店。

在全国800多个国家级贫困县中,280个国家级贫困县的网络销售额超过1000万元。

网络销售额超过 1 亿元的贫困县的数目逐年增长,从 2013 年 11 个,增加到 2014 年 21 个、2015 年 34 个、2016 年 41 个。通过网络,贫困地区将特色产品销往全国甚至海外。2016 年国家级贫困县网络销售额最高的商品包括家具、玩具、服装等。在乌镇的第四届世界互联网大会上有一个非常令人兴奋的例子,一位来自青海的土族阿妈,亲身讲述了她和她身边的姐妹们如何受益于互联网脱贫的故事。她还向会场的观众展示了自己在网上售卖的特色绣花衣服,表达了通过自己精湛的手艺,借助网络销售,脱贫致富的喜悦和把用世代相传的手艺做成的漂亮衣服和全国各地分享的自豪。网购为消费者带来了更多的选择和便利。2016 年,在阿里零售平台上,国家级贫困县活跃网购用户超过 2800 万人,贫困地区消费者通过网络购买生活用品和生产用品。大家还可以注意到,在国家级贫困县网购金额中,移动端占比很高,超过 80%。智能手机已经成为许多家庭网购的主要手段。(骆许蓓,2017)

5. 集群带动效应强劲

与 2015 年相比,在 2016 年新增的淘宝村中,约 72% 源自 38 个淘宝村集群,反映出强劲的集群带动效应。初步分析,良好的产业基础、先行者示范带动和日益完善的电商服务体系,是淘宝村集群化发展的重要原因。往年所发现的淘宝村,基本以"村民草根创业、自发生长"为主。2016 年,在山东菏泽、河南洛阳、江苏宿迁等地涌现多方合力推动形成的淘宝村,即"村民规模化创业＋政府积极引导＋服务商专业服务"相结合。这反映出,在村民群体创业的基础上,政府、服务商积极有为,有利于创造支持创业者、服务创业者的良好环境。

6. 通过扩大市场连接,助力地区发展,激活大众创业,提供就业岗位

农村淘宝还在农村创造了一种新的就业岗位:村小二和淘帮手。"村小二"中超过 1/3 是女性,接近 90% 在 21～35 岁,其中超过 40% 在 26～30 岁,文化程度多为大专和高中。

农村电子商务逐渐集聚创业人才、电商服务、配套政策等,成为创业的热土。可以说,一个淘宝村,就是一个草根创业孵化器。截至 2016 年 8 月底,全国有 1311 个淘宝村,活跃网店超过 30 万个。在淘宝村的电脑前、车间里、仓库边,到处可见电商创业者忙碌的身影。江苏沐阳拥有 31 个淘宝村,电商创业氛围浓厚,吸引大学生、退伍军人、外出务工人员等返乡创业。截至 2016 年 3 月,全县共 4700 余人返乡创业。其中,通过电子商务平台销售花木,是村民们返乡创业的主要方向。广东汕头的 58 个淘宝村大多基于当地支柱产业,比如玩具、内衣,因此,网商们在品质、价格等方面具有明显优势,加之当地创业环境持续改善,汕头的淘宝村吸引了众多外地创业者入驻。不论是村民返乡创业,还是外地创业者入驻,都显示出这些淘宝村对创业者拥有巨大的吸引力。

网商低成本创业、快速成长,创造直接就业机会,并且带动上下游产业发展,进一步创造间接就业机会。数据分析显示,淘宝村平均每新增 1 个活跃网店,可创造约 2.8 个直接就业机会。截至 2016 年 9 月,江苏睢宁县共有 30289 个网店,直接带动就业约 8 万人,间接带动就业约 13 万人。其中,从安徽、河南等地来睢宁就业的约 2 万人。在淘宝村里,电商发展创造的就业机会具有"多样、灵活、就近"等特征。常见的既有电子商务直接相关的岗位,如网店客服、营销推广专员、打包发货专员,也有电子商务带动的岗位,如服装行业的裁缝、家具

行业的木工、快递员、摄影师等。近年,在部分淘宝村还涌现为网商服务的律师、会计、专利代理人等。

淘宝村带动超过130万个直接就业机会,年轻人返乡创业成潮流。2017年,全国2100余个淘宝村的活跃网店超过49万个,草根创业带动大规模就业,社会价值显著。在淘宝村,农村青年返乡就业、大学生回乡创业已经成为新潮流。截至2017年9月,浙江临安的白牛村共有6500余人返乡创业,包括大学生、退伍军人、外出务工人员等。

7. 政府的推动作用

我国淘宝村的蓬勃发展基于市场机制与政策导向的双重作用。淘宝村的直接推动力量是阿里巴巴集团,在开发农村蓝海市场中阿里将淘宝村和千县万村计划作为农村战略的双核;并针对淘宝村计划实施了信贷、培训和推广三方面扶持措施。淘宝村的出现,得益于大型平台电商阿里巴巴集团与农村商户的合作共赢,如第一批淘宝村的江苏省睢宁县沙集镇东风村、河北省清河县东高庄、浙江省义乌市青岩刘村被称为"信息时代的小岗村",彰显了互联网电子商务平台与农村经济相结合的生机和活力,以自下而上的形式发展成为新兴社会主义市场经济力量。政府在农村电子商务发展方面的指导作用,体现在信息基础设施建设、规划制定、规范行为制度建设、信息安全监督、人才培养等公共设施和公共服务方面。表7.5列出了2017年发布的关于农村电子商务发展的相关政策文件。

表 7.5 2017 年关于农村电子商务发展的相关政策

文件发布时间	文件名称	发布机构	文件要点
2017年2月1日	《关于深入推进农业供给侧结构性改革加快培育农业农村发展新动能的若干意见》	中共中央、国务院	建立和完善县乡村三级电商服务体系,以"互联网+"整合农村电商资源。未来还将赋予农村电商新内涵。
2017年1月26日	《关于推进农业供给侧结构性改革的实施意见》	农业部	健全现代农产品市场体系,大力发展农村电子商务,推进冷链物流、智能物流等设施建设,促进新型农业经营主体与电商企业面对面对接融合,推动线上线下互动发展
2017年5月17日	《关于开展2017年电子商务进农村综合示范工作的通知》	财政部、商务部、国务院扶贫办	深入建设和完善农村电商公共服务体系
2017年5月18日	《关于加快构建政策体系培育新型农业经营主体的意见》	中共中央办公厅、国务院办公厅	统筹规划建设农村物流设施,重点支持一村一品示范村镇和农民合作社示范社建设电商平台基础设施

三、中国淘宝村空间集聚现状分析

1. 淘宝村的发展规模不断壮大

从萌芽开始发展,淘宝村每年实现新突破。2015年,在全国发现779个淘宝村、71个淘宝镇;在安徽首次发现淘宝村,即泾县丁家桥镇李元村;在全国发现第一个"淘宝村全覆盖"的镇——江苏省沭阳县新河镇,10 个行政村全是淘宝村。截至 2016 年 8 月底,在全国发现 1311 个淘宝村、135 个淘宝镇;在四川、辽宁各发现 1 个淘宝镇,即郫县安靖镇、海城市中小镇,分别是中西部、东北地区首个淘宝镇。2017 年,在全国发现 2118 个淘宝村、243 个淘宝镇。

2.淘宝村的地理分布呈现梯度特征

2018 年阿里研究院发布的《中国淘宝村研究报告(2017)》数据显示,2017 年淘宝村数量呈现明显的由东部沿海地区向西部内陆地区锐减的梯度特征。东中西部淘宝村占比分别为97.8%、1.5%、0.7%。淘宝村集中分布于东部沿海地区。在东部地区,浙江、广东、江苏三省的淘宝村数量都多于 100 个,位列全国前三,福建、山东、河北的淘宝村数量也都超过55 个;在中部地区,淘宝村分布于河南、湖北、湖南、江西 4 省,各省的淘宝村数量都不足 5个;在西部地区,仅有四川、宁夏、云南 3 个省区出现了淘宝村,且每个省份的淘宝村数量都不超过 2 个。这种地理分布的形成与东中西部的经济发展水平空间格局相吻合。东部地区拥有发达的交通运输条件、良好的经济基础、成熟的消费市场、完善的配套服务产业以及更多的人口,因此在互联网电子商务浪潮中走在了前列。相比之下,中西部地区受交通运输条件、经济基础、市场环境、配套产业及人口基数的制约,农村电子商务的发展相对比较落后。

从南北方两个地理分区分析,淘宝村数量呈现出明显的"南多北少"的特征。2017 年,南北方淘宝村占比分别为 76.2%、23.8%。全国淘宝村数量超过 50 个的省共有 6 个,分别为浙江省、广东省、江苏省、福建省、山东省和河北省。其中位于南方的省有 4 个,分别为浙江省、广东省、江苏省、福建省;而位于北方的省份仅有山东省和河北省 2 个。且南方省份的淘宝村数量远远多于北方省份。这种空间分布特征的形成与南北方地区自然地理、人文环境及经济发展有着密切联系。南方地区市场开放程度较高、地缘和人缘的优势较大、商业传统文化浓厚且交通运输条件便利,而北方地区相对较弱。因此,作为新生事物的淘宝村,在南方地区的发展要优于北方地区。

淘宝村在空间上主要分布在"长三角""珠三角""京津冀"等沿海发达地区。江苏北部、"长三角"、福建沿海中部、"珠三角"及广东东部为淘宝村的高值聚集区。该区域内的浙江、广东、江苏、福建四省包揽了淘宝村数量排名的前四名,其中更以"长三角"的集聚最为典型。究其原因,"长三角"和"珠三角"都属于商品经济高度发达的地区,区内分工专业、消费市场繁荣、创新能力极高、交通物流发达,还具有人才集聚优势和浓厚的商业文化传统;福建沿海中部、广东东部自古多为侨乡,对外贸易繁荣、经济发展较好,近年来,面对原材料和劳动力成本的攀升,大部分外贸企业选择依托互联网电子商务向内销转型,这促进了淘宝村的集聚;作为淘宝村的起源地之一,江苏北部依托电子商务平台,凭借先发优势不断壮大产业集群,增强了淘宝村的集聚效应。山东博兴县和曹县为淘宝村的高低聚集区,即高值被低值包围,博兴县从 2013 年出现淘宝村,一直依靠的是"互联网+传统产业"模式,其得天独厚的产业基础(草柳编和手织粗布产业)优于周边地区;而曹县的"淘宝村"产生较早,临近的区县直到 2015 年才出现淘宝村。另外,广东省惠来县为"淘宝村"的低高聚集区,即低值被高值包围。惠来县并没有淘宝村出现,属于沿海欠发达地区,人口分布较为分散,物流、金融等服务业发展缓慢,产业配套能力不足,但其作为揭阳市唯一的临海县,借助周边区域的辐射带动,未来该县具有发展淘宝村的潜力。

分析县域淘宝村的数量规模可知:浙江省义乌市、山东省曹县、福建省晋江市、广东省普宁市、江苏省睢宁县、江苏省沭阳县、浙江省温岭市、广东省汕头市潮南区、广东省广州市白云区、浙江省诸暨市依次位列"淘宝村"数量榜的前十名。

3.淘宝村的时空演变特征

中国最早的一批淘宝村 2009 年出现在"长三角"地区,分别是江苏省睢宁县沙集镇东风村、浙江省义乌市青岩刘村及河北省清河县东高庄。早期的淘宝村缺乏明确的认定标准和规范的数量统计,2013 年起,阿里研究院开始以年度为单位发布淘宝村年度研究报告。截至 2015 年 12 月,淘宝村由最初的 3 个发展到 780 个,6 年增长了 259 倍,从最初的 7 个省级行政区发展到现在遍布 17 个省级行政区,从东部沿海地区发展到西北内陆地区,覆盖网店从 1.5 万家到 20 万家。2013 年,全国仅有 20 个淘宝村,分布在浙江、广东、江苏、福建、山东、河北、江西 7 个省级行政区。其中,6 个省位于东部地区,1 个省位于中部地区,西部地区没有淘宝村。浙江、山东、江苏位列淘宝村数量的前三名。此时"淘宝村"还处于发展的初始阶段,没有出现空间集聚的现象。2014 年,全国"淘宝村"迎来了爆发式增长,数量达到 212个,增幅达 960%,分布在浙江、广东、江苏、福建、山东、河北、河南、湖北、四川、天津 10 个省级行政区。其中,东部地区新增省级行政区 1 个(天津),中部地区新增省级行政区 2 个(河南、湖北),西部地区第一次出现了"淘宝村"(四川省)。浙江、广东、福建位列"淘宝村"数量的前三名。这一时期,开始出现了"淘宝村"的空间集聚现象,主要集中在广东广州、山东菏泽、河北邢台、浙江温州、福建泉州等地。2015 年,全国"淘宝村"数量继续猛增,达到了 780个,增幅达 267%。东部地区的北京、辽宁,中部地区的湖南、吉林,西部地区的云南、宁夏第一次出现"淘宝村"。浙江、广东、江苏位列"淘宝村"数量的前三名。至此,"淘宝村"的空间集聚特征更加显著,主要集中在"长三角""珠三角""京津冀"等沿海经济带,其中以"长三角"地区的空间集聚最为典型。2013—2015 年,一方面,"淘宝村"从沿海省份向内陆省份扩展,内陆省份(除江西外)开始从无到有出现"淘宝村";另一方面,沿海省份"淘宝村"数量成倍增长,且受"地理学第一定律"的影响,以江浙沪为核心向邻近区域扩散,形成了多个"淘宝村集群",如表 7.6 所示。

表 7.6 2013—2015 年中国"淘宝村"数量变化   单位:个

地理分区	省区市	2013 年	2014 年	2015 年
东部地区	浙江	6	62	280
	广东	2	54	157
	江苏	3	25	127
	福建	2	28	71
	山东	4	13	64

地理分区	省区市	2013 年	2014 年	2015 年
	河北	2	25	59
	天津	0	1	3
	北京	0	0	1
	辽宁	0	0	1
中部地区	河南	0	1	4
	江西	1	0	3
	湖南	0	0	3
	吉林	0	0	1
	湖北	0	1	1
西部地区	四川	0	2	2
	云南	0	0	2
	宁夏	0	0	1

第八章 电子商务与消费者行为

电子商务作为一种崭新的贸易方式,借助于互联网的即时互动,缩小了生产与消费之间的距离。在电子商务环境中,消费者可以在任何时间在网上商店里挑选自己满意的商品,企业也可以直接面对消费者进行交易,与此同时,信息能在瞬间穿越空间,将企业和消费者紧密地联系起来。网络基础设施的不断发展和完善,网民规模的不断扩大,网络服务质量的不断升级,在物质方面给电子商务提供了牢固的基础,加上由于网络不断深入人们的生活,网上购物和网络活动已经成为大众生活的一部分,电子商务理念越来越被人们接受。互联网和电子商务的发展,带给普通网民最实质性的便利和好处便是网络购物。

消费者的购买行为是在特定的情境下完成的。在传统的零售商业情况下,消费者购买决策的做出和销售现场的环境密切相关。销售人员的态度、说服能力,销售现场的氛围及销售刺激会对消费者的购买行为产生影响,消费者经常在销售现场就做出了购买与否的决定,消费行为存在一定程度的冲动性。然而,在互联网上,购物网站难以达到销售现场的效果,也没有推销员的说服,消费者购买商品的压力也没有了,不必考虑销售人员的感受及情绪,购买行为更趋理性。消费者习惯于在各网站之间浏览,比较和选择的空间增大了。

在传统商业模式下,由于信息不对称,即生产经营者总是拥有比消费者更为专业、更为丰富的产品知识,这使得消费者在做出购买选择时,通常会较多地依赖生产经营者传递的信息。传统的大众媒体(如电视、广播、报纸、杂志等),都是单向信息传播,强制性地在一定区域内发布广告信息,大众只能被动地接受,商家不能及时、准确地获得消费者反馈的信息。而网络具有无比广泛的传播空间、非强迫性和全天候传播等特点,消费者可以随时随地主动阅读广告、访问企业站点等,广告内容也更直观、生动、丰富,更新也更快。消费者还可以通过友情链接或搜索引擎访问相似的网站,对类似产品的相关信息、产品网页进行对比分析,可以较系统全面地了解商品。消费者之间可以通过网上的虚拟社区,彼此之间交流思想,传递信息。这样,消费者对商品的了解从无知到有知,从知之甚少到耳熟能详,消费者的购买行为有从"非专家型购买"向"专家型购买"转变的趋势。

第一节　电子商务活动中的消费者与消费者行为

一、电子商务活动中消费者的分类

按照消费者需求的个性化程度,可以将网上消费者的购买行为划分为简单型、复杂型和定制型购买。

1.简单型购买

简单型购买的产品大多是书籍、音像制品等类的标准化产品。消费者对它们的个性化需求不大,基本上属于同质市场。消费者购买这类产品通常以传统购买习惯为依据,不需要复杂的购买过程,购买前一般不会进行慎重的分析、筛选,主要以方便购买作为首要目的。

2.复杂型购买

这类购买行为主要发生在购买电视机、电冰箱等技术含量相对较高的耐用消费品的场合。由于消费者对这些产品的许多技术细节不了解,因而对品牌的依赖性较大。随着这些产品逐渐走向成熟,消费者对它们越来越熟悉,这种复杂型购买将逐步趋于简单化。对这些产品,消费者的个性化需求主要表现在产品的颜色、外观造型上,对厂商的要求不是很高,厂商介入的范围不大。

3.定制型购买

这类购买是指消费者按照自己的需求和标准,通过网络要求厂商对产品进行定制化生产。定制型购买的产品大致有三类。一类产品是技术含量高、价值高的大型产品,如汽车、住宅等。另一类产品是技术含量不高,但价值高的个性化产品,如首饰、家具等。还有一类产品是计算机软件及信息产品。软件产品的定制源于本身存在定制的可能性和必要性。信息产品的定制源于信息爆炸时代,太多的信息让消费者无所适从,而对于互联网来说,传送针对每一个消费者的独特信息是完全可行的。

二、电子商务活动中的消费者行为特征

消费品市场发展到今天,多数产品无论在数量上还是质量上都极为丰富,消费者能够以个人心理愿望为基础挑选和购买商品或服务。现代消费者往往富于想象力、渴望变化、喜欢创新、有强烈的好奇心,对个性化消费提出了更高的要求。他们所选择的已不再单是商品的实用价值,更要与众不同,充分体现个体的自身价值,这已成为他们消费的首要标准。可见,个性化消费已成为现代消费的主流。

有人称网络时代的消费者是"一个坚持己见积极为自己的主张辩护的群体"。他们不习

惯被动接受,而习惯于主动选择。这种消费主动性的增强一方面来源于以互联网为标志的信息媒体技术的发展,另一方面来源于现代社会不确定性的增加和人类追求心理稳定和平衡的欲望。网络时代信息技术的发展使消费者能够更方便地进行信息的收集、分析并进行双向沟通,从而在商品选择上拥有更大的主动性。

目前,人们对消费过程出现了两种追求的趋势:一方面,人们的生活节奏加快,消费者会对购物的方便性有越来越高的要求,他们追求时间和劳动成本的尽量节省,希望购物能用较少的时间获得更高的价值,希望少一点麻烦多一些选择,特别是对需求和品牌选择都相对稳定的日常消费者,这一点尤为突出;另一方面,由于劳动生产率的提高,人们可供自由支配的时间增加,购物已经成为某些消费者的生活乐趣,这可以使他们保持与社会的联系,赢得尊重,减少内心孤独感。对这些人而言,购物是一种精神享受。今后,这两种消费心理都会在较长的时间内并存。

价格仍是影响消费心理的重要因素。从消费者的角度来说,价格不是决定消费者购买的唯一因素,但却是消费者购买商品时肯定要考虑的因素。网上购物之所以具有生命力,重要的原因之一在于网上销售的商品价格普遍低廉。因为正常情况下网上销售的低成本使经营者有能力降低商品销售的价格,并开展各种促销活动,给消费者带来实惠。

此外,在电子商务背景下,消费者还表现出以下特征:

1.消费者直接参与生产和流通的全过程

传统的商业流通渠道由生产者、商业机构和消费者组成,其中商业机构起着重要的作用。对生产者来说,所谓市场导向是通过商业机构的订货趋势来反映的;对于消费者来说,所谓选择商品是在商业机构提供的商品范围内进行有限挑选。生产者不能直接了解市场,消费者也不能直接向生产者表达自己的消费需求。而在网络环境下,生产者和消费者在网络支持下直接构成商品流通循环。消费者能够直接参与到生产和流通中来,与生产者直接进行沟通,从而使生产者更容易掌握市场对产品的实际需求,减少了市场的不确定性。

2.理性的消费行为

电子商务为消费者挑选商品提供了前所未有的广阔选择空间,在这个空间里,消费者可以不必面对嘈杂的环境及各种影响和诱惑,理性地规范自己的消费行为。理性的消费行为主要表现在以下几方面:

(1)大范围地比较。

在网络营销环境下,由于网络和电子商贸系统强大的信息处理能力,为消费者在挑选时提供了空前规模的选择余地。但多如牛毛的产品使消费者的挑选余地大大增加的同时,也对客户的购买行为产生负面影响,消费者几乎无从下手。因此,网站常常会设立产品或服务推荐栏目,并用一些比较网站、分析模型与评定软件以引导消费者的行为。因而,网上消费者可以充分地利用各种分析工具,更理智地进行购买。

(2)理智地选择价格。

对消费者来说,他们不再会被那些先是高价,然后再优惠打折的价格游戏弄得晕头转向。他们会利用各种定量化的分析模型进行分析,然后再进行横向比较,做出非常理智的购买决策。

(3)主动表达对产品或服务的欲望。

无论是对产品或服务需求的表达,还是在信息的收集或是售后的反馈上,网上消费者的主动性都大大增强。网上消费者不再被动地接受厂家或商家提供的产品或服务,而是根据自己的需要主动上网查询合适的产品。如果找不到,网上消费者会通过网络系统向商家或厂家主动表达对某种产品的渴望,这将直接影响企业的生产和经营过程。

第二节　电子商务对消费者行为的影响机制分析

一、电子商务活动中影响消费者行为的因素

所谓消费者行为是指消费者为满足其个人或家庭生活需要而发生的购买商品的决策或行动。消费者的行为是受动机支配的,因此研究消费者的购买行为应先分析消费者的需求和欲望。影响消费者行为的主要因素有以下几个方面:

1. 产品因素

(1)产品特性。

网上市场不同于传统市场,根据网上消费者的特征,网上销售的产品,首先要考虑产品的新颖性,因为网上消费者以青年人为主,他们追求商品的时尚和新颖,其次要考虑产品购买的参与程度,对消费者要求参与的程度比较高且要求消费者需要现场购物体验的产品,一般不宜在网上销售。但这类产品可以利用网络营销推广的功能来扩大产品的宣传,辅助传统营销活动。

(2)产品的价格。

从消费者的角度讲,价格不是决定消费者购买的唯一因素,但却是消费者在购买商品时肯定要考虑的因素,而且是一个非常重要的因素。决定商品的价格的主要是企业,尤其是那些具有垄断性质的大企业,互联网的出现为创造一个完善的市场机制创造了条件,价格对于互联网用户而言是完全公开的,价格的制定要受到同行业、同类产品价格的约束,从而制约了企业通过价格来获得高额垄断利润的可能,使消费者的选择权大大提高,交易更加直接。

另外,消费者对于互联网有一个免费的心理预期,那就是:网上商品的价格应该比传统销售渠道的商品的价格低。网络市场与传统营销市场相比,能够减少营销活动中的中间费用和一些额外的信息费用,可以降低产品的成本和销售费用,这正是互联网商业应用的巨大潜力所在。

(3)购物的便捷性。

方便快捷的购物方式也是消费者购物时要考虑的因素之一,消费者选择网上购物的便

捷性主要体现在两个方面:一方面是时间上的便捷性,网上虚拟市场全天候提供销售服务,随时准备接待顾客,而不受任何限制;另一方面是商品挑选范围的便捷性,消费者可以足不出户就在很大的范围内选择商品,对于消费者来说购物可以货比多家,精心挑选。

(4)安全可靠。

影响消费者进行网络购物的另一个重要因素,就是安全性和可靠性问题。对于现阶段的网络营销来说,归根结底最重要的还是安全问题。因此,对网上购物的各个环节,都必须加强安全和控制措施,保护消费者购物过程的信息传递和个人隐私安全,以树立消费者对网上购物的信心。网络购物与传统营销购物不同,在网上消费一般需要先付款后送货,这种购物方式就更决定了网络购物需要保证安全、可靠。

2. 心理因素

消费者的个性心理包括消费者的需求、动机、兴趣、理想、信念、世界观等个性心理倾向以及能力、气质、性格等个性心理特征,这是影响消费者行为的内在因素,消费者在购买决策上受到三种主要的心理因素的影响。

(1)动机。

网络消费者的购买动机基本上可以分为两大类:需求动机和心理动机。前者是指人们由于各种需求,包括低级的和高级的需求而引起的购买动机,而后者则是由于人们的认识、感情、意志等心理过程而引起的购买动机。

(2)知觉。

知觉是指个人选择、组织和解释外来信息以构成其内心世界景象的一种过程,人们受动机激发以后就会准备行动,但是被激发的人将如何行动则取决于其对情况的知觉。处于相同激发状态和客观情况的两个人,可能因为对情况的知觉不同而产生不同的行为。

(3)信念与态度。

信念是指个人对某些事物所持有的想法,态度则是指个人对某些事物或观念所始终持有的评价、情感和行动倾向。通过行动与学习过程之后,人们会形成某些信念和态度,这些观念又将影响他们的购买决策。

3. 个人因素

网络消费者的购买行为或购买决策不仅会受网络文化的影响,而且也会受其个人特征的影响,诸如性别、所处年龄阶段、受教育程度、经济收入、个性以及使用互联网的熟练程度等。

(1)性别因素。

在传统实体市场中,男女性的购物行为存在着较大的不同,这种不同也同样出现在电子商务市场中。例如,男性网络消费者在购物时理性成分居多,往往在深思熟虑之后才做出购买决策;而女性网络消费者购物时的感性成分比较多,往往在浏览到自己喜欢的商品时就会下意识地放入购物车中。另外,男性网络消费者的自主性较强,他们往往会亲自去寻找关于商品价格、质量、性能等方面的信息,然后自己做出判断;而女性网络消费者的依赖性较强,她们在做出购物决策时往往会比较在意其他人的意见或评价。

（2）年龄阶段。

互联网用户的主体是年轻人，处于这一年龄阶段的消费者思想活跃，好奇，易冲动，乐于表现自己，既喜欢追逐流行时尚，又喜欢展现独特的个性。这些特征在消费行为上表现为时尚性消费和个性化消费两极分化的趋势，因此在电子商务市场中一些时尚或个性化的商品就显得更受消费者的欢迎。

（3）受教育程度和经济收入。

统计数据表明，互联网用户中大多数人都接受过高等教育，平均收入水平要略高于总人口平均收入水平。那么网络消费者的受教育程度和收入水平是如何影响其消费行为的呢？网络消费者的受教育程度越高，在了解和掌握互联网知识方面的困难就越低，也就越容易接受网络购物的观念和方式，再加上收入水平较高，网络购物的频率也就越高。

（4）使用互联网的熟练程度。

当消费者刚刚接触网络时，对互联网的认识处于比较低的水平，操作应用也并非很熟练，这时的消费者对互联网充满兴趣和好奇，其行为主要是通过实验和学习力求掌握更多的互联网知识，因此网络购物行为发生的概率较低。随着消费者每周上网时间的增加，对互联网也就越来越熟悉，操作应用也会越来越熟练，这时的消费者把互联网看作一种常见事物，并开始进行各种各样的网络购物活动。

4.社会因素

社会因素所指的是消费者周围的人对他所产生的影响，其中以参考群体、家庭以及角色地位最为重要。参考群体是影响一个人态度、意见和价值观的所有团体，分为两类：成员团体——自己身为成员之一的团体，如家庭、同事、同业工会等；理想团体——自己虽非成员，但愿意归属的团体，如知名运动员、影视明星等相关的团体，对消费者行为相当有影响力。参照群体对消费者购买行为的影响，表现在三个方面：

（1）参照群体为消费者展示出新的行为模式和生活方式。

（2）由于消费者有效仿其参照群体的愿望，因而消费者对某些事物的看法和对某些事物产生的态度也会受到参照群体影响。

（3）参照群体促使人们的行为趋于某种"一致化"，从而影响消费者对某些产品和品牌的选择。

社会文化对消费者购买行为也有影响作用，这一点在电子商务环境下也不例外，人类生活的社会必然会形成某种特定的文化，包括一定的态度和看法、价值观念、道德规范以及世代相传的风俗习惯等。文化是影响人们欲望和行为的一个很重要的因素。一般来讲，企业的最高管理层做出市场营销决策时必须研究这种文化动向。

二、电子商务对消费者购买行为的影响

消费者的购买决策过程由一系列相关联的活动构成。营销管理专家菲利普·科特勒把消费者的购买决策过程分为五个阶段：确认需要、搜集信息、评估选择、决定购买和购后行

为。电子商务对消费者购买行为的影响,是以一种新的营销刺激手段,对购买者行为特征产生影响,并影响购买者的购买决策过程,最终使消费者产生不同的反应。

1. 电子商务对消费者需求认知的影响

消费者认识到自己有某种需要时,是其决策过程的开始。这种需要,可能是由内在的生理活动引起的,也可能是受外界的某种刺激引起的,或者是内外两方面因素共同作用的结果。企业一般采用大规模的媒介广告来创造消费者对需求的认知。在互联网上,不同形式的外部刺激会激发消费者的购买欲望,使消费者产生需求。如旗帜广告出现在各种各样不同主题的网站上,使网络用户被动或主动地、无意或有意地接收到相关商品的信息,引起他们的兴趣,从而刺激需求,使网络用户成为某种产品潜在的或现实的购买者。

2. 电子商务改变了消费者信息搜集的方式

在传统的商务模式下,当消费者对某种产品产生需求之后,对于所欲购买的商品的信息,只能通过个人来源、商业性来源、公众来源或经验来源获取。

电子商务极大地提高了消费者信息搜集的效率,降低了信息搜集的成本,信息搜集的半径也扩大了。搜索引擎为消费者进行信息搜集提供了便利,节省了信息搜集的时间和成本。消费者只要在搜索网站上输入欲购买的商品名称,就能获得商品的相应的信息。网上不同类型的虚拟社区的存在,使消费者不仅可以从身边获得信息,还可以向素不相识的人了解信息。各种网站也为消费者信息获取提供了便利。在各种门户网站上,消费者很容易了解某类商品的市场行情。

3. 电子商务改变了消费者购买商品的成本

在传统的零售商务环境下,消费者购买商品往往是先搜集商品信息,然后选购商品,最后将商品运送回家。其购买成本不仅包括商品价格,而且包括运输费和交易的时间、精力成本。在电子商务环境下,消费者购买商品的成本包括货物送到时的商品费用、上网的设备使用费及时间、精力等。相对于传统零售业务,电子商务大大降低消费者的交易成本,消费者不必再为购买商品而在不同商店之间奔走,不必再为和业务员讨价还价而精疲力竭。电子商务使得消费者进行商品价格比较几乎在"弹指之间"就能完成,从而大大提高了商品价格的透明度。网上直销方式的兴起,极大节约了中间渠道的成本,商品价格更低了。

4. 电子商务对消费者评估选择、做出购买决策的影响

在电子商务环境下消费者有很大的挑选空间,这将对消费者在线评估与选择以及做出最后的决策产生一定的影响。电子商务不仅极大方便了消费者对欲购商品的信息搜集,缩短了信息搜集的时间,而且也在网上提供了比较详细的商品信息,帮助顾客做出选择,使得评估选择这一阶段缩短。但同时,由于有了购买意向的消费者需要做出一些具体的购买决策,即购买哪种品牌、在哪家商店购买、购买量、购买时间、支付方式,因此,理论上来讲,只要消费者的时间充足,消费者就会采用非常理性的态度来挑选商品。但是大多数上网的消费

者时间不充足或是有着一定的时间观念,所以他们在挑选某一种商品时会根据自己的第一眼感觉或是自己的喜好来做决定。

5.电子商务改变了消费者购后行为

互联网大大方便了消费者购后感受的倾诉,并且使这种购后感受的影响面扩大了。以前消费者的购后情感主要影响其周围的亲人、朋友、邻居、同事、熟人,现在消费者还可以通过各类社交媒体渠道向素不相识的人表达其购后感受,影响的半径显著扩大。当然,商家的网站或第三方电商平台也为消费者提供一个信息沟通的平台。消费者可以在所购商品的企业网站上,向企业传递信息、发表意见,将其对商品的评价告诉企业,还可以通过电子邮件或其他网上渠道向生产商提出自己的想法和建议。这不仅增强了企业和消费者的情感及关系,而且自觉或不自觉地参与到企业的产品开发和改进工作中,成为对企业最有帮助的合作方式。

第三节 专题研究:网络消费者行为研究实例

一、生鲜农产品 F2F 网上直销模式消费者参与意愿及影响因素分析

在市场机制与城乡空间分割的背景下,一方面农民与消费者之间的整个交易体系被中间商控制,农民和消费者承担农产品交易过程中大部分成本,而农产品销售过程的附加值完全被中间商拿走。另一方面随着中国工业化进程的发展,经济发展的负面效应使农民生产的农产品中的污染成分日益增加,农民甚至用"两块地",一块无害化种植供自己食用,一块施用化肥农药供出售,传统道德中的相互信任在城乡间逐步丧失。在此大背景下,是否能够寻求农户利益与城市消费者食品安全之间的平衡点是个值得关注的话题与研究对象。

基于国外社区支持农业 CSA(Community Supported Agriculture,简称 CSA)新型农业发展模式,笔者提出一种区域性农户对家庭生鲜农产品直销模式,即 F2F(Farmer to Families,简称 F2F)生鲜农产品销售模式,指的是一家农户对应一家或几家城市家庭,农户与城市消费家庭共同分享一块地中产出的农产品,进一步缩短生鲜农产品供应链以达到保证生鲜产品品质以及农民者能够获得更高利润的目的,旨在反哺农业,并搭建消费者与生产者之间的信任体系,使农户与城市家庭彼此建立信任关系,彼此共担风险,互利共赢。

那么该种模式是否能够得到消费者的认同? 影响消费者参与该模式的主要因素有哪些? 笔者试图通过在对消费者参与 F2F 模式的意愿实地调查分析的基础上,判断该模式实施的可能性及其影响因素,以期为我国小农户与大市场之间的对接以及生鲜农产品销售模式提供一种可能的新思路。

(一)数据来源与描述分析

1.调查对象与问卷设计

本研究中的调查对象为居住在城市当中的居民。调查问卷为结构式问卷,笔者对问题

采用的是自定义方式的选择题,代表着答案范围与级别的差异。问卷分为三个不同的部分。第一部分包含被调查者自身的描述特征问题,如性别、年龄、受教育程度、职业、婚姻状况、家庭人口及月收入等。第二部分是消费者生鲜农产品消费特征,问题包括他们在家用餐频率、买菜频率、月消费农产品支出、购买地点、购买农产品花费的时间、直接从农户手上购买的经历、接受这种直销模式的意愿程度、对该种农产品直销模式的顾虑原因、网购农产品经历等。在第三部分中,笔者调查了消费者对生鲜农产品安全认知度特征,包括消费者对农产品关注点、对食品安全的担忧程度、对当下购买环境的满意程度、对现有农产品的信任程度、是否经历过农产品安全问题的危害、对预付订金的接受程度、高价购买安全食品的意愿、对社区支持农业模式的认知和接受意愿等。问卷参见附录 2。

2. 样本情况与描述

本研究的调查方式为实地发放问卷调查,在 2014 年 10 月预调查的基础上,于 2015 年 1 月,正式进入下沙高教园区两大超市物美和高沙都尚,以及高沙菜市场和头格菜市场进行为期 1 个月的问卷调查活动。在调查地点的具体选择上,之所以选择超市和菜市场是考虑了不同地理位置和阶层的消费人群。在调查对象的选择上,采取随机调查的方式,但坚持同一家庭消费者不重复采访的原则,避免诸多数据的重复性,以确保问卷调查数据的客观性、科学性。本次调查共发放了 400 份问卷,回收 382 份问卷,其中有效问卷是 368 份,有效率是 96%,符合进一步研究的要求。所得数据的处理以统计描述和计量分析相结合的方法,被调查者的大致情况见下表 8.1。

表 8.1　调查对象基本信息

基本信息		比　例	基本信息	比　例
性别	男	43.19%	公务员或事业单位	18.85%
	女	56.81%	企业员工	25.39%
婚姻状况	已婚	66.75%	个体户	10.47%
	未婚	33.25%	家庭主妇	5.24%
年龄分布	25 岁以下	27.75%	自由职业者	8.64%
	25~35 岁	23.82%	退休人士	4.45%
	36~55 岁	40.06%	其他	26.96%
	55 岁以上	8.37%		
收入状况	2000 元以下	10.99%	受高中以下	13.61%
	2001~4000 元	16.23%	高中或中专	23.04%
	4001~6000 元	30.11%	大专	10.47%
	6001~8000 元	17.54%	本科	36.39%
	8000 元以上	25.13%	硕士及以上	16.49%

数据来源:根据调研数据整理得到。

（二）理论模型构建

本课题中的参与意愿分为"愿意"和"不愿意"两类，被解释变量取 1 和 0 两个值，是一种离散型的随机变量。同时选择二元变量 Logistic 模型，采用最大似然估计法对杭州下沙居民对于 F2F 项目的参与意愿影响因素进行回归估计，建立理论模型如下：

$$P_i = F\left(\alpha + \sum_{i=1}^{n}\beta_i X_i\right) = \frac{1}{1 + \exp\left[-\left(\alpha + \sum_{i=1}^{n}\beta_i X_i\right)\right]} \tag{1}$$

根据式（1），可得：

$$\ln\frac{P_i}{1-P_i} = \alpha + \sum_{i=1}^{n}\beta_i X_i \tag{2}$$

式（2）中，P_i 表示居民和农户参与 F2F 模式意愿的概率；X_i 表示第 i 个影响因素；β_i 表示第 i 个因素的回归系数；n 为影响因素的个数；α 表示截距项。在自变量中，主要考察消费者与农户对 F2F 项目的认知，以及被调查者的个体统计特征（性别、受教育程度、年龄、居住地、收入、职业等）。不同于受教育程度，年龄、收入的影响在不同分段具有波动性特征，因此与居住地、职业分类等变量一样分段设独立变量，以分析不同段、类对参与意愿的影响。

（三）实证结果及分析

1. 消费者特征对 F2F 生鲜农产品直销模式接受意愿的影响

表 8.2 显示了消费者对 F2F 生鲜农产品直销模式接受意愿的模型的分析结果。该 Logistic 模型的 $V2$ 统计值达 76.909（$P = 0.000$），而 HL（Hosmer-Lemeshow）统计值为 8.68（$P > 0.05$），因此，根据接受观察和预测的数据，可以说明该模型能适应整体样本，数据之间没有显著差异的零假设，自变量对因变量是一个很好的解释。从统计学角度看结果，有关的一项指标即年龄在 0.05 显著性水平，当消费者的年龄降低则消费者对 F2F 模式的接受意愿也提高，说明这是一个反向指标。而其他变量标志如性别、职业、家庭人口等无显著不同。虽然教育指标的置信度达 80% 以上，且回归系数为正，但只能在一定程度上说明受教育程度越高的消费者对 F2F 模式的接受意愿更高。出现这一结果的主要原因可能在于本章节提出的 F2F 销售模式对于多数消费者来讲是一个新鲜的事物，在短时间的调研过程中，消费者对该模式的理解与接受程度有限，但年龄较轻、受教育程度较高的消费者明显更倾向于认可该模式的优势。

表 8.2　消费者基本特征对消费者 F2F 接受意愿的回归分析结果

变量	B	S. E.	Wals	Sig.	Exp(B)	Exp(B)的 95% C. I.	
						下限	上限
性别	0.184	0.266	0.479	0.489	1.202	0.714	2.025
年龄	−0.247	0.109	5.146	0.023	0.781	0.631	0.967
教育	0.131	0.100	1.713	0.191	1.140	0.937	1.386

续表

变量	B	S. E.	Wals	Sig.	Exp(B)	Exp(B)的95% C. I.	
						下限	上限
职业	−0.032	0.062	0.268	0.605	0.968	0.858	1.093
家庭人口数	−0.048	0.116	0.172	0.678	0.953	0.759	1.196
常量	1.546	0.443	12.171	0.000	4.694		

数据来源:根据模型计算整理得到。

2. 消费者生鲜农产品消费特征对消费者接受 F2F 模式意愿的影响

从表8.3回归分析结果中可以看出,网上预订的接受意愿、预付方式的接受意愿、对模式的参与程度等三项指标对消费者接受 F2F 模式的意愿有显著性影响。首先,消费者对模式的参与程度回归系数为负数,说明消费者对模式的参与程度越高,接受意愿越会下降;其次,消费者对食品安全的关注程度变量指标置信度达90%以上,网购经验变量指标置信度达80%以上,说明消费者对食品安全的关注程度、网购经验也成为消费者对接受 F2F 模式的意愿潜在重要影响因素。而其他变量指标则与消费者接受 F2F 模式的意愿无明显相关性。

表 8.3 消费者生鲜农产品消费特征对消费者接受 F2F 模式意愿的回归分析结果

变量	B	S. E.	Wals	Sig.	Exp(B)	Exp(B)的95% C. I.	
						下限	上限
网上预订的接受意愿	1.691	0.333	25.764	0.000	5.425	2.824	10.421
网购经历	0.754	0.493	2.343	0.126	2.125	0.809	5.581
对食品安全的关注程度	−0.363	0.211	2.955	0.086	0.696	0.460	1.052
对现有购买环境的满意程度	0.248	0.229	1.172	0.279	1.282	0.818	2.009
直销的接受意愿	−0.017	0.084	0.043	0.836	0.983	0.833	1.160
预付方式的接受意愿	0.770	0.253	9.242	0.002	2.161	1.315	3.550
对模式的信赖程度	−0.050	0.239	0.044	0.834	0.951	0.595	1.520
对模式的参与程度	−0.509	0.182	7.868	0.005	0.601	0.421	0.858
对 CSA 等模式的认知程度	−0.130	0.258	0.254	0.615	0.878	0.529	1.457
常量	0.309	0.763	0.164	0.685	1.362		

数据来源:根据模型计算整理得到。

通过上面的回归分析,可以发现不同的消费者,由于对安全性、利益性认知不同,对 F2F 模式与传统购买生鲜农产品方式有不同认知,其与年龄、网上预订的接受意愿、预付方式的接受意愿、对模式的参与程度有显著相关;其次教育程度、网购经历、对食品安全的关注程度也有一定影响,因此即使 F2F 模式一定程度上加大和保障了生鲜食品的安全性,且比传统方式购买生鲜蔬菜划算,但此模式可能只受年轻人、对风险不敏感群体欢迎,对此,中间企业应关注食品安全信息对称问题。

(四)主要结论及相关建议

笔者提出的F2F生鲜农产品销售模式能够为生鲜农产品生产顶端的农户及销售末端的消费者提供直接交易的机会,既为农户争取应得的利益,获得更多的农产品利润,又利用现有便捷的互联网环境搭建和提供了安全高质量的生鲜农产品服务平台,该模式具有一定的创新意义。研究结果表明:(1)消费者的年龄显著影响消费者对F2F模式的接受意愿。这是因为年轻群体更易接受新事物,而年长者已经形成习惯性的购物模式,很难改变固化的思维。(2)消费者的受教育程度越高,也在一定程度上对F2F模式的接受意愿更高。这是因为受过较高教育的群体对于F2F的模式能有更全面深刻的了解,且更容易接触到新模式,而文化水平较低的群体则不会关注现代社会新兴产业,且也不太能明白F2F模式的具体流程和优势。(3)消费者对食品安全的关注程度、网购经验也成为消费者对接受F2F模式的意愿潜在重要影响因素。F2F模式产生的直接原因便是消费者对市场上购买的食材有安全顾虑,且希望能送食材上门以节省时间,因此,F2F模式下的安全问题和效率问题将是影响消费者选择何种模式的关键因素。

综上所述,笔者认为农户在这种模式下,不仅能拓宽销路、增加收入,还能为自己的农产品树立良好的口碑,毕竟很多人因为日渐增多的食品安全问题而对市场上的所有农产品都产生了怀疑心理。而在F2F模式下,农产品都会接受质检,且也能接受消费者的监督,将会提高农户的信誉,这笔无形资产也将使得农户终身受益。对于消费者来说,这种模式性价比更高,没有后顾之忧,更健康也更便捷。而中间企业要做的就是真正能做到严格把关食品质量,按时配送,做好农户和消费者之间的桥梁,还利给农户,也让消费者对中国的食品安全放心。

二、影响大学生采用跨境进口电商平台购物的主要因素分析

近年来,随着我国消费者整体消费水平的不断提高,消费结构不断升级,以80、90后白领为代表的消费者掀起了购买海外产品的热潮,使用跨境进口电商平台购买产品逐渐成为主流方式。2017年我国跨境进口电商零售市场规模约为1113.4亿元,同比增长近50%。整体跨境进口电商行业将持续稳步发展的态势,由此可见跨境进口电商平台在未来有很大的发展空间。

从消费者群体来看,以大学生为代表的年轻一代的消费贡献日益明显,且消费人数占比还在持续增加。此外,美妆护理、服装产品的品牌热度越来越高,深受大学生的喜爱。由此我们可以看出大学生在跨境进口电商平台消费群体中已经扮演着越来越重要的角色,并且在未来也有很大的消费潜力。在品牌国别偏好上,除了传统的日美韩以外,西班牙药妆品牌也迅速打开了中国市场,深受女性群体欢迎。本研究通过聚焦大学生群体,充分挖掘其消费特点和影响其使用跨境进口电商平台进行购物的因素,将对跨境电商企业和我国国际化发展进程具有很大的促进作用。

笔者在查阅相关文献后,发现以往的研究较多分析大学生的消费心理和消费特点,以及

其他影响大学生进行跨境网购的因素。夏永林、杨帅(2014)提到个人因素包括消费个性特征、大学生消费观等对其跨境消费有着显著影响。此外,李娟、张玉(2016)在研究跨国国网络购物者信任的影响因素时表明,购买网站的口碑,商品价格、质量与国内的差异对网络消费者信任具有显著影响。葛虹(2014)的研究也指出跨境电商平台的物流因素对顾客忠诚度有明显影响,其中,物流服务质量是否可靠、信息是否完整都会直接影响消费者的忠诚度。石凯雁(2016)还提及文化差异性对全球性跨境电商运维与发展有一定的影响。

综合以上学者对跨境电商消费者行为因素的研究,同时结合本研究目的,笔者认为:个人因素、跨境进口电商平台因素、物流因素和国家政策对于大学生采用跨境进口电商平台具有一定的影响,此外,大学生所在城市的经济发展水平和文化差异也会影响其跨境消费行为,因此对比不同区域的大学生跨境网购的异同点,也具有一定意义。

本研究以大学生作为研究对象,采用李克特五分量表设计问卷并线上发放,共涉及七个变量——感知有用性、感知易用性、感知安全性、感知价格、顾客感知价值、消费者的主观规范和购买意愿,同时引入两个调节变量——物流因素、关税政策。本研究借助统计分析软件SPSS19.0进行数据分析,包括信效度分析和回归分析等。在此基础上得出结论,并对跨境电商企业发展提出有针对性的、可行性的建议,一方面能够使得跨境电商企业得到更加健康繁荣的发展,另一方面也能提升大学生在跨境进口电商平台购买海外产品时的购物体验。

(一)相关概念说明

1.跨境电子商务

学界尚未统一跨境电子商务的概念,但一般是指不同关境的交易双方利用电商平台购买商品并完成支付的一种交易形式。跨境电子商务解决了空间上和时间上的限制,一方面使得消费者足不出户就可以购买到海外产品,另外一方面也促进了区域间和国家之间的经济贸易合作往来,推动了经济全球化的进程。

2.跨境进口电商零售模式的分类

关于跨境电子商务进口模式,学界还没有统一的分类方法,目前广泛认可的一种分类是平台类与自营类。平台类是指提供交易平台,吸引海外品牌商、渠道商等入驻,最典型的代表即天猫国际。自营类以网易考拉海购、唯品会等为代表,自营类平台通常品牌力强、全交易流程可控、管理体系完备。此外,近几年,导购平台作为一种新型模式出现,从一开始仅提供如物流服务或消费心得等单项服务,到后来发展成一站式购物网站。这类平台以什么值得买等为代表。

3.消费者行为理论

在查阅了大量文献并且访问了一些国外学术网站后,笔者发现国外具体关于跨境进口电商平台的研究总体并不多,但是在消费者行为理论研究方面却相当成熟。下面将对国外消费者行为理论可供参考的部分做一个总体概括。

（1）理性行为理论。

1975年，美国学者 Fishbein 和 Ajzen 提出此理论。他们认为：个体行为的发生由行为意愿（Behavioral Intention）引起，行为意愿由个体的态度（Attitude）和主观规范（Subjective Norm）两个因素共同决定。态度即实施行为的主体对该行为的一种主观判断。比如"我要买这个东西，我觉得它很划算"。主观规范是指个体采取该行为会受到他人的影响。比如"我买这个裙子，我妈妈会不会说太暴露呢"。本章节研究影响大学生采用跨境进口电商平台的因素分析时，运用理性行为理论，将主观规范作为影响因素之一，进行设计问卷分析。

（2）计划行为理论。

由于理性行为理论是基于"人是理性的"的假设解释个体行为的，这通常不符合实际情况，于是 Ajzen 基于之前的理论提出了计划行为理论（Theory of Planned Behavior，简称 TPB）。该理论认为，行为意愿除了由理性行为理论中的两个因素决定之外，还会受到感知行为控制（Perceived Behavioral Control）的影响。该因素是指个体感知到的做某件事的难易程度，通常依据个人过去的经验和预期的阻碍。本章节利用此理论，在感知行为控制的基础上，引入感知安全性（Perceived Security）作为变量之一，即个体感知到的某项行为的安全可靠程度，本研究将通过问卷调查研究其对大学生在采用跨境进口电商平台进行跨境购物时的影响。

（3）技术接受模型。

该模型于1989年由 Davis 提出，认为行为意愿除了由想用的态度决定外，还由感知有用性（Perceived Usefulness）决定，这一点与理性行为理论中受到主观规范的影响不同。想用的态度又由感知的有用性和易用性（Perceived Ease of Use）共同决定。基于技术接受模型在消费者行为研究中相对较成熟且被广泛应用，本研究将其作为主要理论依据。

4. 顾客感知价值

Zeithaml 将顾客感知价值（Customer Perceived Value，简称 CPV）定义为：顾客在对比其在购买产品过程中付出的成本和其获得产品时感知到的利得后，对该次购物体验的一个综合评价。企业为顾客提供价值时应该以顾客为中心，把顾客对价值的感知放在第一位考虑。Zeithaml 构建的顾客感知价值的模型，如图8.1所示。

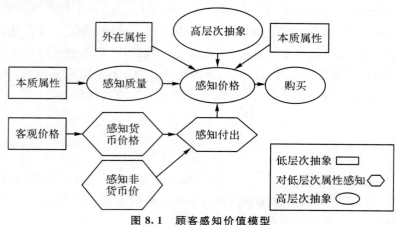

图 8.1　顾客感知价值模型

本研究在顾客感知价值的理论基础上,将顾客感知价值和感知价格作为研究变量,研究其对大学生采用跨境进口电商平台购物的影响。结合以上国外成熟的理论概况,采用技术接受模型作为理论基础,将个人因素、跨境进口电商平台自身因素、区域因素和国家政策考虑在内设计问卷并构建模型,对大学生采用跨境进口电商平台购物影响因素进行理论模型构建和实证分析。

(二)消费者采用跨境进口电商平台影响因素理论模型构建

本章节围绕专题的主要研究问题,结合相关概念的界定和理论的分析,首先对所涉及的因子变量进行定义,然后提出研究假设,最后构建大学生采用跨境进口电商平台影响因素的理论研究模型。

1. 研究变量的界定

结合上文所述,本研究将感知有用性、感知易用性、感知安全性、感知价格和主观规范设为影响大学生采用跨境进口电商平台购物意愿的因素。结合消费者网络购物和跨境进口电商平台的特点,在研究模型中引入物流因素和关税政策,测量其对大学生使用跨境进口电商平台的影响程度。各研究变量的定义如表8.4所示。

表 8.4 模型中各变量定义

研究变量	定　　义
感知有用性	消费者认为跨境进口电商平台可以提供更多产品选择,买到国内没有的产品,带来更好的交易效果
感知易用性	消费者认为在跨境进口电商平台上购买流程简单易操作,使用方便
感知安全性	消费者认为跨境进口电商平台上产品质量是可靠的,支付流程是安全的
感知价格	消费者认为跨境进口电商平台上的产品价格与预期的价格相比相差不大,是可以接受的
顾客感知价值	消费者认为在跨境进口电商平台上购买产品付出的成本与获得的利得成正比
主观规范	消费者在进行跨境网购时会受到口碑的影响
购买意愿	消费者选择跨境进口电商平台购买商品的倾向程度
物流因素	物流服务的好坏,包括物流时长,是否有跟踪信息以及收到货物是否完整等
关税政策	进口关税调整和国家相关政策

(1)感知有用性。

指用户感到使用某种系统或者工具能够促进其完成工作的程度,消费者在跨境进口电商平台上购物时,感知到的效用程度。

(2)感知易用性。

指一个人认为容易使用一个具体的系统的程度,消费者认为使用跨境进口电商平台购物时,购买流程和咨询客服获取信息等的容易程度。

（3）感知安全性。

感知风险是指消费者认为消费行为的结果不如预期的程度，消费者认为使用跨境进口电商平台购物时，平台可信赖程度、支付流程的安全程度或者产品质量的可靠程度。

（4）感知价格。

指消费者预期价格与产品标价相差的程度，消费者在跨境进口电商平台上购买产品时，产品价格与其预期价格之间的差距大小程度和对于价格的可接受程度。

（5）顾客感知价值。

指顾客在购买过程中及购买之后，其认为获得的体验与付出的成本是否匹配，消费者在使用跨境进口电商平台时认为所付出的时间和金钱是否可以匹配其在购买产品的整个过程中的购物体验。

（6）主观规范。

指个体行为的发生是否受到他人对这一行为看法的影响程度，消费者通过跨境进口电商平台购物时，其主观上感知受到他人的影响程度。

（7）购买意愿。

购买意愿是指当一个人对某具体事情进行决策时，其内心的倾向程度即意愿，意愿越高，实施该行为的可能性就越大，这里指消费者选择是否在跨境进口电商平台上购物的意愿程度。

（8）物流因素。

物流因素在消费者行为研究中又称物流服务。此处我们引入 7Rs 理论，该理论认为：物流服务是指为客户提供适当数量（Right Quantity）、适当产品（Right Product）、适当的时间（Right Time）、适当的地点（Right Place）、适当的条件（Right Condition）、适当的用户（Right Customer）和适当的成本（Right Cost）的一个服务过程。消费者在选择是否采用跨境进口电商平台购物时考虑到的物流因素，包括物流费用、运输历经时长、安全可靠性（运输全程可追踪性、通关是否便利、出现问题可否获得赔偿）三个方面。

（9）关税政策。

关税政策主要是进口关税比例调整、免税额度以及国家对于跨境电商企业扶持或者监管等相关政策对消费者选择跨境进口电商平台购物的影响。在跨境电子商务发展过程中不得不提的便是 2016 年的"四八新政"。该项政策一方面提高了跨境电商商品通关的效率，提升了消费者购物体验；另外一方面，征税方式的改变使得部分商品价格提高，最终导致消费者购买量下降，跨境电商行业受到一定打击。这也从侧面说明消费者由于"四八新政"减少了对跨境产品的消费。本研究中主要讨论关税政策是否影响大学生采用跨境进口电商平台以及大学生可接受的关税调整比例范围。

2. 研究假设

（1）"感知有用性"和"感知易用性"对购买意愿的影响。

Davis(1989)的技术接受模型认为行为意愿由想用的态度和感知的有用性决定。感知的有用性和易用性决定了想用的态度。张琪(2017)的研究证实感知有用性、感知易用性正

向调节消费态度进而调节购买意愿。综上所述,本研究在探讨大学生使用跨境进口电商平台的影响因素时做出以下假设:

假设 1:感知有用性正向影响大学生采用跨境进口电商平台购买产品的意愿

假设 2:感知易用性正向影响大学生采用跨境进口电商平台购买产品的意愿

(2)"感知安全性""感知价格"对购买意愿的影响。

孙政(2016)的研究指出感知价格正向影响购买意愿,感知风险负向影响消费者购买意愿,即感知安全性正面影响消费者购买意愿。据此本研究做出以下假设:

假设 3:感知安全性正向影响大学生采用跨境进口电商平台购买产品的意愿

假设 4:感知价格正向影响大学生采用跨境进口电商平台购买产品的意愿

(3)"顾客感知价值"对购买意愿的影响。

根据 Zeithaml(1988)对顾客感知价值的定义,该价值具体指产品价值、服务价值等。钟凯(2013)的研究表明顾客感知价值正向影响购买意愿。因此本研究做出以下假设:

假设 5:顾客感知价值正向影响大学生采用跨境进口电商平台购买产品的意愿

(4)"主观规范"对购买意愿的影响。

郭姗(2014)的研究表明主观规范会对消费者购买意愿有直接的正向影响。劳可夫和吴佳(2013)也指出主观规范对消费意愿作用效果明显。基于以上,本研究做出假设:

假设 6:主观规范正向影响大学生采用跨境进口电商平台购买产品的意愿

(5)"物流因素"对购买意愿的影响。

葛虹(2014)的研究指出跨境电商平台的物流因素对顾客忠诚度有明显影响,其中,物流服务质量是否可靠、信息是否完整都会直接影响消费者的忠诚度。洪阳、王莉莉、安冉(2017)也提到物流效率是消费者给予跨境网购积极或者消极评价的关键因素。宋耀华(2018)在浅析我国跨境进口电商业务发展现状、痛点及应对措施中也谈到跨境电商产品丰富、质量可靠、物流快捷已经成为消费者首选。因此本研究对物流因素做出以下假设:

假设 7:物流因素对大学生采用跨境进口电商平台购买产品的意愿具有调节作用

(6)"关税政策"对购买意愿的影响。

毛艳棵(2016)指出关税政策在一定程度上会影响消费意愿。2016 年"四八新政"促使跨境电商商品通关更加快捷,商品质量更有保障,这些都提高了消费者跨境购物的客户体验,可见关税政策对消费者跨境购买产品具有一定影响。综上做出假设:

假设 8:关税政策对大学生采用跨境进口电商平台购买产品的意愿具有调节作用

3. 研究模型

根据上文的理论基础,结合相关文献资料,本研究构建大学生采用跨境进口电商平台购物影响因素模型,如图 8.2 所示。

(三)大学生采用跨境进口电商平台影响因素实证分析

1. 量表设计

本研究共设计 9 个变量,共 28 个测量指标。感知有用性、感知易用性题项参考 Davis

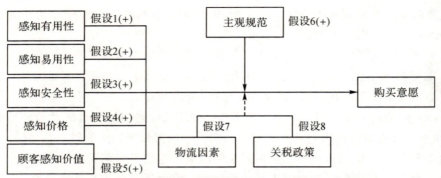

图8.2 大学生采用跨境进口电商平台购物影响因素模型

(1989)和张琪(2017);感知安全性、感知价格题项参考李楠楠(2007)、李思志(2010)和孙政(2016);主观规范、购买意愿题项参考 Davis(1989)和郭姗(2014);物流因素题项参考葛虹(2014);关税政策题项参考毛艳棵(2016)。基于以上学者对各变量的研究,得到各个变量的测量指标表如表 8.5 所示。

表 8.5 测量指标

研究变量	各指标
感知有用性	A1 我认为跨境进口电商平台提供的商品种类更多,可以买到国内不卖的产品
	A2 我认为在跨境进口电商平台上购买海外产品,可以让我紧跟潮流,知道最近的时尚元素
	A3 我认为在跨境进口电商平台上购买海外产品,平台能够提供有用的信息帮助购物
	A4 我认为在跨境进口电商平台上购买海外产品,客服能解答我的疑惑,沟通有效
感知易用性	B1 我认为通过跨境进口电商平台可以很快地找到所需商品
	B2 我认为在跨境进口电商平台上购买海外产品,购买流程是简单易操作的
	B3 我认为在跨境进口电商平台上购买海外产品,买到假货的概率比较小
	B4 我认为在跨境进口电商平台上购买海外产品,咨询客服非常方便,而且回复较及时
感知安全性	C1 我认为这些跨境进口电商平台是可信赖的
	C2 我认为在跨境进口电商平台上购买海外产品,支付流程是安全的
	C3 我认为在跨境进口电商平台上购买海外产品,质量是可靠的
感知价格	D1 我认为在跨境进口电商平台上购买海外产品,价格是相对合理的
	D2 我会因为打折季("黑五"或者"双十二")的优惠活动买更多的东西
	D3 我会因为国家的进口关税政策变化而减少或者增加购物的金额
顾客感知价值	E1 我认为在跨境进口电商平台上购买海外产品,质量比国内同类产品更高
	E2 我认为在跨境进口电商平台上购买海外产品,售后服务更好
	E3 我认为在跨境进口电商平台上搜索想要的产品、辨别产品等花费的时间较多
	E4 我认为在跨境进口电商平台上购买海外产品,遇到退换货等问题时解决起来非常不方便

续表

研究变量	各指标
主观规范	F1 我会因为朋友的推荐而在这些网站上购物
	F2 我会因为某些差评而放弃购买某产品
	F3 我会因为一些博主或网红的推荐而购买某产品
购买意愿	G1 与线下购买相比,我倾向于在跨境进口电商平台上购买产品
	G2 在未来购买海外产品时,我更愿意使用跨境网购
	G3 我愿意向他人推荐使用跨境进口电商平台购买产品
物流因素	H1 从跨境进口电商平台下单到收货的时间周期,是在我可以接受的范围内
	H2 在这些跨境进口电商平台购买货物后,可以及时了解货物的跟踪信息
	H3 收到的产品包裹基本完好
关税政策	I 进口关税调整是否影响我选择某个跨境进口电商平台购物

2.样本的描述性统计

(1)问卷收集。

本研究利用"问卷星"制作问卷,在微信、微博和脸书(Facebook)等国内外社交网络平台线上发放问卷。共计发放问卷 300 份,有效问卷 278 份,问卷有效率 92.67%。其中无效问卷主要存在以下问题:

①答卷者不属于本章节研究对象;

②答卷者没有使用跨境进口电商平台购买产品的经历;

③存在其他不合理的问卷。

问卷于 2018 年 4 月 7 日开始发放,发放至浙江、上海、湖北、福建、江苏、重庆、陕西等国内各个省区市,其中浙江省占国内总问卷的 69.09%。为了对比国内外因区域不同造成的大学生使用跨境进口电商平台情况的不同,本次问卷还发放至海外,包括西班牙马德里、巴黎、东京等,又考虑到西班牙在全球跨境电商市场上的特殊性,问卷主要以西班牙马德里为主,占海外总问卷的 50%。西班牙作为中国"一带一路"欧洲沿线的重点双边贸易国家之一,在全球买市场上,成为我国电商出口交易额第三的目的国;在全球卖市场上,其又是我国电商行业前十大进口国之一。因此本章节将对比国内外大学生使用跨境进口电商平台的差异性并做相应的分析。

(2)样本的描述性统计。

①有效样本 278 份,被测试者中男性 104 人,占比 37.41%;女性 174 人,占比 62.59%,如表 8.6 所示。通过百分比可以看出,女性占比超过男性成为主力军。由于此次问卷的研究对象为有过使用跨境进口电商平台购物的大学生,结合跨境电商的主要产品类型以及 2017 年度天猫国际消费报告,跨境消费产品中美妆护肤类占据了半壁江山,而这些产品的

主要消费人群为女性。这也证实了我们的测试结果,即相对于男性,女性是跨境进口电商平台消费的主力军。

表 8.6　性别分布

性别	人数	比例
男性	104	37.41%
女性	174	62.59%

②从专业分布上来看,调查样本中34.89%来自理工类,30.58%来自经管类,23.02%来自文法类,2.88%来自艺术类,2.51%来自医学类,6.12%来自其他,如表 8.7 所示。这反映出调查对象基本涵盖各个专业,且占比相对均匀,表明统计样本的可信度更高。

表 8.7　专业分布

专业	人数	比例
理工类	97	34.89%
经管类	85	30.58%
文法类	64	23.02%
艺术类	8	2.88%
医学类	7	2.51%
其他	17	6.12%

③从年级栏目看,调查对象中比例最大的是本科三、四年级,占比81.66%;本科一、二年级占比相对较小,为 10.43%;人数最少的是硕士生、博士生,两者比例分别为 6.47%、1.44%。如表 8.8 所示。可见本科三、四年级为大学生群体中跨境进口电商平台使用者的主要人群,结合上文中提到的跨境进口电商产品,不难发现,因为在本科三、四年级,大学生都已经开始实习或者工作,初入职场,她们对个人形象的重视程度提高、对化妆品的需求也逐渐上升。而本科一、二年级,一方面没有高中学业的压力,有了更多的空余时间;另外一方面,在学校礼仪课程的指导下,也开始探索美妆护肤这一领域。

表 8.8　年级分布

年级	人数	比例
本科三、四年级	227	81.66%
本科一、二年级	29	10.43%
硕士生	18	6.47%
博士生	4	1.44%

④从是否谈恋爱看,通过与"平均每月生活消费水平"这一因变量交叉分析发现,恋爱群体中主流消费水平在1501~2000 元,而非恋爱群体主流消费水平在1000~1500 元,如图 8.3 所示。尽管是否恋爱并没有直接影响大学生使用跨境进口电商平台购物,但是恋

爱群体的消费水平相对更高,这一点与韩玉晶(2015)的《大学生跨境电商消费现状浅谈》中的结论一致。

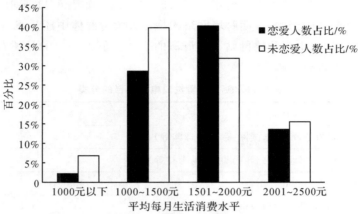

图 8.3　是否恋爱与平均每月生活消费水平的关系

⑤从月平均消费水平来看,多数大学生每月花费在 1000~1500 元和 1501~2000 元,两者人数占比分别为:36.33%、34.53%;消费水平在 2000 元以上的占了 23.74%。如表 8.9 所示。总体来说,大学生消费能力一般,但是消费潜力巨大。

表 8.9　月平均消费水平

月平均消费	人数	比例
1000 元以下	15	5.40%
1000~1500 元	101	36.33%
1501~2000 元	96	34.53%
2001~2500 元	36	12.95%
2500 元以上	30	10.79%

⑥从了解跨境进口电商平台的途径来看,多数大学生直接从网站获悉跨境进口电商平台,占比 62.59%;20.86% 的大学生则是在微信、微博等社交平台上获知跨境进口电商平台;还有 12.59% 的大学生是由朋友或者身边的亲人推荐而了解到跨境进口电商平台。如表 8.10 所示。说明大部分大学生对于跨境进口电商平台有一定了解。

表 8.10　了解跨境进口电商平台的途径

途径	人数	比例
电商购物网站	174	62.59%
朋友亲人推荐	35	12.59%
微博/微信等社交平台	58	20.86%
媒体广告	11	3.96%

⑦从使用跨境进口电商平台来看,65.83%的大学生使用过国内电商的境外购物平台,例如天猫国际、京东全球购等;41.01%的大学生使用过国内独立跨境进口电商平台,例如小红书、网易考拉等;38.85%的大学生使用过亚马逊和eBay。如表8.11所示。大部分调查对象都有过跨境网络购物的经验,说明跨境网络购物在大学生群体中还是很常见的,这也符合62.59%的大学生是通过电商购物网站了解海淘的事实。值得一提的是还有6.12%的人表示会通过微信朋友圈进行代购。

表8.11　使用跨境进口电商平台的分类

平台分类	人数	比例
国内电商网站的境外购物平台(天猫国际、京东全球购等)	183	65.83%
国内独立跨境进口电商平台(小红书、洋码头、网易考拉等)	114	41.01%
全球综合电商网站(亚马逊、eBay等)	108	38.85%
如果以上均没有,请写下你常用的跨境进口电商平台名称	17	6.12%

⑧从使用跨境进口电商平台进行购物的频率来看,55.04%的大学生几乎是半年以上才会使用;33.45%的人是每月使用;只有10.43%的人是每周使用跨境进口电商平台购物的。如表8.12所示。说明大学生使用跨境进口电商平台购物的频率不高,这也证实了6.12%的人表示会通过微信朋友圈认识的人代购的事实,由于电商网站上的产品真假难辨,因而更愿意相信朋友圈的代购。

表8.12　使用跨境进口电商平台的频率

频率	人数	比例
每天	3	1.08%
每周	29	10.43%
每月	93	33.45%
半年以上	153	55.04%

⑨对于关税调整这一因素,75.18%的大学生表示使用跨境进口电商平台购物时不会因为关税调整而影响购物;24.82%的大学生表示会受到影响。如表8.13所示。很大程度上是当我们在购买产品时商品已经包含了关税费,由于没有明确标出是多少金额,所以消费者不是非常敏感,因而在购买时不会过多关注。

表8.13　关税调整是否会影响大学生使用跨境进口电商平台

	人数	比例
否	209	75.18%
是	69	24.82%

在受到影响的24.82%的大学生中,63.77%的人表示自己可接受的关税调整范围是1%～5%,34.8%的人表示可接受的范围是6%～8%。如表8.14所示。可见受到关税调整的群体中对关税调整的接受度主要在1%～5%。

表 8.14　可接受的关税调整范围

关税调整范围	人数	比例
1%～5%	44	63.77%
6%～8%	24	34.78%
9%～12%	1	1.45%
13%～17%	0	0.00%

⑩从西班牙马德里区域的结果来看,多数大学生表示偶尔会使用亚马逊或者全球速卖通(AliExpress)购物,但仍更喜欢去实体店购物。主要有以下原因:

A.快递时间长,同城的快递可能需要在一周到两周内送达,跨城的基本在两周以上。据了解,菜鸟西班牙海外仓曾因为发货速度太快,包裹遭到了当地客户的拒收,客服沟通后才得知客户根本不相信在网上购买的中国产品第二天就能送到手上。这一点说明西班牙本地快递服务业的滞后,同时也从侧面说明我国跨境出口业务在西班牙市场有很大的发展空间。

B.大品牌的官网均可下单购买,但是只有在买到一定额度以上才能免邮或者部分免邮,因此消费者只有在每年的打折季会购买一定量的产品。此外,买家评论少,参考性不足,常常会出现线上购买的产品质量和线下有出入,因此他们更愿意直接上街购买。

C.从对中国产品的需求来看,基本可以在中国超市解决。在西班牙每隔几米就有一个中国人经营的百元店(杂货店)、食杂店。此外在速卖通也可以购买到各种中国产品。根据速卖通后台数据,西班牙在速卖通出口国家 TOP10 中排名第三,仅次于俄罗斯和美国。此外,速卖通在西班牙也是排名前三的电商网站。在 2016 年的"双十一"中,西班牙是最活跃的海外国家 TOP5 中的第二名。西班牙消费者最喜欢从速卖通平台购买的产品主要是服饰、电子产品、饰品配件等;其中手机产品中最受偏好的品牌是小米。

从卖家的城市分布来看,我们在速卖通后台选择了西班牙作为主要细分市场后,选择服装/服饰配件作为例子进行分析,得到了如图 8.4 所示的关于城市细分的比例,发现马德里支付买家在西班牙所有城市的买家中占比最大(8.07%),远远大于位居第二、三位的巴塞罗那(3.31%)和瓦伦西亚(2.14%)。这也从侧面证明了本次问卷在西班牙马德里区域发放具有一定的可靠性。

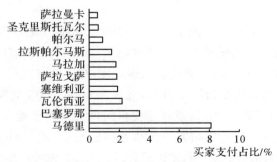

图 8.4　(服装/服饰配件)西班牙各城市买家分布

数据来源:根据全球速卖通数据纵横信息整理得到。

3.问卷的信度与效度分析

(1)信度检验。

信度(Reliability)即可靠性,通俗理解就是数据反映实际情况的程度,误差成分越少,则问卷的信度越高,越能反映真实情况。信度分析方法主要有α信度系数法和折半法等。本研究采用 Cronbach(1951)提出的α信度系数法进行分析。α系数的计算公式如下,其中 K 为一个量表的题项数,$\sigma^2 X$ 为总样本的方差(各被试对某一量表各题项评分的总分的方差),$\sigma^2 Y_i$ 为其中一题项样本的方差(各被试对某一题项的评分的方差)。

$$\alpha = \frac{K}{K-1}\left[1 - \frac{\sum_{i=1}^{K}\sigma^2 Y_i}{\sigma^2 X}\right]$$

不同学者对α阈值的判定标准有不同的看法。由于调查环境的不同和研究本身的特殊性,Bagozzi 认为,在社会科学领域,当α系数大于 0.6 时,量表信度较好;达到 0.7~0.8 为该量表有相当程度的置信度;达到 0.8~0.9 表明该量表具有良好的可靠性。本研究对感知有用性、感知易用性、感知安全性、感知价格、顾客感知价值、主观规范、购买意愿以及物流因素共八个变量进行了α值的信度检验,得到的结果如表 8.15 所示。

表 8.15　可靠性统计量表

变量	感知有用性	感知易用性	感知安全性	感知价格	顾客感知价值	主观规范	购买意愿	物流因素
α 值	0.797	0.748	0.853	0.686	0.574	0.642	0.866	0.799

通过上表我们可以发现感知有用性、感知易用性、感知安全性、购物意愿以及物流因素的α值均在 0.7~0.9,感知价格和主观规范的α值在 0.6~0.7,说明这些变量具有相当的信度,样本数据是可以信赖的。而顾客感知价值相对偏低,通过分析我们发现该变量在问项设置上存在不合理的问题,前两个问项是同方向的,而后两个问项是反方向的。为得到更加客观真实的数据,本章节将后两个问项得分做反向计分处理,再重新计算α信度,最终得到的结果是 0.236,远远低于 0.6,说明该顾客感知价值变量不符合要求,信度不足,给予剔除,后续数据分析中将不再考虑。

(2)效度检验。

通过一定的测量方式能够准确测出所测事物的程度即为效度(Validity)。具体指所测结果在多大程度上反映了要测试的内容。测量结果与要测试的内容之间一致性越高,那么效度越高。效度分为内容效度、准则效度和结构效度,相应地也就有三种分析方法。本研究采用结构效度分析法,该方法是指因子分析,具体还包括 KMO 值检验和巴特利特球形检验。如果 KMO 值较大(接近 1.0),这意味着变量间的共同因子越多,研究数据更适合做因子分析。学术界一般根据以下标准解释该值大小:高于 0.9 的 KMO 值表示非常适合于因子分析;0.8~0.9 为相当适合;0.7~0.8 为适合;0.6~0.7 为可以接受;0.5~0.6 为较差。

巴特利特球形检验是为了获知相关阵中各变量间的相关性。学术界普遍认为,显著水平值越小(小于 0.05),原始变量之间存在关系的可能性越大;如果显著性水平较大(大于 0.01),数据可能不适合进行因子分析。因子负荷量的大小可以解释单个项目的可靠性,学术参考值为 0.5 或以上。本章节对研究模型中的七个变量进行了效度检验,得到如表 8.16 所示结果。

表 8.16　KMO 值检验、巴特利特球形检验以及效度检测结果

研究变量	KMO 值	巴特利特球形检验显著性	问 项	因子负荷量
感知有用性	0.726	0.000	A1	0.733
			A2	0.821
			A3	0.847
			A4	0.749
感知易用性	0.734	0.000	B1	0.814
			B2	0.803
			B3	0.614
			B4	0.800
感知安全性	0.724	0.000	C1	0.898
			C2	0.854
			C3	0.887
感知价格	0.648	0.000	D1	0.738
			D2	0.830
			D3	0.781
主观规范	0.606	0.000	F1	0.847
			F2	0.735
			F3	0.727
购买意愿	0.723	0.000	G1	0.866
			G2	0.914
			G3	0.886
物流因素	0.709	0.000	H1	0.831
			H2	0.861
			H3	0.846

从表 8.16 可以发现,本研究中的各变量 KMO 值均在 0.6 以上,表示可以做因子分析;各变量巴特利特球形检验显著性水平为 0,符合要求;各问项因子负荷量均在 0.6(大于 0.5)以上,说明各个问项信度良好。综上所述,样本数据符合要求,效度检验结果基本满意。

4. 相关性分析与回归分析

(1)相关性分析。

指分析两个或数个具有相关性的变量,以此确定数个变量的相互关联程度。为了验证本研究模型中各变量之间的相关性,本研究对七个变量进行了该项分析,分析结果整理如表8.17所示。

表8.17　各变量相关性分析

		感知有用性	感知易用性	感知安全性	感知价格	主观规范	购买意愿	物流因素
感知有用性	Pearson 相关性	1	0.658**	0.558**	0.545**	0.474**	0.438**	0.446**
	显著性(双侧)		0.000	0.000	0.000	0.000	0.000	0.000
	N	278	278	278	278	278	278	278
感知易用性	Pearson 相关性	0.658**	1	0.658**	0.488**	0.423**	0.519**	0.549**
	显著性(双侧)	0.000		0.000	0.000	0.000	0.000	0.000
	N	278	278	278	278	278	278	278
感知安全性	Pearson 相关性	0.558**	0.658**	1	0.512**	0.507**	0.544**	0.500**
	显著性(双侧)	0.000	0.000		0.000	0.000	0.000	0.000
	N	278	278	278	278	278	278	278
感知价格	Pearson 相关性	0.545**	0.488**	0.512**	1	0.479**	0.530**	0.460**
	显著性(双侧)	0.000	0.000	0.000		0.000	0.000	0.000
	N	278	278	278	278	278	278	278
主观规范	Pearson 相关性	0.474**	0.423**	0.507**	0.479**	1	0.585**	0.613**
	显著性(双侧)	0.000	0.000	0.000	0.000		0.000	0.000
	N	278	278	278	278	278	278	278
购买意愿	Pearson 相关性	0.438**	0.519**	0.544**	0.530**	0.585**	1	0.613**
	显著性(双侧)	0.000	0.000	0.000	0.000	0.000		0.000
	N	278	278	278	278	278	278	278
物流因素	Pearson 相关性	0.446**	0.549**	0.500**	0.460**	0.613**	0.613**	1
	显著性(双侧)	0.000	0.000	0.000	0.000	0.000	0.000	
	N	278	278	278	278	278	278	278

其中 Pearson 相关性(Pearson Correlation)为相关系数;显著性(Sig.)为 P 值(<0.05 为有显著性意义);N 为样本量。相关系数在 $0\sim0.09$ 表示不相关,$0.1\sim0.3$ 表示弱相关,$0.3\sim0.5$ 表示一般相关,$0.5\sim1.0$ 为强相关;而 P 值为 0 则表示显著性很好。通过上表我们发现六个因素对于购买意愿的相关系数分别为 0.438、0.519、0.544、0.530、0.585、

0.613;同时 P 值则均为 0.00。说明在本研究中,除了感知有用性对购买意愿一般相关,其他变量均对购买意愿显著相关,值得一提的是物流因素,尽管作为调节性因素,但对购买意愿的显著性最强。可见物流服务的好坏对于大学生是否采用跨境进口电商平台进行购物有很大的影响。这也从侧面说明跨境进口电商平台需要提升物流服务来吸引更多的消费者。

(2)回归分析。

这是指一种统计分析方法,它能定量确定两个及以上变量之间相互依赖的关系。根据所涉及的变量数,将回归分析分为一元回归和多元回归分析。根据本章节的研究模型,以购买意愿为因变量,测定其他变量与其存在的定量关系。我们利用 SPSS 分析处理,整理得到回归系数表如表 8.18 所示。

表 8.18 各变量回归分析

因变量	自变量	非标准化系数		标准系数	t	Sig.
		B	标准误差	Beta		
购买意愿	(常量) 感知有用性	1.793 0.480	0.204 0.059	 0.438	8.772 8.100	0.000 0.000
	(常量) 感知易用性	1.530 0.587	0.191 0.058	 0.519	8.016 10.099	0.000 0.000
	(常量) 感知安全性	1.313 0.628	0.199 0.058	 0.544	6.604 10.782	0.000 0.000
	(常量) 感知价格	1.556 0.551	0.183 0.053	 0.530	8.498 10.390	0.000 0.000
购买意愿	(常量) 主观规范	0.908 0.684	0.213 0.057	 0.585	4.266 11.970	0.000 0.000
	(常量) 物流因素	1.014 0.702	0.190 0.055	 0.613	5.339 12.877	0.000 0.000

其中 B 表示各个自变量在回归方程中的系数,Sig. 为 P 值(<0.05 为有显著性意义)。我们发现研究模型中感知有用性、感知易用性、感知安全性、感知价格、主观规范和物流因素的回归系数 B 都在 0 以上($0.480>0,0.587>0,0.628>0,0.551>0,0.684>0,0.702>0$),且这些因素的 P 值都为 0($<0.05$),可以得出感知有用性、感知易用性、感知安全性、感知价格、主观规范和物流因素对购买意愿具有正向的影响作用,并且是显著的。这也验证了假设1—7与上文所做的相关性分析得到的结果一致。

5.研究结果

结合以上的信效度分析,以及相关性分析、回归分析,我们得到如表 8.19 所示的研究结果。

表 8.19　各个研究假设的结果

假设项	假设内容	结　果
假设 1	感知有用性正向影响大学生采用跨境进口电商平台购买产品的意愿	成立
假设 2	感知易用性正向影响大学生采用跨境进口电商平台购买产品的意愿	成立
假设 3	感知安全性正向影响大学生采用跨境进口电商平台购买产品的意愿	成立
假设 4	感知价格正向影响大学生采用跨境进口电商平台购买产品的意愿	成立
假设 5	顾客感知价值正向影响大学生采用跨境进口电商平台购买产品的意愿	舍弃
假设 6	主观规范正向影响大学生采用跨境进口电商平台购买产品的意愿	成立
假设 7	物流因素对大学生采用跨境进口电商平台购买产品的意愿具有调节作用	成立
假设 8	关税政策对大学生采用跨境进口电商平台购买产品的意愿具有调节作用	成立

　　通过上表,我们可以得出结论:感知有用性、感知易用性、感知安全性、感知价格均正向影响大学生采用跨境进口电商平台购买产品的意愿。而顾客感知价值由于在设置问项上存在方向不一致的问题,在反向计分后,得到的信度值过低,因而舍弃。物流因素对大学生采用跨境进口电商平台购买产品的意愿具有显著调节作用;而关税政策对大学生采用跨境进口电商平台购物具有一定调节作用。

（四）研究结论与相关建议

　　随着"互联网＋"的不断推进和 2018 年 4 月世界零售大会(WRC)首次将"新零售"写进它的历史,中国跨境电子商务进口零售行业正在经历着一场新零售的变革和勃兴。从世界角度来看,近年来,包括欧美在内的传统零售业持续走下坡路,不少线下门店被迫关闭,而我国的跨境进口电商零售平台却处于繁荣发展期。此外,政府的监管政策过渡期的两次延缓也给予了跨境进口电商平台和商家充分的调整时间,整体处于政策利好阶段。因此,如何在这一"天时地利"条件下,充分把握消费者的购物行为特征和影响其购买意愿的因素,达到"人和"的效果,是本章节研究的关键所在。本研究选取了大学生这一具有巨大潜力的消费群体进行研究分析,建立了影响大学生采用跨境进口电商平台影响因素的理论研究模型,以技术接受模型为主要理论支持,设计了以感知有用性、感知易用性、感知安全性、感知价格、物流因素、主观规范和购买意愿为研究变量的问卷调查表。在数据分析的基础上我们验证了假设并得到了以下结论:

　　第一,感知有用性正向影响大学生采用跨境进口电商平台购买产品的意愿。如果大学生认为平台提供的产品种类丰富,热销产品的款式齐全没有断货,平台提供的产品信息能够帮助到购买者,平台客服能够解答疑惑、沟通有效时,那么其更愿意去购买该平台的产品。

　　第二,感知易用性正向影响大学生采用跨境进口电商平台购买产品的意愿。如果大学生认为在平台上可以很快地找到所需产品,购买流程操作简单,咨询客服回复及时,在这些条件下其更愿意去购买该平台的产品。

　　第三,感知安全性正向影响大学生采用跨境进口电商平台购买产品的意愿。如果大学生认为在平台上购买产品支付流程是安全的,买到的产品质量是可靠的,相比与其他不值得信赖的平台,其更倾向于在该平台购物。

第四,感知价格正向影响大学生采用跨境进口电商平台购买产品的意愿。如果大学生认为平台上产品的价格是合理的,在限时折扣活动如"黑色星期五"或者"双十一""双十二"等中优惠力度更大,那么其在这些打折活动中倾向于购买更多的产品。此外,部分大学生也会因为关税政策变化引起的产品价格变化从而相应地减少或者增加购买的金额。

第五,主观规范正向影响大学生采用跨境进口电商平台购买产品的意愿。大学生在购买产品时会受到朋友的影响,也会因为已经购买产品的客户评价或者某些网红博主的推荐而影响其最终是否购买该产品。

第六,物流因素对大学生采用跨境进口电商平台购买产品的意愿具有调节作用,且效果显著。大学生在购买产品时若平台整体的物流时效短、快递信息可追踪以及收到包裹基本完好,那么其更愿意去购买该平台的产品。

第七,关税政策对大学生采用跨境进口电商平台购买产品的意愿具有调节作用。部分大学生表示会因为关税政策的变化而减少或者增加其购买产品的金额,但是由于多数产品的售价中已经包含了关税费用,且不少大学生购买产品的金额数目并不大,所以关税政策调整引起的产品价格变化对大学生购买产品时没有显著的影响。

同时在这一结论的基础上,我们要从大学生这一消费群体出发,明确目前跨境进口电商平台的不足,总结归纳出一些有针对性的意见,从而促进其健康、稳步发展。

1. 对跨境进口电商平台和商家的建议

(1)吸引海外品牌入驻。

根据研究结果,我们知道了感知有用性正面影响大学生使用跨境进口电商平台购物的意愿,因此商家和平台应该根据消费者偏好提供更多海外品牌、更齐全的产品种类,在满足消费者需求的同时也保证消费者有足够的选择。在前文中我们提到西班牙药妆产品深受大学生的喜爱,天猫国际消费报告的数据也证实了这一点。天猫消费者对西班牙美妆护肤产品情有独钟,该类产品的订单数占到西班牙品牌产品总订单数的 84%。以 MartiDERM 为例,在天猫国际上开店不到一年,其海外旗舰店的重复购买率就已经达到了 22%,这相当于美妆产品的平均重复购买率的两倍。由此可见西班牙药妆产品在跨境进口电商平台的市场之大。

值得一提的是,天猫国际已经充分认识到这一问题。2018 年 4 月 17 日在西班牙马德里举行的世界零售大会上,天猫几乎吸引了西班牙各类大品牌入驻,马德里老城区著名的 Fuencarral 大街上的本土品牌都几乎都在天猫开设了官方旗舰店,形成了所谓的整一条"天猫大街"。天猫这一举措不仅促进了我国电商多元化的发展,更使得西班牙众多老品牌通过发展新零售在天猫国际这一平台上"重获新生"。此前,2018 年 3 月 30 日,天猫国际与来自西班牙、德国、意大利、法国的近 20 家中小美妆品牌创始人在上海签署了新一年的战略合作计划。

(2)优化平台界面,简化购物流程。

根据研究结果,我们知道了感知易用性正面影响大学生使用跨境进口电商平台购物的意愿,因此跨境进口电商平台应该优化平台界面,方便消费者更快地找到所需产品,在打造用户友好型界面的同时提升消费者的购物体验;同时还需优化消费者购买环节,简化购物流程。消费者在购买海外产品时常常会顾虑产品的来源、产品是否为正品、产品信息是否齐全、产品的使用方法是否明确等,因此平台应该在商品介绍中将货源、成分、使用方法以及正品标识等产品信息完整地展现出来,减少消费者在购买前期所消耗的时间成本。此外,平台的客服服务水平需要进一步加强,真正做到及时有效地解决消费者的疑惑,使得消费者感到较高的感知易用性从而进一步提升其购买欲望并产生购买行为。

(3)定期的限时折扣,提升口碑。

根据实证结果,我们得知感知价格和主观规范正面影响大学生的购买意愿。因此跨境电商商家和平台应该定期推出促销打折活动,一方面吸引更多的大学生购买产品,另外一方面让原有的一批客户形成定期购买的习惯,从而在开拓新客户和维护老客户的同时,增强了客户黏性。在提高口碑上,一方面平台应该注意挖掘潜在的消费者,通过已有的客户宣传推广。例如鼓励买家秀和分享良好的购物体验,推出推荐朋友成功注册后即可领无门槛优惠券等活动。另一方面,平台自身需要在进货渠道上严格把关,保证渠道透明以及品质可靠。同时,跨境进口电商平台还应完善售后服务,简化消费者退换货的流程和步骤,提高消费者购物体验。

(4)提升物流服务水平。

通过实证分析,我们注意到物流因素对大学生购买意愿的影响程度很大。艾瑞咨询在《中国跨境进口零售行业发展研究报告》中提到,物流资源是跨境电商行业发展的关键能力。这也是跨境电商平台目前存在的最大问题之一。跨境进口电商平台的物流因素主要分为三个方面:运输历经时长、物流费用、安全可靠性。不论是站在消费者还是站在商家和平台的角度,追求的共同目标都是:费用低、运输天数少(时效好)、运输全程可详细追踪、通关便利、出现问题可获得赔偿。因此商家和平台在选择物流上要综合考虑以上三点,选择可靠的物流企业,保障物流服务质量和水平。

2. 对政府及监管部门的建议

一方面建议政府和相关监管部门将跨境电商平台纳入国家基础设施建设,给予跨境电商平台和商家必要的政策支持,尤其是金融政策的支持。另一方面,将跨境电商平台建设纳入服务援外体系,帮助"一带一路"沿线国家利用中国的跨境进口电商平台发展国际市场,同时也将推动我国跨境电商平台的全面发展。

政府部门在制定跨境进口关税政策时,应充分考虑到消费者的购买需求,在做到不冲击当前跨境进口电商市场的同时,促进跨境进口电商行业健康发展。此外,还可以优化海关商品通关流程,精简程序并为跨境电商单独制定合理的商品税制及退税等相关规定,缩减物流时间以提高跨境电商效率。

3. 研究的局限性

首先,本研究共发放问卷300份,回收有效样本278份。在数量上,基本满足数理统计分析要求。但由于本次调查集中在微信、Facebook 等线上社交平台发放,既未使用随机抽样的方法,亦未通过线下方式发放问卷,所得结论可能存在一定偏差和不足。如果进行进一步的理论研究,应采取更科学的抽样调查方法。

其次,本研究采用李克特五分量表让消费者对其购物经历、体验等评价打分,这是一种主观上的研究方法。它不能排除被调查者存在理解上的偏差,导致数据失真。虽然有对样本进行信度和效度检验,但是仍然会存在主观上的误差。

第九章　电子商务与数字经济

电子商务与信息技术的发展密不可分。当前,世界经济加速向以网络信息技术产业为重要内容的数字经济活动转变,数字经济正深刻地改变着人类的生产和生活方式,成为经济增长新动能。数字经济是以数字化的知识和信息为关键生产要素,以数字技术创新为核心驱动力,以现代信息网络为重要载体,通过数字技术与实体经济深度融合,不断提高传统产业数字化、智能化水平,加速重构经济发展与政府治理模式下的新型经济形态。发展数字经济已经成为全球共识,为世界各国、产业各界、社会各方广泛关注。

电子商务是数字经济最重要的组成部分,也是推动数字经济发展的最主要推动力。但电子商务只是数字经济的序幕,占很小的一部分,数字经济将全面影响人类生活的方方面面,它远远超越电子商务(马云,2018)。推动数字经济相关技术与产业创新也已成为中国国家战略支持的重点方向,近年来党中央、国务院陆续部署了《关于积极推进"互联网+"行动的指导意见》《促进大数据发展行动纲要》《国家信息化发展战略纲要》等一系列战略举措来推动我国数字经济发展,积极推进"互联网+"行动,引导和推动制造业、农业、能源、金融、益民服务、物流、交通、电子商务等多个领域的数字化创新。中国数字经济格局在中国经济进入新常态的大背景下,正在逐渐成为国家经济稳定增长的主要动力。产业生态的电商是未来发展的一大重要趋势,这个趋势的重中之重就是要突破单一的消费环节,要站到整个生产、流通、消费、产业链的角度去发展(柴跃廷,2018)。

第一节　数字经济的产生背景与界定

一、从信息经济到数字经济

20世纪40年代,微电子领域取得重大技术突破,第二代晶体管电子计算机和集成电路得以发明。人类对知识和信息的处理能力大幅提高,数字技术对经济生活的影响初步显现。随着数字技术的广泛渗透,信息经济概念被广泛使用并且内涵不断丰富。

20世纪70、80年代,大规模集成电路和微型处理器的发明、软件领域的革命性成果都加速了新数字技术的扩散,数字技术与其他经济部门的交互发展不断加速。数字技术创新与其他经济部门融合渗透,对经济社会的影响进一步深化。

20世纪80、90年代,互联网技术日趋成熟。随着互联网的广泛接入,电子数字技术与网络技术相融合,数字经济特征发生了新的变化。全球范围的网络连接生成的海量数据,超出之前分散的终端处理能力,云计算、大数据等数据技术成为新的信息基础设施。

20世纪90年代,数字技术快速从信息产业外溢,在加快传统部门信息化的同时,不断产生新生产要素,形成新商业模式,而电子商务成为最为典型的应用。

1996年,美国学者泰普斯科特在《数字经济时代》中正式提出数字经济概念。在此背景下,1998年美国商务部公开采用"数字经济"来描述信息技术给美国经济以及世界经济带来的社会变革。

2000年前后,美国商务部出版《浮现中的数字经济》和《数字经济》研究报告,数字经济开始被广泛接受。

数字经济是一个比较大的框架,美国强调数字贸易、数字版权、数字全球流动,欧洲强调信息和通信技术(ICT)产业……各个国家对数字经济的看法不同,都是基于它自己的优势进行讨论。

二、数字经济的定义与内涵

目前关于数字经济的定义与内涵、外延还未有统一的框架。本书认为,数字经济是以数据作为关键生产要素,以网络通信技术作为核心驱动力,以现代信息网络作为重要载体,通过数字经济在农业、工业、服务业、公共服务等重要领域深度融合应用,重塑经济社会发展与治理模式的新型经济形态。数字经济真实反映了世界所面临的由数字网络和信息技术发展带来的经济社会变革。

1. 数字经济包括数字产业化和产业数字化两大部分

数字产业化,包括数字产品和数字服务的生产、供给和使用环节,数字经济创新;产业数字化,包括使用部门因数字经济融合而带来的产出增加和效率提升,以及数字经济与实体经济深度融合后产生的新技术、新产业、新业态、新模式。

2. 数字经济超越了产业部门的范围

自20世纪60、70年代以来,ICT快速进步促使ICT产业崛起,成为经济中创新活跃、成长迅速的战略性新兴产业部门。ICT作为一种通用目的的技术,成为重要的生产要素,广泛应用到经济社会各行各业,促进全要素生产率的提升,开辟经济增长的新空间。这种ICT的深入融合应用全面改造经济面貌,塑造整个新经济形态,因此数字经济不仅仅是一个新兴产业部门。

3. 数字经济是一种技术经济范式

ICT具有的基础性、广泛性、外溢性、互补性,将带来经济社会新一轮阶跃式发展和变迁,推动经济效率大幅提升,引发基础设施、关键投入、主导产业、管理方式、国家调节体制等经济社会最佳惯行方式的变革。

4. 数字经济是一种经济社会形态

数字经济在基本特征、运行规律等维度出现根本性变革,对数字经济的认识,需要拓展范围、边界和视野,将其视为一种与农业经济、工业经济并列的经济社会形态。也即需要站在人类经济社会形态演化的历史长河中,看到数字经济的革命性、系统性和全局性。

三、数字经济的发展特征

1. 数据成为新的关键生产要素

数据资源的特点是可复制、可共享、无限增长和供给,打破了传统要素有限供给对增长的制约,为持续增长和发展提供了基础与可能,成为数字经济发展的关键生产要素。

2. 数字经济创新提供源源不断的动力

近年来,全球大数据、物联网、移动互联网、云计算等数字经济的突破和融合发展推动数字经济快速发展,人工智能、虚拟现实、区块链等前沿技术正加速进步,数字产业应用生态持续完善,不断强化未来发展动力。

3. 数字技术产业的基础性、先导性作用突出

数字技术产业快速扩张,已成为支撑国民经济发展的战略性部门,且具有很强的动态创新特质,引领作用强大。

4. 产业融合是推动数字经济发展的主引擎

数字经济正在加快向其他传统产业融合渗透,不断从消费向生产、从线上向线下拓展,催生 O2O、分享经济等新模式新业态持续涌现,提升消费体验和资源利用效率。同时,传统产业数字化、网络化、智能化转型步伐加快,新技术加快改造传统动能,推动旧动能接续转换。传统产业利用数字经济带来的产出增长,构成了数字经济的主要部分,驱动数字经济发展。

5. 平台化、生态化成为产业组织的显著特征

互联网平台新主体快速涌现,商贸、生活、交通、工业等垂直细分领域平台企业发展迅猛,同时传统企业加快平台转型。在平台中,价值创造不再强调竞争,而是整合产品和服务供给者,促使它们进行交易协作和适度竞争,共同创造价值,以应对外部环境的变化。

6. 多元共治成为数字经济的核心治理方式

数字经济时代,社会治理的模式发生深刻变革,过去政府单纯监管的治理模式加速向多

元主体协同共治的方式转变。平台、企业、用户和消费者等数字经济生态的重要参与主体纳入治理体系,发挥各方在治理方面的比较优势,构建多元协同治理方式,这已成为政府治理创新的新方向。

第二节　典型代表国家数字经济发展历程

2015 年 7 月 15 日,经合组织(OECD)发布的《2015 年数字经济展望报告》表明,大部分国家都提出了明确的数字经济战略,接受调查的 34 个国家中有 27 个在国家级层面发布了数字经济战略。2017 年 6 月 7 日,联合国贸易和发展会议(UNCTAD)发布的《2017 年世界投资报告:投资和数字经济》指出,对于所有国家而言,向数字经济转型是其最优先的政策。根据中国信通院《中国数字经济发展白皮书(2017)》测算,美国数字经济规模达到 10.2 万亿美元,占 GDP 比重达到 56.9%,英国数字经济规模达到 1.4 万亿美元,占 GDP 比重超过48.4%,日本数字经济规模达到 2.0 万亿美元,占 GDP 比重超过 47.5%。

一、英国数字经济发展历程

在数字化革命的浪潮中,英国调整经济策略,将数字经济的发展放在调整和升级产业结构的战略性地位上,旨在通过数字化创新来驱动社会经济发展,促进英国各个企业采用信息通信技术进行创新,实现在创新技术背景下的跨行业合作,建立起新型供应链及商业模式,力图把英国建设成为数字化强国。

1. 英国于 2009 年 6 月 16 日发布《数字英国》白皮书

"数字英国"的具体战略目标包括以下七个方面:

(1)推进数字化进程,提升全民参与水平。为此,英国政府做出宽带基本服务承诺,实施为期三年的国家计划,到 2012 年实现至少 2Mbit/s 的宽带普遍服务。

(2)进一步完善通信基础设施。建立和完善现代化通信基础设施,确保 3G 和下一代移动服务基本覆盖,为国家铁路网和伦敦地铁等公共场所提供可靠服务,同时促进移动服务市场的竞争并针对数字产业升级制定规划和提高数字音频广播覆盖面积。

(3)保护数字知识产权,鼓励技术创新。针对具体的创新项目进行资金扶持,并鼓励内容提供者和消费者推广包括微支付在内的数字产权模式。此外,在打击盗窃知识产权方面,政府会根据刑法严厉打击此类犯罪行为。

(4)提高数字公共服务的质量。通过修改法律、调整公共政策和改善市场环境,努力确保公共服务的质量和覆盖范围;通过多种平台,提高数字内容服务质量。

(5)规划数字技术的研究和培训市场。加速建立和完善在数字职业教育基础上的再教育体系以及高等教育技能体系,并继续对研究和创新进行投资,在学校课程中把提升数字能力列为核心课程,以确保未来英国人能够从事数字相关专业工作。

（6）确定国家层面的数字安全框架。通过企业与政府在线安全联动为在线信息安全提供一站式服务，对在线消费进行保护，统筹英国各产业和行业，打击在线诈骗。

（7）提升电子政务水平。为政府业务应用设立"政府云服务"，负责运行公共服务网络，以便能够实现服务器和存储虚拟化以及系统管理的自动化等。

2. 英国于 2010 年 4 月 8 日通过了《2010 年数字经济法令》

（1）加强政府对数字经济的监督管理。英国政府的监督管理范围从电视、广播等传统媒体扩展到互联网、付费点播等新媒体领域，标志着英国政府已将数字经济纳入日常管理范围，将其视为经济发展的重要组成部分。

（2）加强对音乐、媒体、游戏等的著作权的保护和管理监督工作。从根本上保障相关数字经济参与方的著作权，打击网络盗版行为，为数字经济发展创造良好的发展环境。

（3）对电视广播、无线电通信、游戏分级、公共借阅权收费等方面做出了详细的规定，进一步完善了对数字经济相关产业的保护，有效推进数字经济的发展。

3. 英国于 2015 年发布《数字经济战略（2015—2018）》

在《数字经济战略（2015—2018）》（以下简称《战略》）中，英国政府成立了"创新英国"项目来负责执行战略计划，并制定了战略计划的五大目标及二十二项具体措施。五大目标及其包含的具体措施如下所述。

（1）鼓励企业进行数字化创新。

为实现这一目标，《战略》提出五项具体措施：确保发展中的数字化创新想法可获得商业支持、鼓励及投资；帮助初创型的数字化企业、相关老牌企业和政府中潜在的客户建立联系；帮助相关的传统老牌企业获取数字专家意见，助力其规划并实施面向数字化转型的解决方案；帮助数字化创新者驱动数字化的变革，同时为已存在的商业流程进行风险管理；鼓励各行业的数字化创新者分享知识与经验，并寻求一种通用的方式，把相关行业的经验普及、推广到其他传统行业。

（2）建设以用户为中心的数字化社会。

为实现这一目标，《战略》提出四项具体措施：鼓励数字化企业在产品发展的每一个阶段都要考虑用户需求和用户体验；帮助企业使设计系统具有弹性、隐私性和安全性，以确保数字化产品的可信度；帮助企业开发能根据用户所在的地理位置及周围环境智能地提供相关服务的产品；建议企业考虑进行包容性设计或者适应性设计，提升用户体验的吸引力。

（3）为数字化创新者提供尽可能的帮助。

为实现这一目标，《战略》提出四项具体措施：研发可以简化交易流程，并能自动迁移数据、内容、元数据、（服务）价值以及（用户）权限，安全可信，保护数字资产价值的工具和系统；帮助企业发展线上线下结合的创新型技术和服务；提高数据资源的质量并增强其适用性，与网络以及移动业务设计者合作开发可以利用这些资源的软件工具；帮助企业建立其产品在商业价值和用户价值方面的信心。

（4）促进基础设施、平台和生态系统的发展。

为实现这一目标，《战略》提出四项具体措施：支持各类互联互通的基础设施、软件平台和使用设备，鼓励全行业共同努力拓宽市场；支持各个初创型企业建立数字化生态系统，帮助其扩大规模；帮助 ICT 企业与服务和应用提供企业结合，让其相互支持资本投资，并打造出完整的用户解决方案；开展国际合作，帮助建立可以支持英国各个数字创新型企业对外出口的统一平台以及立体交易系统。

（5）确保数字经济创新发展的可持续性。

为实现这一目标，《战略》提出五项具体措施：与英国研究理事会密切合作，鼓励跨学科合作，将研究与商业需求结合起来；与政府及相关监管部门合作，确保数字化创新有法律、法规以及政策框架的支持；与技术机构和技术学校进行合作，确保部署和实施战略规划；尽量使用并鼓励他人使用"地平线"框架计划；与其他支持机构以及第三产业共同努力，平衡《战略》对企业成长和社会进步的支持。

二、美国数字经济发展历程

1. 美国数字经济的孕育

以因特网为标志的数字技术创新是美国数字经济的源头，因而美国数字经济的起源必然要追溯到因特网技术的形成与发展。从 20 世纪后期开始，因特网的发展经历了阿帕网、因特网和信息高速公路三个阶段，为美国数字经济提供了必要的技术支持。

2. 美国数字经济的成长

美国制造领域和管理领域的数字化过程分为以下几个阶段：

第一阶段是自动化阶段。20 世纪 70 年代，电子技术和计算机技术的发展为生产领域的自动控制提供了可能，使得以计算机为辅助工具的制造自动化技术成为现实，制造领域进入了自动化阶段。美国制造领域出现了计算机辅助设计（CAD）、计算机辅助制造（CAM）、计算机辅助工艺规划（CAPP）、物资需求计划（MRP）等自动化系统。

第二阶段是信息集成阶段。20 世纪 80 年代，针对设计、加工和管理中存在的自动化孤岛问题，为实现制造信息的共享和交换，制造业使用计算机采集、传递、加工处理信息，形成了一系列信息集成系统。

第三阶段是过程优化阶段。20 世纪 90 年代，信息和通信技术在美国经济发展过程中已经处于中心地位，企业意识到除了信息集成这一技术外，还需要对生产过程进行优化。例如，用并行工程（CE）方法，在产品设计时考虑下游工作中的可制造性、可装配性等，重组设计过程，提高产品开发能力；用业务流程重组（BPR）方法，将企业结构调整成适应全球制造的新模式。

第四阶段是敏捷化阶段。20 世纪 90 年代中期以后，因特网的迅速发展不仅改变了传统的信息传递方式，而且也改变着企业的组织管理方式，以满足全球化市场用户需求为核心的快速响应制造活动成为可能。正是在这种情况下,敏捷制造(AM)、虚拟制造(VM)等新的制造模式应运而生。

第五阶段是数字神经系统阶段。数字神经系统是计算机技术、因特网和企业管理技术发展到一定阶段的产物。它使得企业内部和外部(或前台和后台、上游和下游)的业务、各环节的业务都实现了数字化,包括数字化管理、数字化制造、数字化营销等。

20世纪90年代以来,美国不断成长的数字经济中涌现了一批信息产业巨头公司,如IBM、英特尔、微软、朗讯、亚马逊、雅虎等,带动美国经济持续增长。

3. 美国数字经济发展因素分析

数字经济首先是在美国而不是在其他国家诞生,除了技术方面的因素以外,美国国内特殊的制度环境也是重要因素之一。

(1)从制度宏观环境看,新自由主义思潮的自由市场观点和理念渗透到了美国的经济发展政策中,特别是以数字技术为基础的电信和传媒业的发展政策中,为数字经济的发展创造了适宜的宏观环境。

美国自2011年起先后发布《联邦政府云计算战略》《大数据研究和发展倡议》《支持数据驱动型创新的技术与政策》等细分领域战略。

(2)从制度微观运行看,官、产、学、公众创新体制带动整个美国经济向数字经济转变。美国数字经济是数字化技术在经济领域创新以及渗透的结果,创新包括了技术、制度和产品服务方面的创新。

公众的偏好需求驱动企业、大学科研机构的创新方向,引导政府政策与制度的制定。在进一步满足公众偏好的基础上,公众积极广泛地参与在线购物、虚拟社区、数字学习、数字娱乐等,这些都构成推动美国数字经济发展的坚实动力。同时,政府设法让民众了解创新活动的重要性以及民众通过什么方式来支持创新。

政府在资金、政策方面的支持也是数字经济在美国兴起和繁荣的重要原因之一。例如,美国每年专项拨款几十亿美元用于建设和改造宽带网络,以保证各地区学校和图书馆都能享受高速稳定的宽带连接。美国政府在积极增加数字经济建设投资的同时,也积极研究并制定推动数字经济健康发展的政策。

首先,美国政府增强网络的安全性,提高消费者对网络的信任度。美国政府通过《信息系统保护国家计划》构建联邦政府的信息安全模式,推动公众与企业之间的自愿合作,以保护信息基础设施。例如,美国商务部企业服务局与产业界、消费者代表和其他政府部门共同合作,开发一种新的电子商务密码系统,专门用于对网上消费者的保护;美国联邦贸易委员会对网上的违规行为进行调查,对于网上的欺诈行为,司法机构按刑事犯罪进行审理。

2016年2月,美国国家网络安全促进委员会成立,由前国家安全事务助理汤姆·多尼伦和IBM前首席执行官彭明盛共同领导,"以期规划未来十年的网络安全技术、政策发展路线图"。

其次,美国政府加大对知识产权的保护力度,鼓励创新。1999年10月,美国通过了《域名权保护法案》,规定域名保护与商标保护统一,不得冒用、非法注册或使用与他人域名十分相似的域名进行网上商业活动;在域名的管理上,将过去的政府负责注册登记改为由互联网名称与数字地址分配机构(ICANN)和网络解决方案公司(NSI)代表政府负责域名注册登记,大大降低了域名的注册管理费。2015 年,美国国家先进制造计划办公室发布《国家制造创新网络知识产权指导原则》,指导、推动制造业创新中心强化知识产权协同运用,加快创新成果转化和大规模商业化应用,主导和引领未来全球制造业竞争。近些年来的全球创新百强企业分布表明,超强的知识产权能力一直是美国制造业的优势,加强制造业创新中心知识产权能力建设,在战略上能进一步巩固和扩大美国制造业的知识产权优势。

第三节　专题研究:数字经济与应用

一、我国数字经济发展现状解析

我国数字经济正在进入快速发展的新阶段。2017 年,我国数字经济规模达 27.2 万亿元人民币,同比增长 20.3%,占 GDP 比重达到 32.9%。我国数字经济基础设施实现跨越式发展,数字经济基础部分增势稳定、结构优化、新业态新模式蓬勃发展,传统产业数字化转型不断加快,融合部分成为增长主要引擎,面向数字经济的社会治理模式在摸索中不断创新。从未来发展看,我国数字经济发展已进入从单纯用户数量扩张向深度应用转型的阶段,以互联网营销思维扩大用户数量的战略已面临效用递减的情况。因此,在新一代信息技术的推动下,在用户流量红利递减的背景下,需要破除单纯的互联网营销思维、流量思维、平台思维等,推进融合发展、商业模式创新、技术创新、数字经济的普惠化等,这是我国数字经济发展战略转型的方向。我国在工业化尚未完成的情况下,迎来了数字化浪潮,面临着追赶工业化进程、同步数字化机遇的双重历史任务和严峻挑战。

1. 基础贡献基本稳定

(1)已建成全球领先的信息基础设施。

2018 年第四季度我国固定宽带网络平均下载速率达到 28.06Mbps,环比上季度提升了 12.3%,同比 2017 年末提升了 9.05 Mbps,年度提升幅度达到 47.6%。根据欧盟发布的数字经济与社会指数(DESI)报告,我国固定宽带家庭普及率已超过欧盟国家 75% 的平均水平(2017 年末数据);我国移动宽带用户普及率与 OECD 国家对应相比,可在全部 35 个国家中排到第 16 位,已超过法国、德国、加拿大等发达国家(根据 OECD 官方网站的统计数据),但与 OECD 国家平均 101.8% 的移动宽带用户普及率相比还有一定差距。

(2)4G 用户规模跨越式增长。

2018 年我国 4G 用户总数达到 11.7 亿户,全年净增 1.69 亿户,普及率接近 84%,仅低于国际领先的日本(近 110%)和韩国(99%)等国家和地区,仍有进一步发展空间。预计到 2020 年,4G 网络将全面实现深度覆盖,4G 用户占移动电话用户比重达 95%,继续保持全球领先。

（3）物联网连接成为新热点。

根据 2018 中国移动全球合作伙伴大会公布的数据，接入中国移动物联网开放平台 OneNET 的物联网连接数，2016 年 10 月底为 617 万，2017 年 10 月底为 3035 万，2018 年 7 月突破 5000 万（OneNET 官网数据），2018 年 10 月底已经超过 7000 万。

（4）移动通信等优势领域实现全球同步。

我国移动通信经历"1G 空白、2G 跟随、3G 突破"，已实现"4G 同步"，正迈向"5G 引领"的新阶段。2016 年，中国移动成功牵头 5G 系统设计；华为主导推动 Polar Code 码入选 5G 标准，中国开始引领全球 5G 标准的制定与发展。

（5）新兴领域紧跟全球先进水平且潜力巨大。

大数据、云计算、人工智能等为全球重要新兴领域。根据调研机构 Canalys 给出的相关数据报告显示，2018 年全球云计算市场规模突破 800 亿美元，达到 804 亿美元，同比大幅增长 46.5%；其中，2018 年第四季度，全球云计算市场规模达到 227 亿美元，同比增长 45.6%。2013—2017 年，中国云计算市场规模逐年增长，从 2013 年的 216.6 亿元增长到 2017 年的 672.8 亿元，年均复合增长率达到 32.8%。2018 年，中国云计算市场规模达 864.6 亿元，同比增长 28.51%。阿里巴巴已成为世界云计算领域的"领跑者"，搭建了全球最大的弹性混合云架构，云服务收入全球第三。百度、科大讯飞积极布局人工智能领域，在无人驾驶、语音识别等方面具备国际领先水平。

（6）互联网产业位居全球第二。

工业和信息化部数据显示，2018 年互联网百强企业的互联网业务总收入达到了 1.72 万亿元，互联网业务收入同比增长 50.6%，对经济增长的贡献进一步提升。据艾瑞咨询统计，2017 年我国 SaaS① 市场规模已达 142 亿元，与 2012 年的 23 亿元人民币相比提升了约 5 倍。目前，金蝶、用友、SAP、广联达等 IT 软件企业巨头均认可 SaaS 是未来软件服务的主流形式，并开设了多条 SaaS 产品线。企业级 SaaS 的兴起创造了大量互联网产品职位需求，成了 IT 专业毕业生的主要就业方向之一。

2. 数字经济融合部分成为数字经济增长主要引擎

2018 年 4 月 21—25 日，由国家互联网信息办公室、国家发展和改革委员会、工业和信息化部、福建省人民政府等联合主办的首届数字中国建设峰会在福州举办，涉及数字经济的项目超 400 个，总投资达 3600 亿元，其中百亿元以上项目 6 个，现场签约项目 29 个。2005 年至 2016 年，数字经济融合部分占数字经济比重由 49% 提升至 77%，占 GDP 比重由 7% 提升至 23.4%。2017 年我国数字经济规模达到 27.2 万亿元，占 GDP 比重为 32.9%，对 GDP 增长率的贡献超过 3.8 个百分点，工业经济加速向数字经济转变。

（1）公共服务数字化转型正在加速。

一是以各部委信息化重大工程为牵引，持续推进各领域基本公共服务数字化发展。如

---

① SaaS 是一种软件分发模式，在这种模式中，提供商托管应用，并通过互联网向客户提供这些应用。SaaS 被认为是云计算的三大类别之一，此外还有基础设施即服务（IaaS）和平台即服务（PaaS）。

教育方面,目前以"三通两平台"建设为重点,建成广覆盖、多层次的教育信息化系统。二是以国家系列重大政策为指导,建设"互联网＋政务服务"。

(2)社会资本抢滩布局经济性公共服务领域,初步形成千亿元级消费市场。

在国家进一步推动公共服务体系开放发展的基本要求下,社会资本已开始规模化进入社会公共服务市场,立足自身平台、供应链、用户群体等资源优势,积极运用互联网、云计算、物联网等技术手段,汇聚市场公共服务资源,提高配置效率,创新服务模式。

3. 目前我国数字经济发展瓶颈分析

(1)转型壁垒较高。

随着数字技术与实体经济加速融合应用,市场优胜劣汰机制发生巨大转变,企业面临的市场竞争局面更加复杂,以前是重视价格、质量等,现在还要重视渠道、方式、手段;传统产业利用数字技术动力不足,信息化投入大、投资专用性强、转换成本高,追加信息化投资周期长、见效慢,试错成本和试错风险超出企业承受能力;行业标准缺失或不统一,无标准或多标准现象并存,严重制约企业应用步伐;企业外部服务体系发展滞后,支撑能力缺失;数字技术发挥作用时滞较长,数字技术从投入到产生正向经济收益的时间为 3～10 年。

(2)发展失衡。

①三次产业发展不均衡。数字经济发展呈现出第三、二、一产业逆向渗透趋势,第三产业数字经济发展较为超前,第一、二产业数字经济则相对滞后。中国信息通信研究院测算表明,2017 年我国第三产业 ICT 中间投入占行业中间总投入的比重为 10.13%,而第二产业与第一产业该指标数值仅为 5.63% 和 0.46%,产业间数字经济发展不均衡问题非常突出;与发达国家相比,我国 ICT 投入占比也处于较低水平,与美国相比,我国第三、二、一产业该指标分别低 5.1、4.6、3.2 个百分点。

②区域发展不均衡。2017 年,广东、江苏、浙江 3 省数字经济总量占全国数字经济总量的三分之一,人均数字经济规模均突破 2 万元,而云南、新疆、宁夏等 10 省区数字经济总量仅相当于全国数字经济总量的 11%,人均数字经济规模均在 3700 元以下;且发达地区数字经济增速普遍高于欠发达地区。

③消费领域与生产领域发展不均衡。资本大量涌入数字经济生活服务领域,2017 年在线教育融资、在线医疗融资同比增长超过 100%。而数字经济生产领域的技术和资源投入仍然不足,创新、设计、生产制造等核心环节的实质性变革与发达国家还有较大差距。据测算,2017 年我国 97 个生产部门中 ICT 中间投资占比低于 0.5% 的部门高达 55 个。

(3)监管性问题。

①市场发展显著领先于制度规范,市场乱象不断显现。

一是不正当竞争行为在互联网上快速扩散,侵犯注册商标的行为时有发生,损害竞争对手商业信誉的行为屡有显现;二是网络违法犯罪层出不穷;三是经营不规范,存在低于成本价格销售,恶意复制初创企业经营模式,利用信息不对称侵犯消费者权益、侵犯隐私等问题。

②政府治理能力和治理水平待优化。

数字经济发展跨领域与跨地区特点突出,传统监管已不能适应跨界融合发展;平台企业成为发展新主体,但对于平台应该承担哪些责任、承担多大责任等缺乏明确规定,政企治理权责待厘清;治理对象数量庞大、违规行为类型多样、业务模式迭代迅速,原有人力治理手段显然难以适应数字经济发展需求,治理方式待优化创新;数字经济新兴业态的发展同现有法律滞后性的矛盾越发突出,法规建设相对滞后,部门业务领域存在立法空白,给行业发展带来极大的不确定性。

(4)社会性问题。

①局部过热现象。

近年来,数字经济发展呈现"实冷虚热"态势,第三产业尤其是生活服务领域出现发展过热现象,并引发诸多问题。资本市场对娱乐、家政、外卖、美甲等低技术含量的行业估值过高,数千家靠"烧钱"的O2O企业在"资本入冬"后因资本链断裂倒闭。

②结构性失业。

传统企业退出、生产效率提升、人力资本专用性是导致结构性失业的三大因素。基于网络信息技术的新模式新业态快速发展,对传统企业的挤出作用不断显现,如智能机器人在工厂大规模使用引发的大量企业员工失业问题。

③放大经济风险。

数字技术实现了社会主体的广泛连接与协同,使得数字经济中主体、行为、环节更加复杂,联系更加紧密,某一环节出现问题就可能波及整个经济。例如,互联网金融风险的隐蔽性、潜在性导致参与者对其难以辨别,放大了金融风险,提高了整个系统风险系数。根据零壹数据,截至2018年12月31日,全国P2P网络借贷平台共6063家,其中问题平台4672家,占比高达77.1%。

二、我国跨境电商平台数字贸易模式对中小企业的竞争力影响分析

数字技术正在改变全球商业以及国际贸易的运作方式。在过去二十年中,数字贸易作为与互联网相关的全球经济活动的一部分呈指数增长,越来越多的企业使用电子商务平台、云服务、大数据等来改善产品、服务和交易流程(Robert B. Koopman,2013)。数字贸易依托互联网技术,显著提高了贸易效率,不仅改变了许多商品和服务的生产、交付方式,而且直接缩短了时空距离,降低了交易成本,提高了效率和效益,其结果是优化了贸易体制,简化了贸易流程,增加了贸易机会(于立新等,2017;马述忠等,2018)。2017年,美国国际贸易委员会(USITC)的研究报告指出,数字经济贡献了全球GDP的22.5%,其中超过12%的跨境实物贸易通过数字化平台实现、超过50%的跨境服务通过数字化平台完成。作为数字经济的核心,数字贸易的发展将实现跨境电商的升级。这意味着随着云计算、大数据、人工智能等新型数字技术的广泛应用,原来以货物交易活动为主的跨境电子商务将不断扩展商务活动领域,整合传统产业链,推动生产、贸易活动向数字化、智能化转型。

随着全球数字贸易新时代的开启,处于发展前沿的中国跨境电商平台,其引领作用正日

益显著。跨境电商、数字贸易与传统外贸的融合已越来越深入,在网上形成交易的产生订单只是一部分,在整个跨境贸易的环节上,数字革命始于交易,正延展到营销、供应链、金融服务等各个领域,跨境电商平台数字化的趋势日渐兴起,数字贸易将成为中国国际贸易发展的未来趋势,其中敦煌网作为全球跨境电商平台领域的领先代表,赋能众多中小企业搭上数字贸易的快车,助力中国品牌制造走向全球(王树彤,2017)。在全球化的背景下,国际经贸合作越来越密切,中国的跨境电子商务平台将会成为众多传统中小企业转型改革的最佳平台。在数字贸易的不断深化中,跨境电子商务平台将通过商业模式持续创新,使得企业联系世界的通路更加规范,形成良好的国际贸易生态圈。同时,由于现阶段的跨境电子商务仍然处于数字贸易的初级阶段,产业的垂直整合力度不够,对传统产业的影响十分有限,而数字贸易突出强调数字技术与传统产业的融合发展,以推动消费互联网向产业互联网转变,并将实现制造业的智能化升级作为最终目标,因而,数字贸易是跨境电子商务未来发展的更高目标(陈晓平等,2017;马述忠,2018)。中国跨境电子商务平台的发展推动了全球贸易的便利化,借助互联网技术手段使得国际贸易走向无国界贸易,加速了世界经济贸易的巨大数字化变革,其将以数字贸易为核心动力赋能中小企业竞争力的提升,引领"中国制造"走向"中国创造"。

本节将以敦煌网作为案例研究对象,首先从信息平台、在线支付平台、国际物流体系、供应链金融服务体系入手探寻我国跨境电商平台数字贸易模式的现状,其次聚焦敦煌网在发展数字贸易中的创新模式,最后探讨跨境电商平台数字贸易发展模式对我国中小企业竞争力的影响。

1. 我国跨境电子商务平台数字贸易模式结构特征分析

图 9.1 表示了跨境电子商务平台数字贸易模式结构,分别包含了平台的数字化和贸易链的数字化。

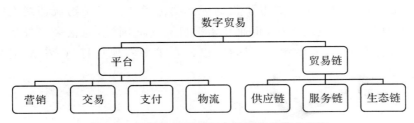

图 9.1 跨境电子商务平台数字贸易模式结构

(1)平台数字化。

①营销数字化。从跨境电子商务的发展历史来看,各类跨境电子商务平台从最开始的网络黄页营销进化到了传统贸易的深化融合与创新,通过对平台海量用户的整合,突出品牌优势,加强利用平台流量资源,扩大营销的手段与领域。相应地,对信息服务行业也产生了较为广泛的冲击,新型的互联网营销和社交媒体合作的局面被打开。各类跨境电商平台的主要营销模式如表 9.1 所示。

表 9.1 跨境电商平台的主要营销模式

商业模式	B2B		B2C	
平台模式	信息服务平台	交易服务平台	开放平台	自营平台
平台营销模式	以信息发布、检索和交易撮合的形式提供平台服务	买卖双方通过平台进行网上交易和在线电子支付	让卖家以线上店铺形式入驻平台发布商品,买卖双方进行在线交流、互评,通过营销推广等环节,采用合适的物流和仓储方式,以平台为核心构建生态圈	由平台自主制造或采购、自主定价,负责配送与售后
主要代表	环球资源网、中国制造网	敦煌网、大龙网、阿里巴巴国际站	eBay、亚马逊、速卖通	兰亭集势

资料来源:根据中国国际电子商务网的资料信息整理得到。

②交易数字化。近年来,互联网开始向移动端发展,并加速渗透到各个经济领域,带动电子商务转向移动端,给电子商务提供了更为广阔的发展空间。因为移动设备不会受到网络端的空间限制,更容易被分享,所以面对未来的消费趋势,贸易交易的移动端市场更具潜力。

③支付数字化。我国跨境交易的电子支付主体为两类:一类是电商平台具有的自主支付品牌,这需要平台企业具有自主研发的能力;另一类是独立的第三方支付机构,如快钱。现如今,各大跨境电子商务平台都更倾向于开发自主的支付品牌,而未来平台的支付方式会更加趋向于交易目的地本土化,所以不管是第三方的支付机构还是跨境电商平台自身的支付品牌,都需要用国际化的眼光看待跨境支付电子化的发展。

④在线物流。不管是线上电商还是线下外贸,物流是整个贸易环节中至关重要的部分。很多平台企业都把在线物流作为一个降低成本的突破口,利用缩短物流时间来加快贸易周转的速度,因而选择和国际物流进行合作,从订单折扣中得到优惠。除了合作的形式,平台企业也一直努力自主建立电子化的国际物流模式。正是物流把线上线下独立的商业结构渐渐融合起来,发展至今,企业开始把目光转向国外,与很多海外运输数据库实现对接,以消费者为中心,缩短物流运输链,以期在未来实现从打包、发货、运输到快递服务的智能数字化。

(2)贸易链数字化。

①开放的供应链。

跨境电子商务平台推动了数字贸易全面开放的新格局。供应链的优化将要求中国商品以技术、质量和服务提高中国品牌的市场竞争力,中国制造将随之走向全世界。

供应链的升级多体现在贸易采购中。例如,2012 年科通芯城就建立了 B2B 平台,将中小企业客户拉到线上来,向买方承诺保证正品,同时根据卖方的采购模式设计贴合其需求的营销方案,企业采用了"线上+线下"的第三种供应链模式,利用线上的低成本营销和数据累积客户,再结合线下传统企业化服务完成交易。

②规范的服务链。

一是卖家增值服务——金融服务链。许多国内的跨境电商平台向入驻商家提供金融服务,一般以商业低息贷款为主。对于中小企业来说,相较于银行的高担保和较长的审查周期,平台的金融增值服务是非常便利而低成本的,且运营的风险也被大大降低了。

二是国内外仓储——物流服务链。供应链物流作为联系线上线下的重要纽带,促使电商与线下实体商业由原先的相互独立甚至冲突,逐渐融合成为新的贸易模式,提升了客户体验和企业效率。我国跨境电子商务 B2C 出口的物流运作形式如表 9.2 所示。

表 9.2 我国跨境电子商务 B2C 出口的物流运作形式

物流运作	模式代表	优势	劣势
邮政小包	中国邮政是跨境电商出口物流业务的主流	覆盖范围广,价格便宜	周期长
国际快递	美国 UPS、FedEx,德国 DHL,荷兰 TNT	全面覆盖欧美国家,高效安全	容易受国际市场影响,价格昂贵
专线物流	采用美澳专线包舱的方式运输	大规模发货,缩短周期性,降低成本	国内覆盖低
海外仓	在目标国地区提供仓储、分拣、包装、派送等服务	发货流程简化,运输成本较低	不能广泛适用于所有商品,需要商家进行物流管理
国内快递的国际服务	EMS 等拓展国际市场	费用适中,简化出关流程	国际市场适应性不强

资料来源:根据中国国际电子商务网的资料信息整理得到。

③国际性的生态链。

跨境电子商务平台作为数字贸易中发展最为迅速的领域,不仅具有巨大的机遇和潜力,而且在不断引领新经济突破的过程中,带动了我国中小企业在数字全球化的改革中升级为互联网结构下的企业生态链,使其能够在数字潮流中转型,更在一定程度上为这些企业找到了打开世界贸易的更大出口,给予它们更多与国际企业合作的机会,有利于企业积累海外客户、开展海外贸易。

2.敦煌网(DHgate)平台数字贸易模式研究

敦煌网自创立以来,一直将"引领国内中小企业走向全球市场的平台"作为企业的主要角色,在为我国中小企业开拓国际贸易市场通路的同时,也将中国数字贸易发展中的企业典范带向全世界。

(1)信息平台及服务体系。

①数据智囊服务及营销。

2015 年 9 月,敦煌网正式推出"数据智囊"取代老版本的"数据管家",通过平台上客户累积的数据进行全面分析,并对行业动态和数据进行更新统计,帮助商家掌握市场运营情况和消费者购买需求。

在 2018 年的 APEC 中小企业跨境电商峰会上,敦煌网宣布与全球互联网巨头谷歌达成合作,敦煌网卖家可以通过谷歌在线营销系统拓宽海外营销的流量渠道,直接引流进店;同时双方将合作为卖家提供行业洞察和电商趋势方面的前沿信息,帮助卖家提升业绩表现。

②"一站式"服务体系。

敦煌网推出跨境电商移动平台、买家 APP、卖家 APP 和社交商务,同时,搭建外贸交易服务一体化平台,对接传统工厂,实现传统贸易线上化。

③便捷的支付体系。

敦煌网提供对接全球多种支付方式的渠道,实现本地化实时在线收单。DHpay 是敦煌网自行开发的支付产品,为平台消费者提供在线支付服务,涵盖全球 200 多个国家和地区。DHpay 能够提供快速集成服务,可以多币种收款和人民币结算,交易结转周期短。

④高效的物流体系。

敦煌网对接全球 30 多家物流提供商,为平台商家提供多条海外专线。平台的海外仓已在英国、美国、西班牙、阿联酋等地建成。目前,敦煌网物流平台 DHLink 与全球四大物流巨头 FedEx、UPS、DHL、TNT 合作,成为中国首个全部囊括四大物流公司的跨境电商平台。

⑤供应链金融服务体系。

敦煌网与中国建设银行、民生银行、招商银行合作,陆续推出基于网络实时交易的在线小额贷款服务以及基于整个供应链金融的全套服务。

(2)数字贸易智能生态体系(DTIS)。

敦煌网创立 14 年来,不断完善外贸生态体系,形成以大数据运营为核心服务能力的独特架构——DTIS。DTIS 通过为外贸企业提供全流程服务,包括海外营销、品牌推广、物流、金融、支付、通关、检验检疫、结汇、退税等,不断沉淀留存国内外市场供需关系数据,线上平台(DHgate 和 DHport)利用沉淀海量数据进行不同类型的供需双向精准匹配,重塑贸易流程,打造数字经济下的外贸新生态。

(3)贸易即服务(TaaS)的数字贸易解决方案。

在数字贸易中,根据贸易场景和贸易主体的不同,敦煌网创新性地提出 TaaS 模式,以 DTIS 为载体,推出模块化的数字贸易解决方案,具有快复制、轻落地、强延展等灵活高效的特性(见图 9.2),真正创造了"数字贸易中国样板"。TaaS 的模块解决方案带来了独特的商业模式、可推广的行业标准以及可复制的创新实践,是涵盖多维度、多领域的数字贸易最佳实践。

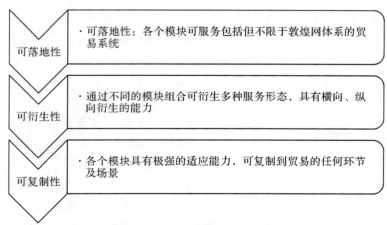

图 9.2 敦煌网 TaaS 模式图

基于此解决方案,敦煌网开创了双边数字贸易合作模式,从自身出发自下而上地推动国家间达成双边协议,持续不断地向世界输出中国经验,并为大量中小企业提供培训,使得企业可以通过敦煌网平台转型,获得新的创业和就业机会。

(4)敦煌网的数字贸易之路。

敦煌网作为目前唯一一个覆盖全部"一带一路"国家和地区的跨境 B2B 交易平台,面对数字贸易的大趋势,不断升级交易主体与方式,深度促进线上与线下、进口与出口的融合,赋能全球中小企业,整合外贸资源,打造世界领先的数字贸易生态圈。

3. 我国跨境电商平台数字贸易模式对中小企业的竞争力影响分析

跨境电商作为外贸新业态,将会在未来的发展中更加规范化和产业化,成为我国经济贸易中长期的增长点。鉴于本节是以敦煌网作为案例,分析数字贸易中我国跨境电子商务平台的发展,因此,笔者梳理了敦煌网在数字贸易模式中可以借鉴的部分,根据该平台数字贸易模式特征来分析其对中小企业的竞争力影响。

(1)有利影响。

①有利于提升中小企业的数字营销竞争力。

在数字贸易中,营销的数字化先于交易环节,因而跨境电商平台对此非常重视。平台通过多样的智能化手段,利用累计的消费者数据来多向选择数字化营销方式:借助国外知名网站,打通营销流量的拓展通路,优化关键词搜索,智能匹配潜在消费者;通过与行业媒体合作增大曝光率,占据海外媒体资源,将优质中小企业的产品推广至更大市场的目标客户。目前敦煌网与多家国外社交媒体及搜索引擎合作,不失为一种有效且影响力较广的操作方式。

②有利于提升中小企业的产品与服务竞争力。

在数字贸易的引领下,数字化贸易链的各个环节都需要加大成本支出,而跨境电商平台可采用成本价值管理和边缘业务外包的方法实现价值的最大化,以此来高效驱动创造:中小企业以往各个环节的成本流失得到了控制,企业会将更多的成本用到开发特色化产品与制定高质量产品标准上。同时,平台可以利用数据进行市场分析,通过更多的国际战略合作,实现产品高效的国际流通。

除了产品竞争力外,交易中的服务竞争力也是至关重要的。跨境电商平台在数字贸易模式中,始终站在作为供应商和商家的角度,来考虑消费者的服务需求,对服务资源进行数字化升级。在一定程度上,平台通过建立优质的贸易服务,促进了商家自身的品牌化发展。

③有利于提升中小企业的数字化竞争力。

我国的数字贸易覆盖了众多产业,从生产到终端,数字贸易发展带动了产业规模的不断升级和扩大。笔者以跨境电子商务平台的数字贸易模式作为研究数字贸易的一个突破口。单从跨境电子商务自身所带动的产业规模的扩大来看,该模式促进了多产业的整合升级,同时开拓了一条条更加有利于中小企业走向国际化的道路。

从国际战略合作方面来看,以跨境电子商务为代表,在数字贸易不断深化的大环境下,建立数字贸易发展的生态圈,进行多国贸易合作,寻找更多贸易机遇并以此深化传统贸易的改革,进一步加大贸易企业线上线下的融合将成为必然趋势。中小企业的进出口可以借助跨境电商平台的数字贸易模式,扩大数字贸易产业的基数,在数字贸易的必然趋势中创造属于自身的企业价值。

(2)不利影响。

①加大了中小企业的数字贸易人才壁垒。

数字贸易发展的大势以及跨境电商平台的逐渐转型升级使得传统贸易业态逐渐向新型数字贸易业态转变,在此过程中,中小企业需要大量具有国际贸易、跨境电子商务、数字贸易、数字经济等交叉背景知识的创新型专业人才来对接平台的升级。但现实问题是,目前在全球范围内都缺乏针对这一新型贸易业态的创新人才培养机制,中小企业由于人力资本优势先天不足更是缺乏这类人才储备。因此,中小企业在面对数字贸易发展的大趋势过程中,需要以建设本企业跨境电商能力人才项目为载体,打破数字贸易人才壁垒,帮助企业快速融入全球数字贸易价值链。

②短期内会显著增加中小企业创新投入成本。

我国大部分中小企业的研发投入以及研发创新人员比例均远低于国际平均水平,也低于国内大型国有企业的水平,中小企业的创新投入成本不高。但数字贸易以及跨境电子商务平台数字贸易模式的发展,将会加剧平台内部中小企业间的竞争,使得企业在其持续发展过程中,需要不断进行产品和服务质量的创新,势必在短期内会显著增加创新投入成本。

从2017年开始,外贸行业的数字化进入了新的数字贸易时代,随着中国从消费互联网向产业互联网转化,以敦煌网为代表的中国互联网公司迅速崛起,引领着世界新的商业标准、数据运营以及行业融合。全球模式、全球标准和全球观念开始由中国所开创和发展的数字贸易商业模式领跑,全球数字贸易发展进入"中国时间",但我国对新模式的研究历程还十分短暂,笔者以敦煌网的模式创新和发展作为一个研究基点,希望能够在一定程度上给予中小企业转型发展一个新的理念方向和可供选择的建议。随着跨境电商平台越来越规范化,新的贸易准则将会被提出,会更大地影响中小企业的发展,因此,笔者对中小企业提出以下几点建议:严格把控产品质量关;合理利用线下企业间合作,推动国外潜在市场的开发;重视线上交易平台的客户累积,加大力度进行宣传;积极参与跨境电商平台的专业和系统培训项目,加大数字贸易人才储备。

参考文献

[1] AJZEN I. From Intentions to Actions: A Theory of Planned Behavior//KUHL J, BECKMANN J. Action Control: From Cognition to Behavior[M]. Berlin: Springer-Verlag, 1985.

[2] AJZEN I. Perceived Behavioral Control, Self-Efficacy, Locus of Control, and the Theory of Planned Behavior[J]. Journal of Applied Social Psychology, 2002, 32(4): 665-683.

[3] ANDREOPOULOU Z, TSEKOUROPOULOS G, KOUTROUMANIDIS T, et al. Typology for E-Business Activities in the Agricultural Sector[J]. International Journal of Business Information Systems, 2008, 3(3): 231-251.

[4] ANSELIN L. Spatial Econometrics: Methods and Models[M]//Spatial Econometrics: Methods and Models. Dorchet: Springer, 1998.

[5] ANSELIN L, REY SJ. Introduction to the Special Issue on Spatial Econometrics[J]. International Regional Science Review, 1997, 20(1-2): 1-7.

[6] ANSELIN L. Spatial Econometrics[M]//BALTAGI BH. A Companion to Theoretical Econometrics. Oxford: Blackwell Publishing, 2007.

[7] ANTONIETTI R, CAINELLI G. Spatial Agglomeration, Technology and Outsourcing of Knowledge-Intensive Business Services: Empirical Insights from Italy[J]. Social Science Electron Publishing, 2007, 10(2/3/4).

[8] ASOSHEN A, SHAHIDI-NEJAD H, KHODKARI H. A Model of a Localized Cross-Border E-Commerce[J]. I-Bussiness, 2012, 4(2): 136-145.

[9] BACARIN E, MADEIRA RM, MEDEIROS CB. Contract E-Negotiation in Agricultural Supply Chains[J]. International Journal of Electronic Commerce, 2008, 12(4): 71-97.

[10] BAGOZZI RP. Attitudes, Intentions and Behavior: A Test of Some Key Hypotheses [J]. Journal of Personality and Social Psychology, 1981, 41(4): 607-627.

[11] BALTAGI BH, SONG SH, KOH W. Testing Panel Data Regression Models with Spatial Error Correlation[J]. Journal of Econometrics, 2003, 117(1): 123-150.

[12] BANDURA A. Self-Efficacy: Toward a Unifying Theory of Behavioral Change[J]. Psychological Review, 1977, 84(2): 191-215.

[13] BIANCHI C, MATHEWS S. Internet Marketing and Export Market Growth in Chile [J]. Journal of Business Research, 2015, 6: 1-9.

[14] BLUM B, GOLDFARB A. Does the Internet Defy the Law of Gravity[J]. Journal of International Economics, 2006,70(2): 384-405.

[15] BODINI A, ZANOLI R. Competitive Factors of the Agro-Food E-Commerce[J]. Journal of Food Products Marketing, 2011, 17(2-3): 241-260.

[16] BOJNEC S, FERTÖ I. Impact of the Internet on Manufacturing Trade[J]. Journal of Computer Information Systems, 2009, 50(1): 124-132.

[17] BOJNEC S, FERTÖ I. Internet and International Food Industry Trade[J]. Industrial Management & Data Systems, 2010, 110(5): 744-761.

[18] BROOKES M, WAHHAJ Z. The Shocking Economic Effect of B2B[J]. Goldman Sachs Economics Paper, 2000, 37.

[19] CHO H, TANSUHAJ PS. Electronic Intermediaries: Research and Practice of Electronic Intermediaries in Export Marketing[J]. Innovative Marketing, 2011, 7(3): 62-73.

[20] CHUA CEH, STRATUB DW, KHOO HM, et al. The Evolution of E-Commerce Research: A Stakeholder Perspective[J]. Journal of Electronic Commerce Research, 2005, 6(4): 262-281.

[21] CLARKE GRG, WALLSTEN SJ. Has the Internet Increased Trade? Evidence from Industrial and Developing Countries[J]. World Bank Policy Research Working Paper 3215, 2004.

[22] CLOETE E, DOENS M. B2B E-Marketplace Adoption in South African Agriculture [J]. Information Technology for Development, 2008, 14(3): 184-196.

[23] CRONBACH LJ. Coefficient Alpha and the Internal Structure of Tests[J]. Psychometrika, 1951, 16(3): 297-334.

[24] CURRAH A. Behind the Web Store: The Organizational and Spatial Evolution of Multichannel Retailing in Toronto[J]. Environmental Planning A, 2002, 34 (8): 1411-1441.

[25] DAHIBERG T, MALLAT N, ONDRUS J, et al. Past, Present and Future of Mobile Payments Research: A Literature Review[J]. Electronic Commerce Research & Application, 2008, 7(2): 165-181.

[26] DAVIS FD. Perceived Usefulness, Perceived Ease of Use and User Acceptance of Information Technology[J]. MIS Quarterly, 1989, 13(3): 319-340.

[27] DEDRICK J, GURBAXANI V, KRAEMER KL. Information Technology and Economic Performance: A Critical Review of the Empirical Evidence[R]. ACM Computing Surveys, 2003,35(1):1-28.

[28] DELONE WH, MCLEAN ER. The DeLone and McLean Model of Information Systems Success: A Ten-Year Update[J]. Journal of Management Information Systems, 2003,

19(4): 9-30.

[29] DOWLING GR, STAELIN R. A Model of Perceived Risk and Intended Risk-Handling Activity[J]. Journal of Consumer Research, 1994, 21(1): 119-134.

[30] DRISCOLL JC, KRAAY AC. Consistent Covariance Matrix Estimation with Spatially Dependent Panel Data[J]. The Review of Economics and Statistics, 1998, 80(4): 549-560.

[31] ECLAC. Electronic Commerce, International Trade and Employment: Review of the Issues[R]. Washington: UN, Economic Comission for Latin America and the Caribbean ECLAS, 2002.

[32] ECONOMIDES N. The Internet and Network Economics[J]. Internet and Digital Economics, 2007.

[33] ELHORST JP. Specification and Estimation of Spatial Panel Data Models[J]. International Regional Science Review, 2003, 26(3): 244-268.

[34] ELMAGHRABY W, KESKINOCAK P. Dynamic Pricing in the Presence of Inventory Considerations: Research Overview, Current Practices, and Future Directions[J]. Management Science, 2003, 49(10): 1287-1309.

[35] ERNST S, HOOKER NH. Signaling Quality in an E-Commerce Environment: The Case of an Emerging E-Grocery Sector[J]. Journal of Food Products Marketing, 2006, 12(4): 11-25.

[36] ESSLETZBICHLER J, RIGBY DL. Exploring Evolutionary Economic Geographies [J]. Journal of Economic Geography, 2007, 7(5): 549-571.

[37] FAROLE T, WINKLER D. Firm Location and the Determinants of Exporting in Low- and Middle-Income Countries[J]. Journal of Economic Geography, 2013, 14 (2): 395-420.

[38] FISHBEIN M, AJZEN I. Belief, Attitude, Intention and Behavior: An Introduction to Theory and Research[M]. Mill: Addison-Wesley Reading, 1975.

[39] FREDERICK K, ELLION B. Measuring the Impact of Organizational Constraints on the Success of Business-to-Business E-Commerce Efforts: A Transactional Focus[J]. Information and Management, 2004, 41(5): 529-541.

[40] FREUND C, WEINHOLD D. The Effect of the Internet on International Trade[J]. Journal of International Economics, 2004, 62(1): 171-189.

[41] FRITZ M, HAUSEN T, SCHIEFER G. Developments and Development Directions of Electronic Trade Platforms in US and European Agri-Food Markets: Impact on Sector Organization[J]. International Food and Agribusiness Management Review, 2004, 7(1): 1-21.

[42] FRITZ M, CANAVARI M. Management of Perceived E-Business Risks in Food-Supply Networks: E-Trust as Prerequisite for Supply-Chain System Innovation[J].

Agribusiness，2008，24(3)：355-368.

[43] FUJITA M，KRUGMAN P，VENABLES AJ. The Spatial Economy：Cities，Regions，and International Trade[M]. Cambridge，MA：MIT Press,1999.

[44] GEFEN D，KARAHANNA E，STRAUB DW. Trust and TAM in Online Shopping：An Integrated Model[J]. MIS Quarterly，2003，27(1)：51-90.

[45] GHAORBANI HD. The Variety and Quality of a Nation's Exports in Global Time[J]. American Economic Review，2013(3)：74-82.

[46] GIUSTINIANO L，FRATOCCHI L. The Virtual Internationalisation Process of Italian SMEs in the Food Industry[J]. International Journal of Business Performance Management，2002，4(2)：231-247.

[47] GREGORY G，KARAVDIC M，ZOU S. The Effects of E-Commerce Drivers on Export Marketing Strategy[J]. Journal of International Marketing，2007，15(2)：30-57.

[48] GUO GH，QIAN L，LUO GF. Effects of Clusters on China's E-Commerce：Evidence from the Junpu Taobao Village[J]. International Journal of Business and Management，2014，5(22)：180-186.

[49] HASIMOTO K. Information Network and the Distribution Space in Japan：A Case Study of Consumer Goods Manufacturers in Japan[J]. Networks and Communication Studies，2002，16(1-2)：17-28.

[50] HE Y，LI J，WU X，et al. Impact of E-Commerce on International Trade-Based on an Iceberg Cost Model[J]. International Journal of Trade，Economics，and Finance，2011，2(3).

[51] HENDERSON J，DOOLEY F，AKRIDGE J，et al. Adoption of Internet Strategies by Agribusiness Firms[J]. International Food and Agribusiness Management Review，2005，8(4)：42-61.

[52] HOBBS JE，BOYD SL，KERR WA. To Be or Not to B-2-C：E-Commerce for Marketing Specialized Livestock Products[J]. Journal of International Food and Agribusiness Marketing，2003，14(3)：7-20.

[53] HOFFMAN DL，NOVAK TP，CHATTERJEE P. Commercial Scenarios for the Web：Opportunities and Challenges[J]. Journal of Computer-Mediated Communication，1995，1(3)：1-21.

[54] YONG H. E-Commerce Helps Alleviate Rural Poverty[J]. China Today，2016 (4)：48-50.

[55] HOSSE DV. 电子商务经济学[M]. 北京：机械工业出版社,2003.

[56] HOTACSU A，JEREZ AM，DOUGLAS J. The Geography of Trade in Online Transcations：Evidence from Ebay and Mercado Libre[J]. America Economic Journal：Microeconomics，2009，1(1)：53-74.

[57] HSIAO RL. Misaligned Market：The Importance of Industry Context in Technology-

Mediated Exchanges[J]. Journal of Global Information Management，2007，15(3)：69-87.

[58] HSU CL，LU HP. Why Do People Play On-Line Games? An Extended TAM with Social Influences and Flow Experience[J]. Information & Management，2004，41(7)：853-868.

[59] HUANG L. Rural Tourism Revitalization of the Leisure Farm Industry by Implementing an E-Commerce Strategy[J]. Journal of Vacation Marketing，2006，12(3)：232-245.

[60] HUANG TC，LEE TJ，LEE KH. Innovative E-Commerce Model for Food Tourism Products[J]. International Journal of Tourism Research，2009，11(6)：595-600.

[61] JALALI AA，OKHOVVAT MR，OKHOVVAT M. A New Applicable Model of Iran Rural E-Commerce Development[J]. Procedia Computer Science，2011，3：1157-1163.

[62] JANOM N，ZAKARIA MS. The Development of B2B E-Commerce Readiness Assessment Model for SMEs：Identification of Barriers Using AHP Method[J]. International Journal of Information Science and Management，2010，9：61-75.

[63] JIAO M. E-Commerce Poverty Alleviation in Longnan City[J]. China Today，2016(11)：28-30.

[64] JIONG M，XU L，HUANG Q，et al. Research on the E-Commerce of Agricultural Products in Sichuan Province[J]. Journal of Digital Information Management，2013，11(2)：97-101.

[65] JOSANG A，ISMAIL R，BOYD C. A Survey of Trust and Reputation Systems for Online Service Provision[J]. Decision Support Systems，2007，43(2)：618-644.

[66] KRUGMAN PR. Increasing Returns and Economic Geography[J]. Journal of Political Economy，1991，99(3)：483-499.

[67] LEE J. Product Difference and Intraindustry Trade[J]. Journal of Economics，2007(5)：313-323.

[68] LENDLE A，OLARREAGA M，SCHROPP S，et al. There Goes Gravity：How eBay Reduces Trade Costs[R]. CEPR Discussion Paper No. DP9094，2012.

[69] LEROUX N，WORTMAN MS，MATHIAS ED. Dominant Factors Impacting the Development of Business-to-Business (B2B) E-Commerce in Agriculture[J]. International Food and Agribusiness Management Review，2001，4(2)：205-218.

[70] LIN G，XIE XR，LYU ZY. Taobao Practices，Everyday Life and Emerging Hybrid Rurality in Contemporary China[J]. Journal of Rural Studies，2016，6(8)：514-523.

[71] LUCKING-REILEY D，SPULBER DF. Business-to-Business Electronic Commerce[J]. Journal of Economic Perspectives，2001，15(1)：55-68.

[72] MAKKI EY. An Enhanced Quantitative Performance Model for Automatic E-Commerce Websites Evaluation[D]. Electrical Engineering and Computer Science，2017.

[73] MALHOTRA NK，KIM SS，AGARWAL J. Internet Users' Information Privacy Concerns：The Construct，the Scale，and a Causal Model[J]. Information Systems Research，2004，15(4)：336-355.

[74] MALONE TW，YATES J，BENJAMIN RI. Electronic Markets and Electronic Hierarchies[J]. Communications of the ACM，1987，30(6)：484-497.

[75] MALONE TW，YATES J，BENJAMIN RI. The Logic of Electronic Markets[J]. Harvard Business Review，1989，67(3)：166-172.

[76] MANN CL，ECKERT SE. Global Electronic Commerce：A Policy Primer[M]. Washington，D. C. ：Institute for International Economics，2000.

[77] MANOUSELIS N，KONSTANTAS A，PALAVITSINIS N，et al. A Survey of Greek Agricultural E-Markets[J]. Agricultural Economics Review，2009，10(1)：97-112.

[78] MARKELOVA H，MEINZEN-DICK R，HELLIN J，et al. Collective Action for Smallholder Market Access[J]. Food Policy，2009，34(1)：1-7.

[79] MARTENS B，TURLEA G. The Drivers and Impediments for Online Cross-Border Trade in Goods in the EU[R]. Digital Economy Working Paper，2012.

[80] MARTIN P，ROGERS CA. Industrial Location and Public Infrastructure[J]. Journal of International Economics，1995，39(3-4)：335-351.

[81] MOLLA A，PESZYNKI K，PITTAYACHAWAN S. The Use of E-Business in Agribusiness：Investigating the Influence of E-Readiness and OTE Factors[J]. Journal of Global Information Technology Management，2010，13(1)：56-78.

[82] MONTEALEGRE F，THOMPSON S，EALES JS. An Empirical Analysis of the Determinants of Success of Food and Agribusiness E-Commerce Firms[J]. International Food and Agribusiness Management Review，2007，10(1)：61-81.

[83] MOODLEY S. Global Market Access in the Internet Era：South Africa's Wood Furniture Industry[J]. Internet Research，2002，12(1)：31-42.

[84] MUELLER RAE. Emergent E-Commerce in Agriculture[R]. AIC Issues Brief，2000，12(14)：1-8.

[85] NADARAJAN SV. E-Commerce Framework to Improve Rural Agriculture Sector in Cambodia[C]. International Conference on E-Business，Management an Economics in Dubai，UAE 2011，25：287-291.

[86] NAGI EWT，WAT FKT. A Literature Review and Classification of Electronic Commerce Research[J]. Information & Management，2002，39(5)：415-429.

[87] NG E. An Empirical Framework Developed for Selecting B2B E-Business Models：The Case of Australian Agribusiness Firms[J]. Journal of Business and Industrial Marketing，2005，20(4/5)：218-225.

[88] O'KEEFFE M. Myths and Realities of E-Commerce in the Perishable Foods Industries：Unleashing the Power of Reputation and Relationship Assets[J]. Supply Chain

Management：An International Journal，2001，6(1)：12-15.

［89］OKOLI C, PAWLOWSKI SD. The Delphi Method as a Research Tool：An Example，Design Considerations and Applications[J]. Information & Management，2004，42 (1)：15-29.

［90］PAVLOU PA. Consumer Acceptance of Electronic Commerce：Integrating Trust and Risk with the Technology Acceptance Model[J]. International Journal of Electric Commerce，2003，7(3)：101-134.

［91］PAVLOU PA, GEFEN D. Building Effective Online Marketplaces with Institution-Based Trust[J]. Information Systems Research，2004，15(1)：37-59.

［92］PAVLOU PA, FYGENSON M. Understanding and Predicting Electronic Commerce Adoption：An Extension of the Theory of Planned Behavior[J]. MIS Quarterly，2006，30(1)：115-143.

［93］PAVLOU PA, LIANG HG, XUE YJ. Understanding and Mitigating Uncertainty in Online Exchange Relationships：A Principal-Agent Perspective[J]. MIS Quarterly，2007，31(1)：105-136.

［94］POOL B. How Will Agricultural E-Markets Evolve? [D]. Paper presented at the USDA Outlook Forum，Washington，D.C.，2001.

［95］POULTON C, DORWARD A, KYDD J. The Future of Small Farms：New Directions for Services，Institutions and Intermediation[J]. World Development，2010，38(10)：1413-1428.

［96］RAUCH JE. Business and Social Networks in International Trade[J]. Journal of Economic Literature，2001，39(4)：1177-1203.

［97］STAHL DO. Rule Learning in Symmetric Normal-Form Games：Theory and Evidence[J]. Games and Economic Behavior，2000，32 (1)：105-138.

［98］STRITTO GD, SCHIRALDI MM. A Strategy Oriented Framework for Food and Beverage E-Supply Chain Management[J]. International Journal of Engineering Business Management，2013，50(5)：1-12.

［99］TAYLOR S, TODD PA. Understanding Information Technology Usage：A Test of Competing Models[J]. Information Systems Research，1995，6(2)：144-176.

［100］TERZI N. The Impact of E-Commerce on International Trade and Employment[J]. Procedia-Social and Behavioral Sciences，2011，24：745-753.

［101］THYSEN I. Agriculture in the Information Society[J]. Journal of Economic Behavior and Organization，2000，76(3)：297-303.

［102］TIBOR T. A Model of a Localized Cross-Border E-Commerce[J]. Business，2007，4 (2)：136-145.

［103］TSAI HH. The Research Trends Forecasted by Bibliometric Methodology：A Case Study in E-Commerce from 1996 to July 2015[J]. Scientometics，2015，105(2)：

1079-1089.

[104] TSEKOUROPOULOS G，ANDREOPOULOU Z，SERETAKIS A，et al. Optimising E-Marketing Criteria for Customer Communication in Food and Drink Sector in Greece [J]. International Journal of Business Information Systems，2012，9(1)：1-25.

[105] URBACZEWSKI A，JESSUP LM，WHEELER B. Electronic Commerce Research：A Taxonomy and Synthesis[J]. Journal of Organizational Computing & Electronic Commerce，2002，12(4)：263-305.

[106] VOLPENTESTA AP，AMMIRATO S. Evaluating Web Interfaces of B2C E-Commerce Systems for Typical Agrifood Products[J]. International Journal of Entrepreneurship and Innovation Management，2007，7(1)：74-91.

[107] WANG Z，YAO D，YUE X. E-Business System Investment for Fresh Agricultural Food Industry in China[N]. Annals of Operations Research，2015，257(1-2)：379-394.

[108] WAREHAM J，ZHENG JG，STRAUB D. Critical Themes in Electronic Commerce Research：A Meta-Analysis[J]. Journal of Information Technology，2005，20(1)：1-19.

[109] WELTEVREDEN JWJ，ATZEMA OALC. Cyberspace Meets Highstreet Adoption of Click-and-Mortar Strategies by Retail Outlets in City Centers[J]. Urban Geography，2006，27(7)：628-650.

[110] WEN，M. E-Commerce，Productivity and Fluctuation[J]. Journal of Economic Behavior & Organization，Elsevier，2004，55(2)：187-206.

[111] WIGGINS S，KIRSTEN J，LIAMBÍ，L. The Future of Small Farms[J]. World Development，2010，38(10)：1341-1348.

[112] WRIGLEY N，CURRAH A. Globalizing Retail and the New-Economy：The Organizational Challenge of E-Commerce for the Retail TNCs[J]. Geoforum，2006，37(3)：340-351.

[113] ZAPATA SD，CARPIO，CE，ISENGILDINA-MASSA O，et al. The Economic Impact of Services Provided by an Electronic Trade Platform：The Case of Market Maker[J]. Journal of Agricultural and Resource Economics，2013，38(3)：359-378.

[114] ZEITHAML VA. Consumer Perceptions of Price，Quality，and Value：A Means-End Model and Synthesis of Evidence[J]. Journal of Marketing，1988，52(3)：2-22.

[115] ZOU C，HUANG L. A New BP Algorithm for Network Marketing Performance Evaluation of Agricultural Products[J]. Journal of Applied Sciences，2013，13(20)：4332-4335.

[116] 曹树金,吴育冰,韦景竹,等.知识图谱研究的脉络、流派与趋势[J].中国图书馆学报，2015(5):16-34.

[117] 柴志贤.工业集聚、城市化与区域创新能力:基于中国省级面板数据的研究[J].技术经济,2008,27(5):1-7.

[118] 常金玲,夏国平.B2C 电子商务网站可用性评价[J].情报学报,2005,24(2):237-242.

[119] 陈苍恩.漳州市农业电子商务平台建设研究[D].福州:福建农林大学,2014.

[120] 陈俊.社会认知理论的研究进展[J].社会心理科学,2007(1):59-62.

[121] 陈实."互联网+"背景下我国农村电子商务发展现状、问题和对策[D].武汉:华中师范大学,2016.

[122] 陈云,王浣尘,沈惠璋.电子商务零售商与传统零售商的价格竞争研究[J].系统工程理论与实践,2006,26(1):35-41.

[123] 陈运迪.购物方式的革命:电子商务 E-business[J].知识就是力量,1999(1):20-21.

[124] 陈致中,金璐瑶.跨境电商平台的病毒营销策略分析[J].现代管理科学,2016(9):33-35.

[125] 程宇,陈明森.福建跨境电子商务发展机遇与对策[J].亚太经济,2014(5):115-120.

[126] 崔丽丽,王骊静,王井泉.社会创新因素促进"淘宝村"电子商务发展的实证分析:以浙江丽水为例[J].中国农村经济,2014(12):50-60.

[127] 邓天阳.电子商务对我国进出口贸易的影响[J].现代商业,2017(3):26-27.

[128] 董文鸳,冯芳.电子商务研究的知识图谱分析[J].科技情报开发与经济,2011,21(34):148-149,166.

[129] 杜扬.国内跨境电商平台消费者购物影响因素研究[D].南京:南京农业大学,2016.

[130] 杜永红."一带一路"倡议背景下的跨境电子商务发展策略研究[J].经济体制改革,2016(6):66-70.

[131] 段禄峰,唐文文.我国农村电子商务发展水平测度研究[J].价格月刊,2016(9):69-74.

[132] 范玉贞,卓德保.我国电子商务对经济增长作用的实证研究[J].工业技术经济,2010,29(8):40-44.

[133] 冯芳,凌霓.浙江省农产品网络营销发展影响因素及策略分析[J].浙江农业科学,2017,58(3):537-540.

[134] 冯萍,刘建江.互联网对中国出口贸易流量影响的实证研究[J].统计与决策,2010(3):99-101.

[135] 冯然.我国跨境电子商务关税监管问题的研究[J].国际经贸探索,2015(2):77-85.

[136] 冯缨,徐占东.我国中小企业实施电子商务关键影响因素实证研究:基于创新扩散理论[J].软科学,2011,25(3):115-120,129.

[137] 付梦雯.农村电子商务发展与客户价值管理研究[D].广州:暨南大学,2015.

[138] 傅辰昊,周素红,闫小培,等.中国城乡居民生活水平差距的时空变化及其影响因素[J].世界地理研究,2015(4):67-77.

[139] 葛虹.B2C 电子商务平台的物流服务质量对顾客忠诚的影响研究[D].厦门:华侨大学,2014.

[140] 龚炳铮.关于农村电子商务的发展思路与对策的探讨[J].中国信息界,2011(12):28-31.

[141] 桂学文.经济发展新动力:电子商务的作用机制与效果测度[M].北京:科学出版

社,2013.

[142] 郭姗.消费者个性对主观规范及网络购买意愿影响的实证研究[D].重庆:重庆工商大学,2014.

[143] 韩玉晶.大学生消费及其影响因素分析:以云南财经大学学生为例[J].经济研究导刊,2015(14):137-139.

[144] 何继新.跨境电子商务供应链模式创新:属性特征、关系模型及前提条件[J].中国流通经济,2017,31(3):52-61.

[145] 何江,钱慧敏.跨境电商与跨境物流协同策略研究[J].物流科技,2017,40(7):1-6.

[146] 何琳纯.论电子商务对国际贸易的影响及我国的对策分析[D].北京:首都经济贸易大学,2005.

[147] 贺灿飞,潘峰华,孙蕾.中国制造业的地理集聚与形成机制[J].地理学报,2007,62(12):1253-1264.

[148] 洪阳,王莉莉,安冉.基于大数据的跨境进口零售电商平台的网络舆情分析[J].安徽工业大学学报(社会科学版),2017,34(2):12-16.

[149] 侯晴霏,侯济恭.以区域为核心的农村电子商务模式[J].农业网络信息,2011(5):5-8.

[150] 胡岗岚,卢向华,黄丽华.电子商务生态系统及其演化路径[J].经济管理,2009(6):110-116.

[151] 胡海清,许垒.电子商务模式对消费者线上购买行为的影响研究[J].软科学,2011,25(10):135-140.

[152] 胡宏力.电子商务理论与实务[M].第二版.北京:中国人民大学出版社,2016.

[153] 胡天石,傅铁信.中国农产品电子商务发展分析[J].农业经济问题,2005,26(5):23-27.

[154] 黄浩,荆林波,李立威.中国主要地区电子商务发展特点分析[J].科技与经济,2012,25(4):91-95.

[155] 黄玖立,李坤望.对外贸易、地方保护和中国的产业布局[J].经济学(季刊),2006,5(3):733-742.

[156] 黄睿君.电子商务对经济增长贡献的实证研究[J].经济视角,2010(6):31-32.

[157] 计春阳,李耀萍.中国—东盟跨境电子商务生态圈构建研究[J].广西社会科学,2016(9):50-54.

[158] 蒋亚飞.对外开放、产业集聚与技术创新:机理分析和基于中国沿海典型城市的实证[D].杭州:浙江大学,2014.

[159] 姜华.我国农产品电子商务发展现状、问题和对策研究[J].安徽农业科学,2006,34(19):5124-5126.

[160] 姜丽媛.浅析跨境电子商务发展对我国进出口贸易的影响[J].长春教育学院学报,2014(19):23-24.

[161] 金虹,林晓伟.我国跨境电子商务的发展模式与策略建议[J].宏观经济研究,2015(9):40-49.

[162] 金煜,陈钊,陆铭.中国的地区工业集聚:经济地理、新经济地理与经济政策[J].经济研究,2006(4):79-89.

[163] 荆林波.中国城市电子商务影响力报告(2012)[M].北京:社会科学文献出版社,2012.

[164] 来有为,王开前.中国跨境电子商务发展形态、障碍性因素及其下一步[J].改革,2014(5):68-74.

[165] 劳可夫,吴佳.基于Ajzen计划行为理论的绿色消费行为的影响机制[J].财经科学,2013(2):91-100.

[166] 黎志成,刘枚莲.电子商务环境下的消费者行为研究[J].中国管理科学,2002,10(6):88-91.

[167] 李娟,张玉.跨国网络购物者信任的影响因素研究[J].东华理工大学学报(社会科学版),2016,35(4):331-335.

[168] 李丽军,王永钊.农村电子商务对区域的影响及发展策略[J].教育现代化,2015(17):180-182.

[169] 李莉,杨文胜,谢阳群,等.电子商务市场质量信息不对称问题研究[J].管理评论,2004,16(3):25-30.

[170] 李凌慧,曹淑艳.B2C跨境电子商务消费者购买决策影响因素研究[J].国际商务(对外经济贸易大学学报),2017(1):151-160.

[171] 李楠楠.电子商务中消费者感知风险构面及其影响因素的实证研究[D].哈尔滨:哈尔滨工业大学,2007.

[172] 李琪.从国际电子商务的研究趋势看我国电子商务发展之路[J].中国流通经济,2004,18(9):31-34.

[173] 李书晶.孟州市"农村淘宝"发展的调查与分析[D].郑州:河南工业大学,2016.

[174] 李思志.网络购物感知风险研究[D].辽宁:辽宁工程技术大学,2010.

[175] 李玮,王璐.河南省农村电子商务发展思路与对策[J].河南科技学院学报(社会科学版),2016,36(3):42-45.

[176] 李雯琦,王勃,郭蓉,等.近年来中国农村电子商务发展的研究综述[J].知识经济,2017(2):77-80.

[177] 李霞.基于跨境电子商务的我国外贸转型升级研究[J].改革与战略,2017(4):161-163.

[178] 李潇潇.电子商务出口绩效的影响因素及对策分析[D].苏州:苏州大学,2014.

[179] 李燕.电子商务对企业出口行为微观作用机制研究[D].杭州:浙江财经大学,2015.

[180] 梁琦,钱学锋.外部性与集聚:一个文献综述[J].世界经济,2007(2):84-96.

[181] 梁强,邹立凯,宋丽红,等.组织印记、生态位与新创企业成长:基于组织生态学视角的质性研究[J].管理世界,2017(6):141-154.

[182] 林芳.湖南省农村电子商务新模式研究[D].长沙:湖南农业大学,2014.

[183] 林广毅.农村电商扶贫的作用机理及脱贫促进机制研究[D].北京:中国社会科学院研究生院,2016.

［184］凌守兴.我国农村电子商务产业集群形成及演进机理研究［J］.商业研究,2015(1):104-109.

［185］刘蓓林.网络营销理论与实务［M］.北京:中国经济出版社,2014.

［186］刘电威.消费者网上购物决策的关键影响因素实证研究:基于创新扩散理论［J］.科技管理研究,2014,34(5):175-179.

［187］刘红璐,关晓兰.电子商务研究方法论［M］.北京:电子工业出版社,2013.

［188］刘家国,刘巍,刘潇琦,等.基于扎根理论方法的中俄跨境电子商务发展研究［J］.中国软科学,2015(9):27-40.

［189］刘修岩,殷醒民,贺小海.市场潜能与制造业空间集聚:基于中国地级城市面板数据的经验研究［J］.世界经济,2007,30(11):56-63.

［190］刘亚伟,葛敬民.发表于图情核心期刊的文献检索课研究论文的计量分析［J］.情报科学,2013,31(4):115-118.

［191］刘瑶.网络经济下消费者多渠道选择影响因素实证研究［D］.北京:对外经济贸易大学,2016.

［192］刘章发.大数据背景下跨境电子商务信用评价体系构建［J］.中国流通经济,2016,30(6):58-64.

［193］刘志彪,张杰.我国本土制造业企业出口决定因素的实证分析［J］.经济研究,2009(8):99-112.

［194］刘志坚.长尾理论下网络营销发展策略研究［J］.商场现代化,2009(6):108.

［195］刘佐太.试论电子商务与县域经济的发展［J］.农村经济,2007(6):44-45.

［196］柳秀丽.电子商务基础设施发展对中国出口影响的研究［D］.杭州:浙江财经大学,2015.

［197］路征,张益辉,王珅,等.我国"农民网商"的微观特征及问题分析:基于对福建省某"淘宝镇"的调查［J］.情报杂志,2015,34(12):139-145,132.

［198］罗钢,黄丽华.电子商务交易平台的网络外部性初探［J］.商场现代化,2007(22):123-124.

［199］罗应机.农村电子商务"三点两面"赢利模式构建研究［D］.南宁:广西大学,2015.

［200］罗勇,曹丽莉.中国制造业集聚程度变动趋势实证研究［J］.经济研究,2005(8):106-127.

［201］骆莹雁.浅析我国农村电子商务的发展与应用:以沙集淘宝村为例［J］.中国商贸,2014(2):72,75.

［202］吕雪晴.跨境进口零售电商定价问题研究:基于消费者感知风险的分析与选择［J］.价格理论与实践,2015(9):79-81.

［203］马桂林.中国电子商务用户扩散模型分析［J］.信息与电脑(理论版),2011(3):158-159.

［204］马士健.跨境电商网站质量对消费者网络购买意愿影响实证研究［D］.合肥:安徽大学,2016.

[205] 迈克·波特,郑海燕.簇群与新竞争经济学[J].经济社会体制比较,2000(2):21-31.

[206] 毛艳棵.浅析跨境零售电商平台中影响消费意愿的因素[J].现代营销(下旬刊),2016(5):6.

[207] 梅方权.中国农业科技信息网络化和数字化的战略分析:选择"信息跨越"和"信息强国"的战略[J].农业经济问题,2001(5):47-50.

[208] 梅燕,初伟.国内外电子商务研究知识脉络演化与发展趋势:基于 SSCI 与 CSSCI 计量分析与可视化研究[J].杭州电子科技大学学报(社会科学版),2018,14(2):9-14.

[209] 梅燕,凌莹,陈思思.生鲜农产品 F2F 网上直销模式消费者参与意愿及影响因素分析[J].电子商务,2015(12):29-30,40.

[210] 穆燕鸿,王杜春,迟凤敏.基于结构方程模型的农村电子商务影响因素分析:以黑龙江省 15 个农村电子商务示范县为例[J].农业技术经济,2016(8):106-118.

[211] 穆燕鸿,王杜春.农村电子商务模式构建及发展对策:以中国黑龙江省为例[J].世界农业,2016(6):40-46,52.

[212] 潘红春,邵兵家.中国电子商务研究回顾与展望:基于 2003—2008 年 CSSCI 期刊论文的分析[J].情报杂志,2009,28(11):36-40,17.

[213] 钱慧敏,何江.B2C 跨境电子商务物流模式选择实证研究[J].商业研究,2016(12):118-125.

[214] 钱学峰.国际贸易与产业集聚的互动机制研究[D].南京:南京大学,2008.

[215] 乔阳,沈孟,刘杰,等.电子商务对国际贸易的影响及应用现状分析[J].对外经贸,2012(3):39-41.

[216] 邱均平,马秀娟.1998-2009 年国内电子商务研究论文的计量分析[J].情报科学,2011,29(5):641-646.

[217] 曲振涛,周正,周方召.网络外部性下的电子商务平台竞争与规制:基于双边市场理论的研究[J].中国工业经济,2010(4):120-129.

[218] 任鹏.江苏省发展农村电子商务研究[D].南京:东南大学,2015.

[219] 任志新,李婉香.中国跨境电子商务助推外贸转型升级的策略探析[J].对外经贸实务,2014(4):25-28.

[220] 茹玉骢,李燕.电子商务、贸易中介与国际贸易发展:一个文献综述[J].浙江社会科学,2014(7):54-62.

[221] 茹玉骢,李燕.电子商务、贸易中介与企业出口方式选择[J].浙江学刊,2014(6):177-184.

[222] 茹玉骢,李燕.电子商务与中国企业出口行为:基于世界银行微观数据的分析[J].国际贸易问题,2014(12):3-13.

[223] 邵兵家,孟宪强,张宗益.中国 B2C 电子商务中消费者信任前因的实证研究[J].科研管理,2006,27(5):143-149.

[224] 邵占鹏.农村电子商务的兴起与新型城镇化的破局[J].江汉大学学报(社会科学版),2015,32(1):20-25.

[225] 盛玉扉.电子商务引起的国际贸易创新研究[D].沈阳:沈阳工业大学,2009.

[226] 石凯雁.跨境电子商务的文化差异研究[J].商场现代化,2016(1):27-28.

[227] 石正方.两岸跨境电子商务合作的意义及策略探讨[J].台湾研究集刊,2015(6):38-47.

[228] 史超.刍议社会认知理论在思想政治教育中的应用[J].大观周刊,2011(34):32,106.

[229] 史雅多."互联网＋"环境下杨凌农村电子商务发展研究[D].杨凌:西北农林科技大学,2016.

[230] 宋达佑.我国农村电子商务运营模式优化研究[D].武汉:华中师范大学,2016.

[231] 宋惠玲,廖君衡.大学生跨境电商消费现状分析:以广东药科大学为例[J].科技视界,2017(16):14-16.

[232] 宋孟丘,黄小庆.基于合作社的农村电子商务发展探讨[J].商业时代,2014(26):75-77.

[233] 宋耀华.浅析我国跨境进口电商发展现状、痛点及应对措施[J].中国商论,2018(7):75-77.

[234] 孙艳艳.我国跨境电子商务的发展现状分析[J].现代经济信息,2014(15):169-170.

[235] 孙政.基于 TAM 模型的大学生网络购物消费行为研究[D].上海:上海工程技术大学,2016.

[236] 孙中伟,金凤君,王杨.信息化对区域经济发展的组织作用[J].地理与地理信息科学,2008,24(4):44-49.

[237] 覃征,李顺东,阎礼祥,等.电子商务与国际贸易[M].北京:人民邮电出版社,2001.

[238] 涂同明,涂俊一,杜凤珍.农村电子商务[M].武汉:湖北科学技术出版社,2011.

[239] 汪明峰,卢姗.B2C 电子商务发展的路径依赖:跨国比较分析[J].经济地理,2009,29(11):1861-1866.

[240] 汪明峰.互联网使用与中国城市化:"数字鸿沟"的空间层面[J].社会学研究,2005(6):112-135.

[241] 汪向东.农村经济社会转型的新模式:以沙集电子商务为例[J].工程研究——跨学科视野中的工程,2013(2):194-200.

[242] 王程宇.大学生小额跨境电子商务的现状分析:以东北财经大学为例[J].中国市场,2017(15):314-315.

[243] 王福强.信息化对县域经济的促进作用研究[D].武汉:华中科技大学,2008.

[244] 王冠凤.贸易便利化机制下的上海自由贸易试验区跨境电子商务研究:基于平台经济视角[J].经济体制改革,2014(3):38-42.

[245] 王海龙.新农村建设背景下安徽省农产品网络营销策略研究[D].合肥:安徽大学,2010.

[246] 王红梅.我国农村电子商务发展机遇与挑战[J].商业经济研究,2016(11):69-71.

[247] 王宏伟,夏远强.电子商务中客户信任的理论研究综述[J].中国管理信息化,2008,11(4):106-109.

[248] 王惠敏.跨境电子商务与国际贸易转型升级[J].国际经济合作,2014(10):60-62.

[249] 王珂.B2C电商平台网络外部性影响因素研究[D].西安:西安科技大学,2014.

[250] 王李.跨境电子商务金融支持[J].中国金融,2016(22):86-87.

[251] 王力,熊利娟.以社会学视角论农村电子商务发展[J].南京工程学院学报(社会科学版),2015,15(2):10-12.

[252] 王琦.税收新政对跨境电子商务平台的影响[J].时代金融(下旬刊),2016(6):204,210.

[253] 王若朴.大学生跨境电子商务购物意愿影响因素实证研究[D].武汉:华中科技大学,2016.

[254] 王外连,王明宇,刘淑贞.中国跨境电子商务的现状分析及建议[J].电子商务,2013(9):23-24.

[255] 王伟军,王蕾.基于CSSCI图书情报类期刊论文的电子商务研究统计分析[J].情报科学,2006,24(9):1339-1342,1356.

[256] 王伟军.电子商务网站评价研究与应用分析[J].情报科学,2003,21(6):639-642.

[257] 王文清,姬颜丽,杜秀玲.跨境电子商务出口退(免)税问题研析[J].国际税收,2016(11):59-64.

[258] 王晰巍,靖继鹏,刘明彦,等.电子商务的信息生态模型构建实证研究[J].图书情报工作,2009,53(22):128-132.

[259] 王秀峰,柯青.基于用户使用角度电子商务研究(Ⅰ):TAM与TTF模型应用述评[J].现代情报,2011,31(4):159-164.

[260] 王艳.跨境电商平台(B2C)在线购物体验对消费者重复购买的影响研究[D].杭州:浙江工商大学,2017.

[261] 王渊,张彤,陈立军,等.基于资源依赖理论的供应链联盟成因分析及其发展策略[J].科技进步与对策,2006,23(4):173-176.

[262] 温佩佩,黄飞.产业集聚与对外贸易:基于宁波服装产业的实证分析[J].经济论坛,2008(6):36-39.

[263] 翁海洁.电子商务对国际贸易的影响及对策研究[J].企业导报,2010(2):191-192.

[264] 吴久昱.长尾理论对网络营销的意义[J].科技成果纵横,2007(4):54-55.

[265] 武秋红.电子商务冲击下的公司治理结构研究:基于资源依赖理论的公司治理结构分析[J].商场现代化,2016(4):57-58.

[266] 夏永林,杨帅.基于因子分析的90后大学生消费行为影响因素分析[J].西安石油大学学报(社会科学版),2014(4):26-30.

[267] 傻娜.我国跨境电子商务贸易平台模式探讨[J].中国流通经济,2015(8):70-74.

[268] 熊励,杨璐.上海跨境电子商务平台发展的动力机制及策略[J].科技管理研究,2016,36(13):159-163.

[269] 徐代春子.农村电子商务发展路径研究[D].舟山:浙江海洋大学,2016.

[270] 徐青,胡林枫,朱亚丽,等.基于科学知识图谱的电子商务文献研究[J].西安电子科技

大学学报(社会科学版),2012,22(3):1-9.

[271] 徐雪娟,郭进利.基于长尾理论的电子商务销售网络特性研究[J].金融经济(理论版),2013(5):97-99.

[272] 许文恭.电子商务的交易成本理论分析[D].厦门:厦门大学,2002.

[273] 薛源.跨境电子商务交易全球性网上争议解决体系的构建[J].国际商务(对外经济贸易大学学报),2014(4):95-103.

[274] 杨坚争,郑碧霞,杨立钒.基于因子分析的跨境电子商务评价指标体系研究[J].财贸经济,2014(9):94-102.

[275] 杨坚争,杨立钒,张建新.电子商务统计研究[M].上海:立信会计出版社,2013.

[276] 杨坚争,周涛,李庆子.电子商务对经济增长作用的实证研究[J].世界经济研究,2011(10):40-43.

[277] 杨克斯,吴江雪.我国农村电子商务新模式初探[J].中国商贸,2012(31):152-153.

[278] 杨娜.网络时代的营销新思维:长尾理论[J].特区经济,2008(3):277-278.

[279] 杨晓梅.技术接受模型在中国C2C电子商务网站中的研究[J].情报科学,2009,27(2):297-300.

[280] 姚宇.基于产业融合视角的跨境电商与物流产业链融合发展研究[J].价格月刊,2015(12):76-81.

[281] 姚钟华.国际贸易电子商务全攻略[M].广州:广东经济出版社,2002.

[282] 叶锐.湖北省农村电子商务发展策略研究[D].武汉:湖北省社会科学院,2016.

[283] 尹世久,吴林海,杜丽丽.基于计划行为理论的消费者网上购物意愿研究[J].消费经济,2008,24(4):35-39.

[284] 倪文珊,宗乾进,袁勤俭.国际电子商务研究主题演化及启示:基于Web of Science的计量分析[J].现代情报,2013,33(8):84-88.

[285] 岳锐.清远市发展农村电子商务的路径分析[D].武汉:湖北工业大学,2016.

[286] 曾庆闯.农村电子商务发展存在的问题及对策浅析[J].智富时代,2016(1):110-111.

[287] 曾亿武,邱东茂,沈逸婷,等.淘宝村形成过程研究:以东风村和军埔村为例[J].经济地理,2015,35(12):90-97.

[288] 张苹,赵伟.对外开放与中国制造业区域集聚:机理分析与实证检验[J].国际贸易问题,2009(9):89-96.

[289] 张红历,王成璋.论电子商务中的交易成本[J].求索,2006(4):35-36.

[290] 张红历,周勤,王成璋.信息技术、网络效应与区域经济增长:基于空间视角的实证分析[J].中国软科学,2010(10):112-123,179.

[291] 张洪刚.县域经济信息化发展战略研究[D].保定:河北农业大学,2008.

[292] 张嘉欣,千庆兰,陈颖彪,等.空间生产视角下广州里仁洞"淘宝村"的空间变迁[J].经济地理,2016,36(1):120-126.

[293] 张婧.阿里巴巴农村淘宝战略研究[D].郑州:郑州大学,2016.

[294] 张丽娟.跨境电子商务客户体验影响因素实证分析:消费者特征角度[J].国际商务(对

外经济贸易大学学报),2015(3):94-101.

[295] 张琪.基于 TAM 的在线评论对消费者购买意愿影响研究[D].武汉:华中农业大学,2017.

[296] 张千仞,尹丽春.我国农村电子商务发展现状研究综述[J].安徽农业科学,2016,44(10):239-241.

[297] 张勤,周卓.我国农村电子商务发展的影响因素研究[J].物流工程与管理,2015,37(11):181-183.

[298] 张夏恒,郭海玲.跨境电商与跨境物流协同:机理与路径[J].中国流通经济,2016(11):83-92.

[299] 张夏恒,马天山.澳大利亚跨境电子商务发展的机遇与困扰[J].中国流通经济,2015(9):46-51.

[300] 张夏恒.京东:构建跨境电商生态系统[J].企业管理,2016(11):102-104.

[301] 张夏恒.跨境电商类型与运作模式[J].中国流通经济,2017(1):76-83.

[302] 张仙锋.国际电子商务研究进程、主题和趋势:基于五大模型的探讨[J].中国流通经济,2004(12):22-25.

[303] 张向先,张旭,郑絮.电子商务信息生态系统的构建研究[J].图书情报工作,2010,54(10):20-24.

[304] 张筱慧,杨鞭.跨境电商对贸易中介的影响文献综述[J].经营与管理,2017(2):99-101.

[305] 张旭.电子商务对国际贸易的影响[J].财经科学,2007(7):112-117.

[306] 张哲.我国发展电子商务的问题与对策[J].中国管理科学,1999,31(7):795-799.

[307] 赵俊杰.对我国农业电子商务发展的几点思考[J].经济问题探索,2005(1):98-99.

[308] 赵彦普.电子商务模式下长尾理论应用探析[J].人间,2016(3):191.

[309] 赵志田,杨坚争.电子商务发展与进出口贸易:基于动态面板数据模型的实证研究[J].中国发展,2012,12(6):41-46.

[310] 郑贵华,黄婉琳.电子商务背景下农村物流配送问题及对策[J].经济论坛,2016(2):103-106.

[311] 郑新煌,孙久文.农村电子商务发展中的集聚效应研究[J].学习与实践,2016(6):28-37.

[312] 郑亚琴,李琪.农村公共品供给与农业电子商务的发展[J].改革,2006(2):60-65.

[313] 钟凯.网络消费者感知价值对购买意愿影响的研究[D].沈阳:辽宁大学,2013.

[314] 周裕森.农村电子商务发展现状与对策研究[D].武汉:湖北工业大学,2016.

[315] 朱邦耀,宋玉祥,李国柱,等.C2C 电子商务模式下中国"淘宝村"的空间聚集格局与影响因素[J].经济地理,2016,36(4):92-98.

[316] 朱丹.厦台跨境电子商务物流模式创新研究:基于自贸区平台[J].内蒙古财经大学学报,2018(1):28-32.

[317] 朱彤.外部性、网络外部性与网络效应[J].经济理论与经济管理,2001(11):60-64.

[318] 朱文渊,袁凌.电子商务交易方式及交易费用分析[J].财经理论与实践(双月刊),2001,22(111):117-119.

[319] 朱兴荣.新农村电子商务及实施模式的探索[J].科技情报开发与经济,2007,17(12):227-228.

[320] 朱镇,赵晶.企业电子商务采纳的战略决策行为:基于社会认知理论的研究[J].南开管理评论,2011,14(3):151-160.

附录 1
电子商务领域高水平学术期刊推荐目录

List of journals related to e-commerce and organizational computing

1. *Australian Journal of Electronic Commerce*
2. *Computer-Mediated Communication Magazine*
3. *Computer Supported Cooperative Work*
4. *Decision Support Systems*
5. *E-Business Advisor Magazine*
6. *E-Service Quarterly*
7. *Electronic Commerce Research*
8. *Electronic Commerce Research and Applications*
9. *Group Decision and Negotiation*
10. *The Information Society*
11. *Intelligent Enterprise*
12. *International Journal of Cooperative Information Systems*
13. *International Journal of Electronic Business*
14. *International Journal of Electronic Commerce*
15. *International Journal of Electronic Markets*
16. *International Journal of Internet and Enterprise Management*
17. *Journal of Computer-Mediated Communication*
18. *Journal of Electronic Commerce in Organizations*
19. *Journal of Electronic Commerce Research*
20. *Journal of Hyperlinked Organization*
21. *Journal of Organizational Computing and Electronic Commerce*
22. *Organization Science*
23. *Quarterly Journal of Electronic Commerce*
24. *Universal Access in the Information Society*
25. *The Dynamics of Trust in B2C e-Commerce* 395

Top journals publishing IS research

1. *MIS Quarterly*
2. *Information Systems Research*
3. *Journal of Management Information Systems*
4. *Decision Support Systems*
5. *Information and Management*
6. *European Journal of Information Systems*
7. *Communications of the AIS*
8. *Journal of Information Systems Management*
9. *Information Systems*
10. *Information Resources Management Journal*

Multidiscipline journals

1. *Management Science*
2. *Decision Sciences*
3. *Harvard Business Review*
4. *Sloan Management Review*
5. *Omega*
6. *Organization Science*

Reference discipline journals Communications of the ACM

1. *Journal of the ACM*
2. *IEEE Transactions*
3. *ACM Transactions*
4. *Computer (IEEE)*
5. *Any IEEE publication*
6. *ACM Computing Surveys*
7. *Academy of Management Journal*
8. *Academy of Management Review*

附录 2
农户直销生鲜农产品销售模式（F2F）的参与意愿调查

尊敬的女士/先生：

您好！这是一份关于"消费者对家庭生鲜农产品供应销售模式的参与意愿"调查问卷，主要用于研究消费者对这种农户直销生鲜农产品模式的认知、态度和评价。此次调查采用匿名填写问卷方式，您填答的资料仅供学术研究使用，请您不要存在任何顾虑，如实填答。谢谢您的合作与支持！

杭州电子科技大学经济学院

2015 年 1 月

一、消费者个人特征

1.您的性别？

A.男　　　　　　　　B.女

2.您的年龄是？

A.25 岁以下　　　　B.25～35　　　　C.36～45　　　　D.46～55

E.55 岁以上

3.您的受教育程度是？

A.高中以下　　　　B.高中或中专　　　C.大专　　　　D.本科

E.硕士及以上

4.您的职业是？

A.公务员或事业单位　　　　　　　B.企业员工　　　　C.个体户

D.家庭主妇　　　E.自由职业者　　　F.退休人士　　　G.其他

5.您是否已婚？

A.是　　　　　　　　B.否

6.家庭人口数是？

A.3 人以下　　　　B.3 人　　　　C.4 人　　　　D.5 人

E.5 人以上

7.您有小孩或老人一同居住吗？

A.没有　　　　　　B.有小孩　　　　C.有老人　　　　D.小孩、老人都有

8. 您的月收入是多少？

A. 2000 元以下　　　　B. 2000～4000 元　　　C. 4001～6000 元　　　D. 6001～8000 元

E. 8000 元以上

二、消费者生鲜农产品消费特征

1. 您在家用餐频率？

A. 基本不在家吃饭　　B. 晚餐　　　　　　　　C. 午餐和晚餐　　　　D. 一日三餐

2. 您的家庭每月的生鲜农产品支出（买菜）是多少？

A. 500 元以下　　　　　B. 500～1000 元　　　　C. 1001～2000 元　　　D. 2000 元以上

3. 您的家庭每周买菜频率？

A. 每天　　　　　　　　B. 周末　　　　　　　　C. 其他（平均一周几天）_____

4. 您主要去什么地方购买蔬菜、水果、肉类、海鲜等生鲜农产品？（可多选）

其中，蔬菜主要去（　　）购买，水果主要去（　　）购买，肉类主要去（　　）购买，海鲜主要去（　　）购买。

A. 大型超市　　　　　　B. 菜市场　　　　　　　C. 直接从农民手里　　D. 生产商固定配送

E. 网上商店　　　　　　F. 其他

5A. 您平常有过与农民直接购买的经历吗？

A. 有，都是认识的人　B. 有，地上摆摊的　　　C. 没有

5B. 您是否更愿意直接从农民手中买蔬菜、水果等农产品？

A. 愿意　　　　　　　　B. 不愿意　　　　　　　C. 无所谓

6. 您在农村里有父母兄弟姐妹或其他亲戚吗？

A. 有　　　　　　　　　B. 没有

有的话，是否吃过他们种植的生鲜农产品？

A. 是　　　　　　　　　B. 否

7. 如果您认识某个农民，而且您可以经常去他的地里参观，如果他生产的是无农药化肥的农产品，您愿意提前支付一个月的菜钱给他让他为您生产这种健康农产品吗？

A. 愿意　　　　　　　　B. 不愿意

如果不愿意，原因是_____

A. 对农民不信任　　　　B. 太麻烦　　　　　　　C. 其他（请标明）

8. 您每次买菜在路上来回要花多少时间？

A. 15 分钟以内　　　　B. 15～30 分钟　　　　　C. 31～45 分钟　　　　D. 46～60 分钟

E. 1 小时以上

9. 如果有一家企业帮助您与农民签订生鲜农产品种植的协议，您可以直接在该企业的网站上预定、购买、支付，您是否愿意通过这种方式收到新鲜的农产品？

A. 愿意　　　　　　　　B. 不愿意

如果不愿意，原因是_____

A. 对企业不信任　　　　　　　　　　　　　　　B. 对农民不信任

C. 对网站安全不信任　　　　　　　　　　D. 对配送没有信心

E. 其他(请标明)

10. 您是否有从网上购买生鲜农产品的经历?

A. 是　　　　　　　　　B. 否

三、消费者对生鲜农产品安全认知度特征

1. 您的家庭买菜最注重什么?

A. 新鲜　　　　　　B. 食品安全　　　　　C. 价廉　　　　　　D. 便捷

E. 其他_____

2. 您对目前市场上农产品的安全问题感到担忧吗?

A. 很担忧　　　　　B. 担忧　　　　　C. 一般,还可以　　　D. 放心

E. 很放心

3. 您愿意花更高的价格购买质量有保障的绿色无害生鲜农产品吗?

A. 愿意,只要质量有保障　　　　　　B. 价格合理的话愿意

C. 说不好　　　　　　　　　　　　D. 不愿意

4. 您相信超市中标有"无公害食品""绿色食品""有机食品"的食品吗?

A. 不相信,假的多　　　　　　　　B. 相信,但可能也有假的

C. 完全相信,没有假的

5. 您有没有遇到过吃了买的蔬菜、水果等农产品后身体不适的情况?

A. 经常出现　　　　　B. 偶尔一两次　　　　C. 完全没有

6. 您对现在这样购买生鲜农产品的环境和方式满意吗?

A. 很不满意　　　　　B. 不满意　　　　　C. 一般　　　　　　D. 满意

E. 很满意

7A. 如果您能从一个信得过的农民手中直接买到绿色无害农产品,而不是通过中间商,您愿意采用这种购买方式吗?

A. 愿意,只要质量有保障　　　　　　B. 价格合理的话愿意购买

C. 说不好　　　　　　　　　　　　D. 不愿意

7B. 如果上述购买方式需要预付订金,您能接受吗?

A. 能接受　　　　　B. 看订金的多少　　　C. 不能接受

7C. 您认为要采用上述方式买菜,不方便的地方是哪些?(可多选)

A. 运输　　　　　B. 农产品的数量　　　C. 农产品的质量　　　D. 农产品的价格

E. 支付方式:预付　　F. 农民的信誉　　　G. 其他_____

8. 如果您吃的农产品在您社区附近生产,您能定期去检查,您会不会觉得更安全放心?

A. 会,眼见为实　　B. 很忙,没时间　　　C. 不会,还是不相信

9. 如果您能在周末闲暇时去农场种植农产品,平时由农民帮您照料,最后供给自己食用,您会参与这种模式的合作吗?

A. 会,休闲的好去处　B. 会,吃得放心　　　C. 不会,没时间　　　D. 看价格

10. 您听说过诸如"认购地块""购米包地""消费者合作社""绿色消费者联盟""社区支持农业（CSA）"等由消费者形成的与农民进行联合生产安全生鲜农产品的事情吗？

A. 从没听说过   B. 听说过但不了解

C. 听说过，参加后退出了   D. 正在参加类似的组织

再次感谢您的合作！谢谢！

附录 3
大学生使用跨境进口电商平台购物影响因素的调查问卷

亲爱的同学：

　　您好！非常感谢您在百忙之中参加此次问卷调查！本研究旨在调查大学生使用跨境进口电商平台购物的影响因素。本问卷不记姓名，对您的回答我们将严格保密，调查结果仅作科学研究之用，请您放心作答。非常感谢！

在回答本问卷之前，请您先明确：

　　跨境电子商务是指分属不同关境的交易主体，通过电子商务平台进行交易、支付结算，并通过跨境物流企业送达商品、完成交易的一种国际商业活动。目前，越来越多的国人喜爱通过跨境进口电商平台购买境外产品。目前国内主要的跨境进口电商平台有天猫国际、京东全球购、苏宁海外购、聚美极速免税店、海淘网、网易考拉、顺丰海淘、跨境通、洋码头、小红书等。全球综合电商网站主要是亚马逊和 eBay。

第一部分

1.性别：
□男　□女

2.所学专业：
□理工类　□经济类　□文法类　□艺术　□医学　□其他

3.年级：
□大一　□大二　□大三　□大四　□硕士　□博士

4.是否谈恋爱：
□是　□否

5.您平均每月生活消费：
A.1000 元以下　　　B.1000～1500 元　　C.1501～2000 元　　D.2001～2500 元
E.2500 元以上

6.您了解跨境进口电商平台的途径主要是：
A.电商购物网站　　　　　　　　　　B.亲友推荐
C.微博/微信等社交平台　　　　　　D.媒体广告

7.您是否曾经通过跨境进口电商平台购买境外产品：

A.是（如选"是"，请继续回答第8、9题）　　B.否

8.您最近使用过的跨境进口电商平台类别：（可多选）

A.国内电商网站的境外购物频道（天猫国际、京东全球购等）

B.国内独立跨境进口电商平台（小红书、洋码头、网易考拉等）

C.全球综合电商网站（亚马逊、ebay等）

D.如果以上均没有，请写下您常用的跨境进口电商平台名称：＿＿＿＿＿＿＿

9.您进行跨境进口购物的频率是：

A.每天　　　　　　B.每周　　　　　　C.每月　　　　　　D.半年以上

第二部分

请您仔细回忆您选择的这个跨境进口电商平台通过各种途径给您带来的感受以及您在该平台的消费经历，然后根据您自己的真实感受回答1—8题。您的打分由1到5，态度评价逐级上升，其中，1＝非常不同意，2＝不同意，3＝一般，4＝同意，5＝非常同意。

1.感知有用性

请用1—5进行打分	1	2	3	4	5
我认为跨境进口电商平台提供的商品种类更多，可以买到国内不卖的产品					
我认为在跨境进口电商平台上购买海外产品，可以让我紧跟潮流，知道最近的时尚元素					
我认为在跨境进口电商平台上购买海外产品，平台能够提供有用的信息帮助购物					
我认为在跨境进口电商平台上购买海外产品，客服能解答我的疑惑，沟通有效					

2.感知易用性

请用1—5进行打分	1	2	3	4	5
我认为通过跨境进口电商平台可以很快地找到所需商品					
我认为在跨境进口电商平台上购买海外产品，购买流程是简单易操作的					
我认为在跨境进口电商平台上购买海外产品，买到假货的概率比较小					
我认为在跨境进口电商平台上购买海外产品，咨询客服非常方便，而且回复较及时					

3.感知安全性

请用1—5进行打分	1	2	3	4	5
我认为这些跨境进口电商平台是可信赖的					
我认为在跨境进口电商平台上购买海外产品，支付流程是安全的					
我认为在跨境进口电商平台上购买海外产品，质量是可靠的					

4.感知价格

请用1—5进行打分	1	2	3	4	5
我认为在跨境进口电商平台上购买海外产品,价格是相对合理的					
我会因为打折季("黑五"或者"双十二")的优惠活动买更多的东西					
我会因为国家的进口关税政策变化而减少或者增加购物的金额					

5.顾客感知价值

请用1—5进行打分	1	2	3	4	5
我认为在跨境进口电商平台上购买海外产品,质量比国内同类产品更高					
我认为在跨境进口电商平台上购买海外产品,售后服务更好					
我认为在跨境进口电商平台上搜索想要的产品、辨别产品等花费的时间较多					
我认为在跨境进口电商平台上购买海外产品,遇到退换货等问题非常不方便					

6.主观规范

请用1—5进行打分	1	2	3	4	5
我会因为朋友的推荐而在这些网站上购物					
我会因为某些差评而放弃购买某产品					
我会因为一些博主或网红的推荐而购买某产品					

7.购买意愿

请用1—5进行打分	1	2	3	4	5
与线下购买相比,我倾向于在跨境进口电商平台上购买产品					
在未来购买海外产品时,我更愿意使用跨境网购					
我愿意向他人推荐使用跨境进口电商平台购买产品					

8.物流因素

请用1—5进行打分	1	2	3	4	5
从在跨境进口电商平台下单到收货的时间周期,是在我可以接受的范围内					
在这些跨境进口电商平台购买货物后,可以及时了解货物的跟踪信息					
收到的产品包裹基本完好					

9. 关税政策

进口关税调整是否影响您选择某个平台?

□无(结束)   □有(回答下一问)

请选择以下您所能接受的关税调整的比例区间:

A. 1%～5%   B. 6%～8%   C. 9%～12%   D. 13%～17%

附录 3
大学生使用跨境进口电商平台购物影响因素的调查问卷

Questionnaire on Influence Factors of College Students' Using Cross-border E-commerce Import Shopping Platform

Dear college students,

Thank you very much for participating in this questionnaire during your busy schedule! The purpose of this study is to investigate the influence factors of college students' using cross-border e-commerce import shopping platform. This questionnaire is not named. We will keep strict confidentiality of your answers. The survey results are for scientific research purposes only. Please feel free to reply.

Before answering this questionnaire, please clarify:

Cross-border e-commerce refers to an international business activity in which transaction entities belonging to different customs are involved in transactions, payment and settlement through e-commerce platforms, and through cross-border logistics companies to deliver goods and complete transactions. At present, more and more people like to purchase overseas products through cross-border shopping platforms like Amazon, eBay or AliExpress.

Part I

1. Gender:
□Male   □Female
2. Major:
□Science and Engineering   □Economics and Political Science
□Humanity and Law   □Art   □Medicine   □Others
3. Grade:
□Year 1   □Year 2   □Year 3   □Year 4   □Postgraduate   □Doctor
4. The main ways you find cross-border online shopping platforms: (multrple choice)
□e-commerce shopping website

☐Friends and family

☐Facebook/Instagram or other social media

☐Press or advertising

5. Have you ever purchased any product through cross-border shopping platforms：

☐Yes（if you select "Yes"，please continue to answer questions 6 and 7）

☐No

6. The type of cross-border shopping platforms you have used recently：（multiple choice）

☐Amazon　　　　　☐eBay　　　　　☐AliExpress

☐If none of the above，please write here the name of the platform you commonly use：

_____

7. The frequency of using cross-border platform for shopping：

☐Everyday　　　　　　　　　☐Weekly

☐Monthly　　　　　　　　　☐More than half a year

Part II

For questions 1—8，please carefully recall your experience of using the cross-border e-commerce platform to purchase，and then give your points from 1 to 5 based on your own feelings. Your attitude evaluation rises gradually among them：1＝strongly disagree，2＝disagree，3＝neutral，4＝agree，5＝strongly agree.

1. Perceived usefulness

	1	2	3	4	5
I think the platform offers more types of products so I can buy products that are not sold at home					
I think purchasing overseas products allows me to follow the trend and know the latest fashion					
I think the platform can provide useful information to help me with shopping					
I think customer service can solve my problem and communicate effectively when purchasing					

2. Perceived ease of use

	1	2	3	4	5
I think that through the cross-border shopping platform I can quickly find the products I want					
I think when using the cross-border platform，the purchase process is easy to operate					

续表

	1	2	3	4	5
I think the products bought from a cross-border platform are less likely to be fake					
I think when purchasing overseas products on a cross-border platform, consulting service is convenient and the response is timely					

3. Perceived security

	1	2	3	4	5
I think the platforms are reliable					
I think when purchasing on a cross-border platform, the payment process is safe					
I think the quality of products on a cross-border platform is reliable					

4. Perceived price

	1	2	3	4	5
I think the prices of the products on the cross-border shopping platforms are relatively reasonable					
I will buy more when there are discounts (e. g. Black Friday or Cyber Monday)					
I will buy more or less products due to changes in the country's import tariff policy					

5. Consumer perceived value

	1	2	3	4	5
I believe the products on cross-border shopping platforms are of higher quality than domestic similar products					
I think when purchasing products on cross-border shopping platforms, after-sales service is better					
I think it takes more time to search for products and identify them on cross-border shopping platforms					
I think buying overseas products on a cross-border shopping platform is inconvenient when I need return or replace products					

6. Subjective norm

	1	2	3	4	5
I will purchase on these platforms because of my friend's recommendation					
I will give up buying a product because of some negative reviews					

	1	2	3	4	5
I will buy a product because of some bloggers' or Internet celebrities' recommendation					

7. Purchase intention

	1	2	3	4	5
Compared to off-line purchases, I prefer to buy products on cross-border platforms					
When purchasing overseas products in the future, I prefer to use cross-border online shopping					
I would like to recommend others to purchase through cross-border platforms					

8. Logistics factors

	1	2	3	4	5
The time from the purchase to the receipt of goods is within my acceptable range					
After purchasing, I can track the packages					
Most of the packages and goods I received were basically intact					

9. Tariff policy

(1) Do import tariff adjustments affect your choice of purchase on the cross-border platform：

☐No（end）

☐Yes（answer the next question）

(2) Please select the following ratio range of tariff adjustments that you can accept：

A. 1%—5%　　　　B. 5%—8%　　　　C. 8%—12%　　　　D. 12%—17%

注:英文版问卷根据海外实际情况有所调整,与中文版有细微不同。